Elogios para

CÓMO SER ANTIRRACISTA

"El libro más audaz hasta la fecha sobre el problema de la raza en la mente occidental, un confesionario de autorreflexión que, de hecho, puede ser nuestra mejor oportunidad para liberarnos de nuestra pesadilla nacional".

—*The New York Times*

"Ibram Kendi es un visionario en la ardua lucha por la justicia racial. En este nuevo trabajo personal y revelador, una vez más sostiene una lente transformadora, desafiando a la ortodoxia convencional y antirracista. Ilumina los fundamentos del racismo en nuevas formas revolucionarias, y su análisis nos desafía e inspira constantemente. *Cómo ser antirracista* nos ofrece un camino necesario y crítico para avanzar".

—Robin DiAngelo, autora de *White Fragility*

"El trabajo de Ibram Kendi, tanto a través de sus libros como en el Centro de Investigación y Políticas Antirracistas, es vital en el clima sociopolítico actual. Como sociedad, debemos comenzar a tratar el antirracismo como una acción, no como una emoción, y Kendi nos está ayudando a hacerlo".

—Ijeoma Oluo, autora de *So You Want to Talk About Race*

"Ibram Kendi usa su propia trayectoria para mostrarnos por qué convertirse en antirracista es tan esencial como difícil. Al igual que las memorias, la historia y los comentarios sociales, este libro es honesto, valiente y, sobre todo, liberador".

—James Forman Jr., autor ganador del
Premio Pulitzer por *Locking Up Our Own*

IBRAM X. KENDI

CÓMO SER ANTIRRACISTA

Ibram X. Kendi es uno de los autores más vendidos según el *New York Times*, profesor de historia y director fundador del Centro de Investigación Antirracista de la Universidad de Boston. Es columnista de *The Atlantic* y corresponsal de CBS News. Es autor de cinco libros, entre ellos *Stamped from the Beginning: The Definitive History of Racist Ideas in America*, ganador del National Book Award de no ficción; *Cómo ser antirracista*; *Stamped: Racism, Antiracism, and You*, en coautoría con Jason Reynolds, y *Antiracist Baby*, ilustrado por Ashley Lukashevsky.

CÓMO SER ANTIRRACISTA

CÓMO

SER

ANTIRRACISTA

IBRAM X.

KENDI

TRADUCCIÓN DE
CRISTINA LIZARBE RUIZ

VINTAGE ESPAÑOL
UNA DIVISIÓN DE
PENGUIN RANDOM HOUSE LLC
NUEVA YORK

PRIMERA EDICIÓN VINTAGE ESPAÑOL, OCTUBRE 2020

Copyright de la traducción © 2020 por Cristina Lizarbe Ruiz

Información de catalogación de publicaciones disponible
en la Biblioteca del Congreso de los Estados Unidos.

**Vintage Español ISBN en tapa blanda: 978-0-593-31311-4
eBook ISBN: 978-0-593-31312-1**

Para venta exclusiva en EE.UU., Canadá, Puerto Rico y Filipinas.

www.vintageespanol.com

Impreso en los Estados Unidos de América
10 9 8 7 6 5 4 3 2 1

PARA SOBREVIVIR

CONTENIDO

CÓMO SER ANTIRRACISTA

MI INTRODUCCIÓN RACISTA

ODIABA LOS TRAJES y las corbatas. Había pasado diecisiete años rodeado de feligreses con traje y corbata, y sombreros altísimos. Mi ropa de adolescente clamaba a gritos la actitud de desafío del hijo de un predicador. Era el 17 de enero del año 2000. Más de trescientas personas negras —y un puñado de personas blancas— llegaron aquel lunes por la mañana con sus mejores galas a la Hylton Memorial Chapel en Virginia del Norte. Mis padres lo hicieron en estado de shock. De alguna forma, su hijo, que iba dando tumbos por la vida, había conseguido llegar a la ronda final del concurso de oratoria Martin Luther King Jr. del condado de Prince William.

No aparecí con una camisa blanca debajo de un traje oscuro y una corbata a juego, como la mayoría de mis contrincantes. Lucía una atrevida americana dorada y una elegante camisa negra con una corbata de rayas en tonos vivos. El bajo de mis pantalones negros y anchos coronaba mis botas de color crema. Había suspendido el examen de respetabilidad antes de haber abierto la boca siquiera, pero mis padres, Carol y Larry, eran todo sonrisas a pesar de ello. No recordaban la última vez que me habían visto con una corbata y una americana, por muy chillonas y estrambóticas que fueran.

Pero mi ropa no era lo único que no encajaba allí. Mis contrincantes eran prodigios académicos. Yo no. Tenía una nota media por debajo de 3.0; mi puntuación en el examen de admisión de la universidad rondaba apenas el 1,000. Las universidades estaban seleccionando ya a mis contrincantes. Yo flotaba en el limbo después de haber recibido con sorpresa dos cartas de admisión de dos universidades a las que había enviado la solicitud con pocas ganas.

Unas semanas antes estaba en la cancha de baloncesto con mi equipo del instituto, calentando para un partido en casa, recorriendo las líneas de tiro. Mi padre, con su metro noventa y dos y sus noventa kilos, emergió de la entrada del gimnasio de mi instituto. Caminó despacio hasta la cancha de baloncesto, agitando sus largos brazos para llamar mi atención —y avergonzándome delante de lo que podríamos llamar el «juez blanco»—. Un clásico de papá. No le importaba lo más mínimo lo que los blancos moralistas pensaran de él. Casi nunca, por no decir nunca, fingía una sonrisa de cortesía, forzaba una voz más calmada, ocultaba su opinión o evitaba montar una escena. Quería y odiaba a mi padre por vivir con sus propias reglas en un mundo que solía negarles esas reglas propias a las personas negras. Era el tipo de actitud desafiante que podría haber provocado que una turba lo linchara en una época y un lugar diferentes —o que lo lincharan unos hombres con placa en la actualidad—.

Corrí hasta él antes de que pudiera acercarse a nuestras líneas de tiro. Emocionado, me tendió un sobre de manila marrón.

—Te ha llegado esto hoy.

Me hizo gestos para que abriera el sobre allí mismo, en

mitad de la cancha, mientras los estudiantes y profesores blancos nos observaban.

Saqué la carta y la leí: había sido admitido en la Universidad de Hampton, en Virginia del Sur. Mi estupor inicial explotó en una felicidad indescriptible. Abracé a papá y respiré. Las lágrimas se mezclaron con el sudor de mi cara. Los ojos blancos que teníamos a nuestro alrededor y que nos juzgaban se desvanecieron.

Creía que era estúpido, que era demasiado tonto como para ir a la universidad. Por supuesto, la inteligencia es tan subjetiva como la belleza. Pero seguí guiándome por los estándares «objetivos», como las puntuaciones de los exámenes y los boletines de notas, para valorarme a mí mismo. No es extraño que solo mandara dos solicitudes para la universidad: una a Hampton y la otra al centro al que acabé yendo, la Universidad A&M de Florida. Menos solicitudes implicaban menos rechazos, y estaba completamente seguro de que esas dos clásicas universidades negras iban a rechazarme. ¿Por qué iba a querer una universidad a un idiota que no es capaz de entender a Shakespeare en su campus? Nunca se me ocurrió que tal vez no estaba intentando entender a Shakespeare y que por eso abandoné mi clase de Inglés II del Bachillerato Internacional en mi último año. Pensándolo bien, no leí demasiado durante aquellos años.

Quizá, si hubiera leído algo de historia por aquel entonces, habría descubierto la importancia histórica de la nueva ciudad a la que mi familia se había mudado desde la ciudad de Nueva York en 1997. Habría sabido más sobre todos esos monumentos confederados que tenía alrededor en Manassas (Virginia), como el del ejército caído de Robert E. Lee. Habría sabido por qué tantos turistas viajan hasta el Manassas National Battlefield Park para revivir la gloria de las victorias confederadas en las batallas de Bull Run durante la Guerra Civil. Estuve ahí donde el general Thomas J. Jackson se ganó su apodo de «Stonewall» (*muro de piedra*), por su tenaz defensa de la Confederación. Los habitantes de Virginia del Norte han mantenido el muro de piedra intacto después de todos estos años. ¿Ha visto alguien la ironía de que mi existencia negra y libre representase al Instituto Stonewall Jackson en este concurso de oratoria Martin Luther King Jr.?

LOS ENCANTADORES ORGANIZADORES del evento de la fraternidad Delta Sigma Theta, los orgullosos dignatarios y los participantes estábamos sentados alrededor del púlpito. (El grupo era demasiado grande como para decir que estábamos sentados en el púlpito.) El público estaba sentado en filas que se curvaban en torno al largo y arqueado púlpito, dejando espacio para que los oradores pudieran caminar hasta los extremos de la capilla mientras daban su charla; cinco escalones nos permitían bajar hasta el público si queríamos hacerlo.

Los estudiantes de primaria habían dado unos discursos sorprendentemente maduros. El emocionante coro infantil había cantado detrás de nosotros. El público se volvió a sentar y se quedó en silencio, esperando a los tres oradores de instituto.

Yo fui el primero, cada vez más cerca del clímax de una experiencia que ya había cambiado mi vida. De ganar el concurso de mi instituto hacía unos meses a ganar «el mejor ante el jurado» en un concurso del condado semanas antes —sentía un aumento considerable de confianza académica—. Si bien salí de esa experiencia derrochando confianza para la universidad, había entrado en ella con el bajón del instituto. Todavía me pregunto si fue el mal concepto que tenía de mí mismo lo que generó primero el mal concepto que tenía de mi gente. ¿O era el mal concepto que tenía de mi gente lo que había activado ese mal concepto de mí mismo? Como la famosa cuestión del huevo y la gallina, la respuesta no es tan importante como el ciclo que describe. Las ideas racistas provocan que la gente no blanca tenga un peor concepto de sí misma, algo que la hace más vulnerable a las ideas racistas. Las ideas racistas provocan que la gente blanca tenga un mejor concepto de sí misma, algo que la atrae más hacia las ideas racistas.

Pensaba que era un estudiante mediocre y recibía un bombardeo de mensajes —por parte de personas negras, personas blancas, medios de comunicación— que me decían que la razón residía en mi raza... algo que me desanimaba aún más y me hacía sentir aún menos motivado como estudiante... algo que solo reforzaba en mí mismo la idea racista de que las personas negras eran poco estudiosas... algo que me hacía sentir aún más desesperanza o indiferencia... y así sucesivamente. Este ciclo no se interrumpía en ningún momento con un análisis más profundo de mis circunstancias y carencias específicas o con una mirada crítica a las ideas de la sociedad que me juzgaba —en vez de eso, el ciclo reforzaba las ideas racistas que había dentro de mí hasta que estuve listo para predicárselas a los demás—.

RECUERDO EL CONCURSO MLK con mucho cariño. Pero cuando recuerdo el discurso racista que di, enrojezco de pura vergüenza.

—¿Cuál sería el mensaje del doctor King para el nuevo milenio? Imaginemos un doctor King con setenta y un años, y enfadado... —Y comencé mi *remix* del discurso de «I have a dream» de King—.

Nuestra emancipación de la esclavitud era motivo de gozo, empecé. Pero «ahora, ciento treinta y cinco años después, las personas negras siguen sin ser libres». Mi voz tronaba ya, el tono enfadado, más Malcolm que Martin.

—¡Las mentes de nuestros jóvenes siguen cautivas!

No dije que las mentes de nuestros jóvenes son cautivas de las ideas racistas, como diría ahora.

—¡Creen que está bien ser los más temidos de nuestra sociedad! —dije, como si el miedo que inspiran fuera culpa suya—. ¡Creen que está bien no pensar! —ataqué, recurriendo a la clásica idea racista de que la juventud negra no valora la educación tanto como sus colegas no negros.

A nadie parecía importarle que esta idea tan trillada estuviera basada en anécdotas y nunca en pruebas. Con todo, el público me animó con su aplauso. Seguí disparando ideas racistas sin fundamento y ya refutadas, sobre todo lo que la juventud negra hacía mal —irónicamente, el mismo día que se exhibían todas las cosas buenas de la juventud negra—.

Empecé a pasearme de forma frenética por la pasarela que conducía al púlpito, ganando impulso.

—¡Creen que está bien escalar el alto árbol de los embarazos! —Aplauso—. ¡Creen que está bien limitar sus sueños a los deportes y la música! —Aplauso—.

¿Había olvidado que era yo —no «la juventud negra»— quien había limitado mis sueños al deporte? ¿Y estaba hablando de la juventud negra en tercera persona? ¿Quién demonios me creía que era? Al parecer, subirme a aquel ilustre escenario me había sacado del reino de los jóvenes negros comunes y corrientes —y por lo tanto inferiores— y me había alzado hasta el reino de lo raro y extraordinario.

Durante mis arrebatos de oratoria alimentada por los aplausos, no me di cuenta de que decir algo erróneo sobre un grupo racial es como decir que algo es inferior respecto a ese grupo racial. No me di cuenta de que decir que algo es inferior respecto a un grupo racial es expresar una idea racista. Creía que estaba ayudando a mi gente, cuando en realidad estaba despachando ideas racistas sobre mi gente para mi gente. El juez negro parecía estar engulléndolas y dándome palmadas en la espalda para escuchar más. Yo seguí dándoles más.

—Sus mentes están cautivas, y nuestras mentes adultas

están ahí, a su lado —dije señalando el suelo—. Porque por alguna razón creen que la revolución cultural que empezó el día que mi sueño nació ya se ha terminado. ¿Cómo puede haberse terminado cuando fracasamos tantas veces por no tener agallas? —Aplauso—.

—¿Cómo puede haberse terminado cuando nuestros hijos se van de casa sin saber cómo esforzarse, sino solo cómo no esforzarse? —Aplauso—.

—¿Cómo puede haberse terminado si está ocurriendo todo esto en nuestra comunidad? —pregunté, alzando la voz—. Así que os digo, amigos míos, que aunque es posible que esta revolución cultural no acabe nunca, yo sigo teniendo un sueño...

SIGO TENIENDO UNA pesadilla —el recuerdo de este discurso siempre que reúno el valor para revivirlo de nuevo—. Me resulta difícil creer que acabara el instituto en el año 2000 pregonando tantas ideas racistas. Una cultura racista me había ofrecido la munición para disparar a personas negras, para dispararme a mí mismo, y yo la había cogido y la había usado. El verdadero crimen entre las personas negras es el racismo interiorizado.

Fui un incauto, un bobo que había visto las luchas actuales de las personas negras el día de MLK del año 2000 y había decidido que esas personas eran el problema. Esta es la función habitual de las ideas racistas y de cualquier otra clase de intolerancia en términos más generales: manipularnos para que veamos a la gente como el problema, en vez de las políticas que la mantienen atrapada.

El lenguaje que emplea el cuadragésimo quinto presidente de los Estados Unidos ofrece un claro ejemplo de cómo funciona esta clase de lenguaje y pensamiento racistas. Mucho antes de que se convirtiera en presidente, Donald Trump solía decir que «la pereza es un rasgo característico de los negros».

Cuando decidió postularse para presidente, su plan para hacer que Estados Unidos volviera a ser grande consistía en difamar a los inmigrantes latinoamericanos diciendo que la mayoría eran criminales y violadores, y pidiendo miles de millones para construir un muro en la frontera y así impedir su paso. Prometió «una paralización total y completa de la entrada de musulmanes a Estados Unidos». En cuanto se convirtió en presidente, cogió la costumbre de llamar «estúpidos» a sus críticos negros. Dijo que todos los inmigrantes de Haití «tienen el SIDA», y por otra parte, en el verano de 2017, alabó a los supremacistas blancos afirmando que eran «muy buena gente».

A pesar de todo, siempre que alguien señalaba lo obvio, Trump respondía con variaciones de un estribillo conocido: «No, no. Yo no soy racista. Soy la persona menos racista a la que han entrevistado jamás», que «han conocido jamás», que «se han encontrado jamás». El comportamiento de Trump puede ser algo excepcional, pero sus negaciones son algo habitual. Cuando las ideas racistas resuenan, suelen venir acompañadas de la negación de que esas ideas racistas lo son. Cuando las políticas racistas resuenan, suelen venir acompañadas de la negación de que esas políticas racistas lo son.

La negación es el pulso del racismo, el pulso de ideologías, razas y naciones. Late dentro de nosotros. Muchas de las personas que denunciamos enérgicamente las ideas racistas de Trump negamos enérgicamente las nuestras. ¿Cuántas veces nos hemos puesto a la defensiva como por instinto cuando alguien nos dice que algo que hemos hecho o dicho es racista? ¿Cuántos de nosotros estaríamos de acuerdo con esta frase: «"Racista" no es una palabra descriptiva. Es una palabra peyorativa. Es el equivalente a decir "No me gustas"». Estas son las palabras reales del supremacista blanco Richard Spencer quien, al igual que Trump, se identifica como «no racista». ¿Cuántos de nosotros que despreciamos a los Trumps y a los supremacistas blancos del mundo compartimos su autodefinición de «no racista»?

¿Qué problema hay en ser «no racista»? Es una afirmación que implica neutralidad: «No soy racista, pero tampoco estoy muy en contra del racismo». Pero es que no existe la neutralidad en el conflicto del racismo. Lo contrario a «racista» no es «no racista». Es «antirracista». ¿Cuál es la diferencia? Uno apoya la idea de una jerarquía racial, como racista, y el otro la igualdad racial, como antirracista. Uno cree que los problemas tienen su origen en grupos de personas, como racista, y el otro localiza la raíz de los problemas en el poder y las políticas, como antirracista. Uno permite que las desigualdades raciales perduren, como racista, y el otro se enfrenta a las desigualdades raciales, como antirracista. No hay un espacio seguro para el «no racista». La afirmación de neutralidad «no racista» es una máscara para el racismo. Esto puede parecer duro, pero es importante que apliquemos desde el primer momento uno de los principios fundamentales del antirracismo, que es devolver la palabra «racista» a su uso adecuado. «Racista» no es —como argumenta Richard Spencer— algo peyorativo. No es la peor palabra que existe, no equivale a un insulto. Es descriptivo, y la única manera de deshacer el racismo es identificarlo y describirlo constantemente —y luego desmantelarlo—. El intento de convertir este término, que tan útil es a nivel descriptivo, en un insulto que casi no puede utilizarse está pensado, por supuesto, para conseguir lo contrario: congelarnos en la inacción.

LA IDEA COMÚN de afirmar tener «daltonismo racial» es similar a la noción de ser «no racista» —al igual que en el caso del «no racista», la persona daltónica, como se supone que no ve la raza, no consigue distinguir el racismo y cae en una pasividad racista—. El lenguaje del daltónico racial —como el lenguaje del «no racista»— es una máscara para ocultar el racismo. «Nuestra Constitución es daltónica racialmente»*, proclamaba John Harlan, magistrado de la Corte Suprema de Estados Unidos, en su oposición a *Plessy v. Ferguson*, el caso que legalizó la segregación de Jim Crow en 1896. «La raza blanca se considera a sí misma la raza dominante de este país», continuó el magistrado Harlan. «No dudo que lo seguirá siendo para siempre, si permanece fiel a su gran legado». Era una Constitución daltónica para unos Estados Unidos supremacistas blancos.

LO BUENO ES que ser racista o antirracista no son identidades fijas. Podemos ser racistas un minuto y antirracistas el siguiente. Lo que decimos sobre la raza y lo que hacemos respecto a la raza en cada momento determina lo que somos, no quiénes somos.

Yo era racista la mayoría de las veces. Estoy cambiando. Ya no me identifico con los racistas que afirman ser «no racistas». Ya no hablo a través de la máscara de la neutralidad racial. Las ideas racistas ya no me manipulan ni me hacen creer que los grupos raciales son el problema. He dejado de creer que una persona negra no puede ser racista. Ya no vigilo cada una de mis acciones como si me estuviera viendo un juez blanco o negro, intentando convencer a la gente blanca de mi igualdad humana, intentando convencer a la gente negra de que estoy representando bien a mi raza. Ya no me importa cómo las acciones de otras personas negras se reflejan en mí, porque ninguno de nosotros somos representantes de nuestra raza, y tampoco es responsable ninguna persona de las ideas racistas de otra. Y he llegado a ver que el movimiento de

---

* N. de la T.: En este libro se traduce el término «color blind» como «daltonismo racial», y de ahí derivan las opciones «daltónico racialmente» o «daltónica racialmente» que aparecen en él.

racista a antirracista es siempre constante —exige comprender y rechazar el racismo basado en la biología, la etnia, el cuerpo, la cultura, el comportamiento, el color, el espacio y la clase—. Y, más allá de eso, significa estar dispuesto a luchar contra las intersecciones del racismo con otros tipos de intolerancia.

ESTE LIBRO TRATA, en definitiva, sobre la lucha fundamental en la que todos participamos, la lucha para lograr ser plenamente humanos y que los demás también lo sean. Comparto mi propio viaje desde mi crianza en la conciencia racial enfrentada de la clase media negra en la era Reagan, mi giro hacia la derecha, por la carretera de diez carriles del racismo anti-negro —una carretera en la que, curiosamente, no hay policía y la gasolina es gratis—, y el desvío por la carretera de dos carriles del racismo anti-blanco, donde la gasolina es escasa y hay policía por todas partes, todo ello antes de encontrar y girar hacia el camino sin asfaltar y sin iluminar del antirracismo.

Después de emprender este agotador viaje que conduce al camino sin asfaltar que es el antirracismo, la humanidad puede llegar hasta el claro de un futuro potencial: un mundo antirracista en todo su imperfecto esplendor. Puede hacerse realidad si nos centramos en el poder en vez de en las personas, si nos centramos en cambiar la política en vez de a los grupos de personas. Es posible si superamos nuestro cinismo respecto a la permanencia del racismo.

Sabemos cómo ser racistas. Sabemos cómo fingir que no somos racistas. Veamos ahora cómo ser antirracistas.

CAPÍTULO 1

DEFINICIONES

RACISTA: Alguien que respalda una política racista mediante sus acciones o su inacción, o que expresa una idea racista.

ANTIRRACISTA: Alguien que respalda una política antirracista mediante sus acciones o que expresa una idea antirracista.

SOUL LIBERATION SE balanceaba sobre el escenario del estadio de la Universidad de Illinois, luciendo unos coloridos *dashikis* y unos afros que se alzaban como puños cerrados —un espectáculo increíble de ver para los once mil universitarios del público—. Soul Liberation no se parecía en nada a los grupos de blancos trajeados que habían estado entonando cánticos durante casi dos días después del cumpleaños de Jesús en 1970.

Los estudiantes negros habían conseguido que la Inter-Varsity Christian Fellowship, el principal movimiento evangélico universitario de Estados Unidos y organizador del evento, dedicara la segunda noche del encuentro a la teología negra. Más de quinientos asistentes negros de todo el país estaban presentes cuando Soul Liberation empezó a tocar. Dos de aquellos estudiantes negros eran mis padres.

No estaban sentados juntos. Días antes, habían viajado en el mismo autobús durante veinticuatro horas, que parecieron cuarenta y dos, desde Manhattan, pasando por Pennsylvania, Ohio e Indiana, antes de llegar al centro de Illinois. Cien neoyorkinos negros coincidieron en el Urbana '70 de la InterVarsity.

Mi madre y mi padre se habían conocido semanas antes, durante las vacaciones de Acción de Gracias, cuando Larry, un estudiante de contabilidad del Baruch College de Manhattan, coorganizó un evento de inscripción para ir al Urbana '70 en su iglesia de Jamaica, en Queens. Carol fue una de las treinta personas que asistieron —había venido a casa, a Queens, desde el Nyack College, una pequeña escuela cristiana a unos setenta y dos kilómetros al norte de la casa de sus padres en Far Rockaway—. No pasó nada en su primer encuentro, pero Carol se fijó en Larry, un estudiante demasiado serio con un afro gigantesco y la cara escondida detrás de un bosque de vello facial, y Larry se fijó en Carol, una chica menuda de diecinueve años con pecas oscuras diseminadas por toda su tez de color caramelo, aunque lo único que hicieron fue charlar un poco. Habían decidido, cada uno por su cuenta, ir al Urbana '70 cuando se enteraron de que Tom Skinner estaría predicando allí y de que actuarían los Soul Liberation. A los veintiocho, Skinner estaba haciéndose famoso como joven predicador de la teología de la liberación negra. El antiguo pandillero, hijo de un predicador baptista, llegaba a miles de personas a través de su programa de radio seminal y sus giras, en las que pronunciaba sermones capaces de abarrotar lugares emblemáticos como el Teatro Apollo de su nativa Harlem. En 1970, Skinner publicó su tercer y cuarto libros, *How Black Is the Gospel?* y *Words of Revolution*.

Carol y Larry devoraron ambos libros como una canción de James Brown, como una pelea de Muhammad Ali. Carol había descubierto a Skinner a través de su hermano pequeño, Johnnie, que se había inscrito con ella en Nyack. La conexión de Larry era más ideológica. En la primavera de 1970, se había apuntado a «The Black Aesthetic», un curso impartido por el célebre literato del Baruch College Addison Gayle Jr.

Por primera vez, Larry leyó *The Fire Next Time* de James Baldwin, *Native Son* de Richard Wright, las desgarradoras obras de Amiri Baraka y *The Spook Who Sat by the Door*, el manifiesto revolucionario prohibido de Sam Greenlee. Fue un despertar. Después del curso de Gayle, Larry empezó a buscar una forma de reconciliar su fe con su recién encontrada conciencia negra. Esa búsqueda lo llevó hasta Tom Skinner.

SOUL LIBERATION INICIÓ su popular himno, «Power to the People». Los cuerpos de los estudiantes negros que se habían colocado justo delante del escenario comenzaron a moverse casi al unísono con los sonidos de los retumbantes tambores y el pesado bajo que, junto con los aplausos sincopados, generaban el ritmo y el *blues* de un renacimiento sureño rural.

La oleada de ritmo se expandió enseguida por los miles de cuerpos blancos del estadio. No tardaron mucho en ponerse de pie, balanceándose y cantando juntos el conmovedor cántico del poder negro.

Cada acorde de Soul Liberation parecía anticipar la entrada del ponente principal. Cuando la música acabó, llegó el momento: Tom Skinner, con un traje oscuro y una corbata roja, se colocó detrás del atril. Con voz seria, dio inicio a su lección de historia.

—La iglesia evangélica [...] estaba a favor del *statu quo*. Estaba a favor de la esclavitud, estaba a favor de la segregación, predicaba contra cualquier intento del hombre negro de ser independiente.

Skinner contó cómo llegó a adorar a un Jesucristo blanco, de la élite, que enmendaba a las personas mediante «reglas y regulaciones», un salvador que vaticinaba la visión de la ley y el orden de Richard Nixon. Pero, un día, Skinner se dio cuenta de que había entendido mal a Jesús. Jesús no formaba parte del Rotary Club y tampoco era policía. Jesús era un «revolucionario radical, con pelo en el pecho y mugre en las uñas». La nueva idea de Jesús de Skinner nació de una nueva lectura del evangelio y se comprometió con ella. «Todo evangelio que no [...] hable de la cuestión de la esclavitud» y la «injusticia» y la «desigualdad —todo evangelio que no quiera ir donde la gente pasa hambre y sufre pobreza y liberarla en nombre de Jesucristo— no es el evangelio».

En la época de Jesús, «había un sistema en funcionamiento al igual que hoy en día», afirmaba Skinner. Pero «Jesús era peligroso. Era peligroso porque estaba cambiando el sistema». Los romanos encarcelaron a este «revolucionario» y «lo clavaron a una cruz» y lo mataron y enterraron. Pero tres días después, Jesucristo «se levantó de la tumba» para darnos testimonio hoy. «Proclamad la liberación de los cautivos, predicad la visión para los ciegos» e «id por el mundo y decidles a los hombres que están encadenados mental, espiritual y físicamente, "¡El liberador ha llegado!"».

La última frase vibró en la multitud. «¡El liberador ha llegado!». Los estudiantes prácticamente saltaron de sus asientos y lo ovacionaron —contagiándose de su fresco evangelio. Los liberadores habían llegado—.

Mis padres fueron muy receptivos al llamamiento de liberadores evangélicos y asistieron a varias asambleas negras en el transcurso de la semana de conferencia, unas asambleas que reforzaban este llamamiento cada noche. En Urbana '70, mamá y papá acabaron abandonando la iglesia civilizadora, conservadora y racista de la que se habían dado cuenta que formaban parte. Fueron rescatados por la teología de la liberación negra y se unieron a la iglesia sin iglesias del movimiento Poder negro. Nacidos en la época de Malcolm X, Fannie Lou Hamer, Stokely Carmichael y otros antirracistas que se enfrentaron a los segregacionistas y a los asimilacionistas en las décadas de 1950 y 1960, el movimiento por la solidaridad negra, el orgullo cultural negro y la autodeterminación económica y política negra habían cautivado a todo el mundo negro. Y entonces, en 1970, el Poder negro cautivó a mis padres. Dejaron de pensar en salvar a las personas negras y empezaron a pensar en liberarlas.

En la primavera de 1971, mamá volvió al Nyack College y ayudó a crear un sindicato de estudiantes negros, una organización que cuestionaba la teología racista, las banderas confederadas en las puertas de las habitaciones y la escasez de estudiantes, y programas negros. Empezó a llevar vestidos con estampados africanos y a envolver su creciente afro con lazos de motivos similares. Soñaba con viajar a la madre patria como misionera.

Papá volvió a su iglesia y dejó su famoso coro juvenil. Comenzó a organizar programas que planteaban preguntas estimulantes: «¿Es el cristianismo la religión del hombre blanco?», «¿Es la iglesia negra importante para la comunidad negra?». Empezó a leer la obra de James Cone, el erudito padre de la teología de la liberación negra y autor del influyente libro *Black Theology & Black Power*, publicado en 1969.

Un día, en la primavera de 1971, papá reunió el valor para ir a Harlem y asistir a la clase de Cone en el *Union Theological Seminary*. Cone daba conferencias sobre su nuevo libro, *A Black Theology of Liberation*. Después de la clase, papá se acercó al profesor.

—¿Cuál es su definición de cristiano? —preguntó papá con el tono más serio posible.

Cone miró a papá con la misma seriedad y respondió:

—Un cristiano es aquel que lucha por la liberación.

La operativa definición de James Cone de lo que era un cristiano describía un cristianismo de los esclavos, no el cristianismo de los esclavistas. Escuchar esta definición fue un momento revelador en la vida de papá. Mamá tuvo su propia revelación, una similar, en su sindicato de estudiantes negros: que el cristianismo trataba sobre la lucha y la liberación. Mis padres, cada uno por su cuenta, habían encontrado el credo con el que dar forma a sus vidas para ser el tipo de cristianos que el Jesús revolucionario les había inspirado a ser. Esta nueva definición de una palabra que ya habían elegido como su identidad central los transformó de manera natural.

MI PROPIO CAMINO para ser antirracista, un camino que aún no ha acabado, comenzó en el Urbana '70. Lo que cambió a mamá y a papá provocó un cambio en sus dos hijos aún por nacer: esta nueva definición de la vida cristiana se convirtió en el credo que ha fundamentado las vidas de mis padres y las de sus hijos. No puedo desconectar los esfuerzos religiosos de mis padres para ser verdaderos cristianos de mi esfuerzo secular para ser antirracista. Y el momento clave para todos nosotros fue definir nuestros términos para poder empezar a describir el mundo y nuestro lugar en él. Las definiciones nos anclan a los principios. No se trata de algo sin importancia: si no hacemos lo básico, que es definir el tipo de personas que queremos ser con un lenguaje estable y coherente, no podemos trabajar para conseguir objetivos estables y coherentes. Algunos de mis pasos más consecuentes en mi camino hacia el antirracismo han sido los momentos en los que he llegado a definiciones básicas. Ser antirracista significa establecer definiciones claras del racismo/antirracismo, de las políticas racistas/antirracistas, de las ideas racistas/antirracistas, de las personas racistas/antirracistas. Ser racista significa redefinir la palabra racista constantemente, de forma que nuestras cambiantes políticas e ideas queden exoneradas, y también nuestra cambiante persona.

Así que establezcamos algunas definiciones. ¿Qué es el racismo? El racismo es un matrimonio entre políticas e ideas racistas que produce y normaliza las desigualdades raciales. Bien, ¿y qué son las políticas y las ideas racistas? Tenemos que definirlas por separado para entender de dónde viene ese matrimonio y por qué interactúan tan bien entre ellas. De hecho, demos un paso atrás y definamos otra expresión importante: la desigualdad racial.

La desigualdad racial se produce cuando dos o más grupos raciales no están prácticamente en pie de igualdad. He aquí un ejemplo de desigualdad racial: el 71% de las familias blancas ocupaban una vivienda propia en 2014, comparado con el 45% de las familias latinas y el 41% de las familias negras. La igualdad racial se produce cuando dos o más grupos raciales están relativamente en pie de igualdad. Un ejemplo de igualdad racial sería si los porcentajes de los tres grupos raciales que ocupan viviendas propias hubieran sido más o menos equitativos en los años cuarenta, en los setenta o, aún mejor, en los noventa.

Una política racista es toda medida que produce o mantiene la desigualdad racial entre los grupos raciales. Una política antirracista es toda medida que produce o mantiene la igualdad racial entre los grupos raciales. Con política me refiero a las leyes, normas, procedimientos, procesos, regulaciones y directrices, escritos y no escritos, que gobiernan a las personas. No existen las políticas no racistas o neutrales. Todas las políticas de todas las instituciones en todas las comunidades de todas las naciones producen o respaldan la desigualdad o la igualdad racial entre los grupos raciales.

Las políticas racistas han recibido otros nombres: «racismo institucional», «racismo estructural» y «racismo sistémico», por ejemplo. Pero son unos términos más vagos que «política racista». Cuando los uso, acabo teniendo que explicar enseguida qué significan. «Política racista» es más tangible y exacto, y es más probable que las personas, incluyendo sus víctimas, lo entiendan de inmediato, ya que muchos no manejan con fluidez los términos raciales. «Política racista» expresa exactamente cuál es el problema y dónde está. «Racismo institucional», «racismo estructural» y «racismo sistémico» son redundantes. El racismo en sí es institucional, estructural y sistémico.

«Política racista» también desgrana la esencia del racismo mejor que «discriminación racial», otra expresión frecuente.

«Discriminación racial» es una manifestación inmediata y visible de una política racial subyacente. Cuando alguien discrimina a otra persona en un grupo racial, está aplicando una política o aprovechando la ausencia de una política de protección. Todos tenemos la capacidad de discriminar. Solo unos pocos tienen la capacidad de hacer política. Centrarse en la «discriminación racial» es apartar la mirada de los agentes centrales del racismo: la política racista y los políticos o legisladores racistas, o lo que yo llamo poder racista.

Desde la década de 1960, el poder racista se ha apropiado del término «discriminación racial», transformando el acto de discriminar según la raza en un acto inherentemente racista. Pero si la discriminación racial se define como tratar, considerar o hacer una distinción en favor o en contra de una persona según la raza de dicha persona, entonces la discriminación racial no es inherentemente racista. La cuestión decisiva es si la discriminación produce igualdad o desigualdad. Si la discriminación produce igualdad, entonces es antirracista. Si la discriminación produce desigualdad, entonces es racista. Alguien que reproduce la desigualdad ayudando a un grupo racial sobrerrepresentado para conseguir riqueza y poder es muy distinto de alguien que desafía esa desigualdad ayudando de forma temporal a un grupo racial infrarrepresentado para conseguir una riqueza y poder relativos hasta que se alcanza la igualdad.

La única solución a la discriminación racista es la discriminación antirracista. La única solución a la discriminación pasada es la discriminación presente. La única solución a la discriminación presente es la discriminación futura. Como dijo el presidente Lyndon B. Johnson en 1965: «No se puede coger a una persona que, durante años, ha sido coartada con cadenas y liberarla, llevarla a la línea de salida de una carrera y entonces decirle: "Eres libre para competir con los demás" y creer de verdad que has sido completamente justo». Harry Blackmun, magistrado de la Corte Suprema de Estados Unidos, escribió en 1978: «Para superar el racismo, primero debemos tener en cuenta la raza. No hay otra forma. Y para tratar igual a algunas personas tenemos que tratarlas de forma diferente».

Los defensores racistas de la discriminación racial que creó las desigualdades raciales antes de la década de 1960 hoy en día se oponen, de manera racista, a la discriminación antirracista ideada para desmantelar esas desigualdades raciales. El movimiento racista más peligroso no es la improbable deriva de la ultraderecha hacia un etnoestado blanco, sino la deriva del estadounidense común hacia un estado «racialmente neutral». En realidad, el constructo de la neutralidad racial alimenta el victimismo del nacionalismo blanco sugiriendo la noción de que cualquier política que proteja o impulse a los estadounidenses no blancos hacia la igualdad es «discriminación inversa».

Así es como el poder racista es capaz de decir que las políticas de discriminación positiva que consiguen reducir las desigualdades raciales «tienen en cuenta la raza» y los test estandarizados que producen desigualdades raciales son «racialmente neutrales». Así es como pueden echarle la culpa al comportamiento de grupos raciales enteros de las desigualdades entre grupos raciales diferentes y seguir diciendo que sus ideas son «no racistas». Pero las ideas no racistas no existen, solo las ideas racistas o las antirracistas.

Entonces ¿qué es una idea racista? Una idea racista es toda idea que sugiera que un grupo racial es inferior a otro grupo racial de la forma que sea. Las ideas racistas sostienen que las inferioridades y superioridades de los grupos raciales explican las desigualdades raciales en la sociedad. Como Thomas Jefferson sospechaba una década después de declarar la independencia de los Estados Unidos blancos: «Los negros, en origen una raza distinta, o diferenciada por el tiempo y las circunstancias, son inferiores a los blancos en sus cualidades tanto corporales como mentales».

Una idea antirracista es toda idea que sugiera que los grupos raciales son iguales en todas sus aparentes diferencias, que no hay nada bueno ni malo en ningún grupo racial. Las ideas antirracistas sostienen que las políticas racistas son la causa de las desigualdades raciales.

Entender las diferencias entre las políticas racistas y las políticas antirracistas, entre las ideas racistas y las ideas antirracistas, nos permite volver a nuestras definiciones básicas. El racismo es una poderosa colección de políticas racistas que se traducen en desigualdad racial y que son justificadas por ideas racistas. El antirracismo es una poderosa colección de políticas antirracistas que se traducen en igualdad racial y que son justificadas por ideas antirracistas.

UNA VEZ QUE tenemos una definición sólida de racismo y de antirracismo, podemos empezar a encontrarle sentido al mundo racializado que nos rodea, y al que nos precede. Mis abuelos maternos, Mary Ann y Alvin, se trasladaron con su familia a Nueva York en la década de 1950, durante la fase final de la Gran Migración Afroamericana, contentos de alejar a sus hijos de los violentos segregacionistas de Georgia y de la recolección de algodón bajo el cada vez más tórrido sol de Georgia.

Pensándolo bien, también estaban alejando a su familia de los efectos del cambio climático. La política climática de no intervención es una política racista, ya que el sur global, en su mayoría no blanco, sufre más los efectos del cambio climático que el norte global, mayormente blanco, a pesar de que el norte global está contribuyendo más a su aceleración. La tierra se hunde y las temperaturas suben desde Florida hasta Bangladesh. Las sequías y la escasez de comida afectan a los cuerpos en el este y el sur de África, una región que representa ya el 25% de la población malnutrida del mundo. Las catástrofes medioambientales causadas por el ser humano que afectan a los cuerpos no blancos de forma desproporcionada no son algo poco frecuente; por ejemplo, casi cuatro mil zonas de Estados Unidos —la mayoría pobres y no blancas— tienen mayores índices de envenenamiento por plomo que Flint (Michigan).

Pertenezco a una generación alejada de la recolección de algodón a cambio de unas monedas bajo el clima cálido de Guyton, en las afueras de Savannah. Ahí es donde enterramos a mi abuela en 1993. Los recuerdos de su reconfortante calma, su buena mano para las plantas y sus grandes bolsas de basura llenas de regalos de Navidad nos acompañaron en el viaje de regreso a Nueva York después de su funeral. Al día siguiente, mi padre fue hasta Flushing, en Queens, para ver a su madre, una madre soltera, que también se llamaba Mary Ann. Tenía la piel marrón oscura más clara del mundo, una sonrisa que te abrazaba y un ingenio capaz de abofetearte.

Cuando mi padre abrió la puerta de su apartamento, olió el humo de la estufa que se había quedado encendida, y también otra clase de olor. Su madre no aparecía por ninguna parte, corrió por el pasillo y llegó a su dormitorio, en la parte trasera. Es ahí donde encontró a su madre, que parecía dormida, pero estaba muerta. Su pelea contra el Alzheimer, una enfermedad que tiene más prevalencia entre los afroamericanos, había acabado.

Puede que no haya un privilegio blanco más importante que la propia vida. La esperanza de vida de las personas blancas supera en 3,5 años la de las personas negras en Estados Unidos; esta es la más evidente de un sinfín de disparidades respecto a la salud, que empiezan desde la infancia, donde la tasa de muerte de bebés negros duplica la de niños blancos. Pero al menos mis abuelas y yo nos conocimos, compartimos momentos, nos quisimos. Nunca conocí a mi abuelo paterno. Nunca conocí a mi abuelo materno, Alvin. Murió de cáncer tres años antes de que yo naciera. En Estados Unidos, los afroamericanos tienen un 25% más de probabilidades de morir de cáncer que los blancos. Mi padre sobrevivió al cáncer de próstata, que mata al doble de hombres negros que blancos. El cáncer de mama mata a las mujeres negras de forma desproporcionada.

Tres millones de afroamericanos y cuatro millones de latinoamericanos consiguieron un seguro médico gracias a la Affordable Care Act (ACA), que redujo el índice de personas no aseguradas de ambos grupos a cerca del 11% antes de que el presidente Barack Obama dejara el cargo. Pero unos abrumadores 28,5 millones de estadounidenses siguen sin seguro, una cifra que va en ascenso después de que el Congreso derogara el mandato individual en 2017. Y a la gente no blanca le resulta cada vez más difícil sacar del poder mediante el voto a los políticos que fabrican estas políticas diseñadas para acortar sus vidas. La racista política de voto ha pasado de la privación del derecho a ejercerlo con las leyes de voto de Jim Crow a la privación del derecho a ejercerlo mediante la encarcelación masiva y las leyes de identificación de los votantes. A veces estos esfuerzos son tan descarados que acaban mal: Carolina del Norte aprobó una de esas leyes de identificación de votantes específicos, pero en julio de 2016 la Corte de Apelaciones del Cuarto Circuito la anuló, afirmando que sus diversas disposiciones «están dirigidas a los afroamericanos con una precisión casi quirúrgica». Pero otras se han mantenido y han tenido éxito. La estricta ley de identificación de votantes de Wisconsin suprimió cerca de doscientos mil votos —el objetivo, de nuevo, eran sobre todo los votantes no blancos— en la elección de 2016. Donald Trump ganó ese estado clave por 22,748 votos.

Estamos rodeados de desigualdad racial, tan visible como la ley, tan oculta como nuestros pensamientos privados. La pregunta para cada uno de nosotros es: ¿en qué lado de la historia estaremos? Una persona racista es alguien que respalda una política racista mediante sus acciones o su inacción o que expresa una idea racista. Una persona antirracista es alguien que respalda una política antirracista mediante sus acciones o que expresa una idea antirracista. «Racista» y «antirracista» son como etiquetas desprendibles que se colocan y se sustituyen según lo que alguien hace o no hace, según lo que apoya o expresa en cada momento. No son tatuajes permanentes. Nadie se convierte en un racista o en un antirracista. Solo podemos esforzarnos por ser uno u otro. Podemos estar luchando por ser racistas sin darnos cuenta. Podemos estar luchando por ser antirracistas sin darnos cuenta. Al igual que cuando se combate una adicción, ser antirracista exige una autoconciencia persistente, una autocrítica constante y una introspección frecuente.

Las ideas racistas han definido nuestra sociedad desde el principio y pueden resultar tan naturales y obvias como para ser banales, pero las ideas antirracistas siguen siendo difíciles de entender, en parte porque van en contra del curso de la historia de este país. Como dijo Audre Lorde en 1980: «Todos hemos sido programados para responder a las diferencias humanas entre nosotros con miedo y odio y para manejar esas diferencias de tres formas posibles: ignorándolas, y si no es posible, reproduciéndolas si creemos que son dominantes, o destruyéndolas si creemos que tienen un rol subordinado. Pero no tenemos patrones para relacionarnos a través de nuestras diferencias humanas como iguales». Ser antirracista es una elección radical frente a esta historia, y exige una reorientación radical de nuestra conciencia.

CAPÍTULO 2

CONCIENCIAS ENFRENTADAS

ASIMILACIONISTA: Alguien que expresa la idea racista de que un grupo racial es inferior a nivel cultural o conductual y que respalda programas de enriquecimiento cultural o conductual para desarrollar dicho grupo racial.

SEGREGACIONISTA: Alguien que expresa la idea racista de que un grupo racial inferior de forma permanente no puede desarrollarse y que respalda políticas que segregan a ese grupo racial.

ANTIRRACISTA: Alguien que expresa la idea de que los grupos raciales son iguales y ninguno necesita desarrollo y que respalda políticas que reducen la desigualdad racial.

MIS PADRES NO se habían visto desde el viaje en autobús al Urbana '70. Se acercaba la Navidad de 1973. Soul Liberation celebró un concierto en la icónica Iglesia Presbiteriana de Broadway en Harlem, que se convirtió en una reunión para los asistentes al Urbana '70 de Nueva York. Papá y mamá asistieron. Los dos viejos amigos se reencontraron y pasó algo más. Después de que los acordes de Soul Liberation acabaran y se hiciera el silencio, mis padres volvieron a hablar y la chispa se encendió por fin.

Días después, papá llamó a mamá y la invitó a salir.

—Me han llamado de las misiones —respondió mamá—. Me marcho en marzo.

Mamá y papá perseveraron, incluso después de que mamá se fuera a dar clases a una aldea rural liberiana en las afueras de Monrovia durante nueve meses. Ocho años más tarde se casaron, y cuando llegué al mundo se atrevieron a llamarme, a mí, su segundo hijo, «padre glorificado», pese a que los cuerpos negros no se solían glorificar. Justo antes de mi llegada, mientras mi madre embarazada celebraba su trigésimo primer cumpleaños el 24 de junio de 1982, el presidente Reagan le declaró la guerra a su bebé no nacido. «Tenemos que acabar con la drogadicción mediante un cumplimiento más estricto de la ley», dijo Reagan en el Rose Garden de la Casa Blanca.

No era la drogadicción con lo que se quería acabar, por supuesto, sino con la gente como yo, nacida en este régimen de «cumplimiento más estricto de la ley». Las duras políticas penales para los delitos relacionados con las drogas —y no un crecimiento neto de la delincuencia— causaron que la población de las prisiones estadounidenses se multiplicara por cuatro entre 1980 y 2000. Mientras que los criminales violentos solían representar cerca de la mitad de la población carcelaria en cualquier momento dado, se encarceló a más gente por delitos relacionados con las drogas que por delitos violentos cada día desde 1993 hasta 2009. Las personas blancas tienden más a vender droga que las negras o las latinas y las tasas de consumo son similares entre las razas. Pero los afroamericanos tienen más probabilidad que los blancos de ser encarcelados por delitos relacionados con las drogas. Los narcodelincuentes negros no violentos pasan en prisión el mismo tiempo (58.7 meses) que los criminales violentos blancos (61.7 meses). En 2016, las personas negras y latinas seguían estando extremadamente sobrerrepresentadas en la población carcelaria en un 56%, el doble de su porcentaje en la población adulta de Estados Unidos. Las personas blancas seguían estando extremadamente infrarrepresentadas en la población carcelaria en un 30%, alrededor de la mitad de su porcentaje en la población adulta de Estados Unidos.

Reagan no empezó esta supuesta guerra, como cuenta la historiadora Elizabeth Hinton. El presidente Lyndon B.

Johnson comenzó a perseguirnos cuando dijo que 1965 sería «el año en el que este país daría inicio a una exhaustiva, inteligente y efectiva guerra contra el crimen». Mis padres estaban en el instituto cuando la guerra contra el crimen de Johnson dejó en ridículo a su poco respaldada guerra contra la pobreza, como un francotirador armado hasta los dientes deja en ridículo a un cirujano traumatólogo con recursos insuficientes. El presidente Richard Nixon anunció su guerra contra las drogas en 1971 para arrasar con sus críticos más duros —los activistas negros y los activistas en contra de la guerra—. «Podíamos arrestar a sus líderes, hacer redadas en sus casas, disolver sus reuniones y denigrarlos noche tras noche en los noticieros de la tarde», le dijo John Ehrlichman, el jefe de política interna de Nixon, a un reportero de *Harper* años más tarde. «¿Que si sabíamos que estábamos mintiendo sobre el tema de las drogas? Por supuesto que sí».

Las personas negras se sumaron a esa denigración, convencidas de que los vendedores de drogas, los pistoleros y los ladrones heroinómanos estaban tirando «por el desagüe» todos «los logros conseguidos con tanto esfuerzo con el movimiento por los derechos civiles», citando un artículo del *Washington Afro-American* en 1981. Algunos líderes negros, si no la mayoría de ellos, en un esfuerzo por parecer salvadores de su gente frente a esta amenaza, cambiaron de opinión y decidieron colocar al criminal negro junto al racista blanco en la categoría de enemigos de su pueblo.

Unos aparentemente contradictorios llamamientos para encerrar y salvar a las personas negras se sucedieron y enfrentaron en las legislaturas de todo el país, pero también en las mentes de los estadounidenses. Los líderes negros se sumaron a los republicanos, desde Nixon hasta Reagan, y a los demócratas, desde Johnson hasta Bill Clinton, en la petición y obtención de más agentes de policía, penas más duras y obligatorias, y más cárceles. Pero también exigieron poner fin a la brutalidad policial, más trabajo, mejores escuelas y programas para el tratamiento de la drogadicción. Estas exigencias fueron recibidas con menos entusiasmo.

Para cuando yo nací en 1982, la vergüenza del «crimen entre personas negras» (*Black on Black crime*) estaba a punto de aplastar el orgullo del «Black is beautiful» de toda una generación. Muchos estadounidenses no negros miraban a los adictos negros con aversión —y demasiadas personas miraban a esos mismos adictos con vergüenza—.

Mis padres provenían de familias pobres: una trabajaba en obras urbanas en el norte, la otra en campos rurales en el sur. Ambos enmarcaron su paso de la pobreza a la clase media en la década de 1980 como un ascenso en la escalera de la educación y el trabajo duro. A medida que su situación mejoraba, los avasallaban con temas de conversación racistas sobre personas negras que se negaban a mejorar, aquellas que se encadenaban de forma irresponsable a la heroína o al crack, que disfrutaban robando y siendo dependientes criminalmente del dinero ganado con mucho esfuerzo por los estadounidenses que ascendían como ellos.

En 1985, la adorada abogada de derechos civiles Eleanor Holmes Norton salió en *The New York Times* afirmando que la «solución [...] no es tan sencilla como cubrir las necesidades básicas y [ofrecer] oportunidades», como creen los antirracistas. Instó al «derrocamiento de la enrevesada y depredadora subcultura del gueto». Instó a personas como mis padres, con «orígenes en el gueto», a salvar a las mujeres y los «hombres del gueto» inculcándoles los valores del «trabajo duro, [la] educación, [el] respeto por la familia» y el deseo de «lograr una vida mejor para sus propios hijos». Norton no ofrecía ningún tipo de prueba empírica para fundamentar su postura de que algunos negros «del gueto» tenían deficiencias respecto a cualquiera de estos valores.

Pero mis padres, como muchos otros de la nueva clase media negra, aceptaron estas ideas. La clase que desafió las políticas racistas desde la década de 1950 y a lo largo de la de

1970 empezó ahora a desafiar a otras personas negras en las décadas de 1980 y 1990. El antirracismo parecía una indulgencia ante el comportamiento autodestructivo que estaban presenciando a su alrededor. Mis padres obedecieron la orden de Norton: me alimentaron con el mantra de que la educación y el trabajo duro me harían ascender, igual que los habían hecho ascender a ellos, y con eso, al final, todas las personas negras ascenderían. Mis padres —incluso con su conciencia racial— eran susceptibles a la idea racista de que era la pereza lo que mantenía oprimidas a las personas negras, así que le prestaban más atención a regañarlas que a meterse con las políticas de Reagan, que estaban haciendo trizas la escalera por la que ellos habían subido y castigando luego a la gente por no conseguirlo.

La revolución de Reagan fue justo eso: una revolución radical en beneficio de los ya poderosos. Enriqueció aún más a los estadounidenses de altos ingresos reduciendo sus impuestos y las regulaciones del gobierno, implantando un muy generoso presupuesto militar y frenando el poder de los sindicatos. El 70% de las personas negras de ingresos medios reportaron haber observado «una gran cantidad de discriminación racial» en 1979, antes de que los revolucionarios de Reagan hicieran retroceder la aplicación de leyes de derechos civiles y políticas de acción afirmativa, y redujeran considerablemente el presupuesto de los gobiernos estatales y locales, cuyos contratos y empleos se habían convertido en vías seguras para las viviendas unifamiliares urbanas de la clase media negra. El mismo mes que Reagan anunció su guerra contra las drogas, durante el cumpleaños de mamá de 1982, el presidente cortó la red de seguridad de los programas federales de asistencia social y el Medicaid, mandando a la pobreza a más personas negras de bajos ingresos. Su «cumplimiento más estricto de la ley» lanzó a más personas negras a las garras de policías violentos, que a mediados de la década de 1980 mataron a veintidós personas negras por cada blanca. La juventud negra tenía una probabilidad cuatro veces mayor de estar en paro en 1985 que en 1954. Pero pocos conectaron el aumento del paro con el aumento de los delitos violentos.

Los estadounidenses han sido entrenados durante mucho tiempo para ver las deficiencias de las personas en lugar de las de la política. Es un error bastante fácil de cometer: a la gente la tenemos delante de nuestras narices. Las políticas quedan lejos. Somos especialmente malos a la hora de ver las políticas que acechan detrás de las luchas de la gente. Así que mis padres se apartaron de los problemas de la política para contemplar los problemas de las personas —y volvieron a intentar salvar y civilizar a los negros en lugar de liberarlos—. La teología civilizadora se volvió más atractiva para mis padres, ante el aumento del consumo del crack y el daño que hacía a las personas negras, como lo hizo con tantos hijos de los derechos civiles y del Poder negro. Pero, en muchos sentidos, la teología de la liberación siguió siendo su hogar filosófico, el hogar en el que me criaron.

EN EL FONDO, mis padres seguían siendo esas personas enardecidas por la teología de la liberación negra allá en Urbana. Mamá seguía soñando con ser una trotamundos del mundo negro, y también una misionera de la liberación, un sueño que sus amigos liberianos alimentaron en 1974. Papá soñaba con escribir poesía liberadora, un sueño que alimentó el profesor Addison Gayle en 1971.

Siempre me pregunto qué habría pasado si mis padres no hubieran dejado que sus razonables miedos les impidieran perseguir sus sueños. Mamá como viajera, ayudando a liberar el mundo negro. Papá acompañándola y buscando inspiración para su poesía de libertad. En cambio, mamá se conformó con una carrera corporativa en el campo de las tecnologías de salud. Papá se conformó con una carrera como contable. Entraron en la clase media estadounidense —un espacio entonces definido por su desproporcionada mayoría blanca— y comenzaron a mirarse a sí mismos y a su gente no solo a través de sus propios ojos, sino también «a través de los ojos de los demás». Se juntaron con otras personas negras que trataban de encajar en ese espacio blanco mientras seguían intentando ser ellos mismos y salvar a sus semejantes. No era tanto una máscara lo que llevaban, sino que estaban divididos en dos mentes.

Este concepto doble reflejaba lo que W. E. B. Du Bois expresó de manera magistral en *Las almas del pueblo negro* en 1903. «Es una sensación peculiar, esta doble conciencia, esta sensación de verse siempre a sí mismo a través de los ojos de otros», escribió Du Bois. Él no quería ni «africanizar Estados Unidos» ni «blanquear su alma negra en un mar de americanismo blanco». Du Bois deseaba «ser negro y estadounidense al mismo tiempo». Du Bois deseaba habitar constructos opuestos. Ser estadounidense es ser blanco. Ser blanco es no ser negro.

Lo que Du Bois denominó doble conciencia puede tener un nombre más preciso, como conciencia *enfrentada*. «Uno siente siempre su dualidad», explicaba Du Bois, «un estadounidense, un negro; dos almas, dos pensamientos, dos luchas irreconciliables; dos ideales en guerra en un cuerpo oscuro, cuya obstinada resistencia es lo único que evita que se haga añicos». Du Bois explicaba también cómo esta guerra se estaba librando en su propio cuerpo oscuro, entre su deseo de ser negro y el de «refugiarse en la masa de estadounidenses de la misma forma que los irlandeses y los escandinavos» lo estaban haciendo.

Estas ideas enfrentadas estaban ahí en 1903, y este mismo duelo pasó a mis padres —y sigue estando ahí hoy en día—. El duelo interno de la conciencia negra parece producirse a menudo entre ideas antirracistas y asimilacionistas. Du Bois creía al mismo tiempo en el concepto antirracista de la relatividad racial, según el cual cada grupo racial se mira a sí mismo con sus propios ojos, y en el concepto asimilacionista de los estándares raciales, de «mirarse a sí mismo a través de los ojos» de otro grupo racial —en su caso, las personas blancas—. En otras palabras, quería liberar a las personas negras del racismo pero también quería cambiarlas, salvarlas de sus «vestigios de barbarie». Du Bois afirmaba en 1903 que tanto el racismo como «el bajo nivel social de la multitud de la raza» eran «responsables» de la «degradación de las personas negras». La asimilación sería parte de la solución a este problema.

Las ideas asimilacionistas son ideas racistas. Los asimilacionistas pueden seleccionar cualquier grupo racial como el estándar superior en base al cual otro grupo racial debería medirse, como el punto de referencia que deberían tratar de alcanzar. Los asimilacionistas suelen elegir a las personas blancas como el estándar superior. «¿Se detienen alguna vez los estadounidenses a pensar que en esta tierra hay un millón de seres humanos de sangre negra [...] que, a juzgar por cualquier estándar, han alcanzado la plenitud del mejor tipo de cultura europea moderna? ¿Es justo, es decente, es cristiano [...] menospreciar semejante aspiración?», preguntaba Du Bois en 1903.

LA CONCIENCIA ENFRENTADA se manifestó de una forma distinta en mis padres, que lo convirtieron todo en una cuestión de autosuficiencia negra. En 1985, se sintieron atraídos por la iglesia episcopal metodista africana (AME) de Allen de Floyd H. Flake en Southside Queens. Flake y su igualmente carismática esposa, Elaine, transformaron Allen en una megaiglesia y en uno de los empleadores del sector privado más importantes de la zona a través de su liberado reino de empresas comerciales y de servicios sociales. Desde su escuela hasta su complejo de viviendas para la tercera edad, y su centro para víctimas de violencia doméstica, la iglesia de Flake no tenía paredes ni límites. Era justo el tipo de iglesia que resultaba fascinante, por naturaleza, a los asistentes del Urbana '70. Mi padre se unió a la plantilla de Flake en 1989.

Mi programa favorito de la iglesia era el de Acción de Gracias. Solíamos llegar cuando las filas de gente rodeaban el edificio de la iglesia, que olía especialmente bien aquel día. El aroma a carne y a salsa de arándanos calentaba el aire de noviembre. Los olores multiplicaban su delicia a medida que entrábamos en el sótano del salón comunitario, donde estaban las cocinas. Solía encontrar mi sitio en la interminable cadena de montaje de bandejas. Apenas podía ver por encima de la comida. Pero me ponía de puntillas para ayudar a dar de comer hasta el último bocado a cinco mil personas. Traté de ser tan dulce con aquellas personas hambrientas como lo era la tarta de melocotón de mi madre. Este programa de personas negras alimentando a personas negras encarnaba el evangelio de la autosuficiencia negra que los adultos de mi vida estaban inculcándome.

La autosuficiencia negra era una espada de doble filo. De un lado estaba el aborrecimiento de la supremacía blanca, el paternalismo blanco, los gobernantes blancos y los salvadores blancos. Del otro, el amor por los gobernantes negros y los salvadores negros, por el paternalismo negro. Por un lado, estaba la creencia antirracista de que las personas negras eran totalmente capaces de gobernarse a sí mismas, de confiar en sí mismas. Por el otro, la idea asimilacionista de que las personas negras deberían centrarse en esforzarse por salir adelante con sus vaqueros anchos y sus tops *halter* pegados, por dejar el crack, las esquinas de las calles y la «limosna» del gobierno, como si todo eso fuera lo que mantenía, en parte, sus ingresos a unos niveles tan bajos. Esta conciencia enfrentada nutría el orgullo negro insistiendo en que no había nada de malo en las personas negras, pero también cultivaba la vergüenza con su insinuación de que las personas negras tenían un problema de comportamiento... bueno, al menos esas otras personas negras. Si el problema estaba en nuestro propio comportamiento, entonces los revolucionarios de Reagan no eran los que estaban oprimiendo a las personas negras —nos estábamos oprimiendo nosotros mismos—.

LAS PERSONAS BLANCAS tienen su propia conciencia enfrentada, entre el segregacionismo y el asimilacionismo: el traficante de esclavos y el misionero, el explotador a favor de la esclavitud y el civilizador en contra de la esclavitud, el eugenista y el partidario de la mezcla, el encarcelador en masa y el desarrollador en masa, el Blue Lives Matter y el All Lives Matter, el nacionalista no racista y el estadounidense no racista.

Las ideas asimilacionistas y las ideas segregacionistas son dos tipos de ideas racistas contrapuestas dentro del pensamiento racista. Las ideas asimilacionistas blancas desafían las ideas segregacionistas que afirman que las personas no blancas son incapaces de progresar y de alcanzar un estándar de vida superior, incapaces de llegar a ser blancas y, por lo tanto, de ser completamente humanas. Los asimilacionistas creen, de hecho, que las personas no blancas pueden progresar y ser completamente humanas como las personas blancas. Las ideas asimilacionistas reducen a las personas no blancas al nivel de niños que necesitan instrucciones sobre cómo comportarse. Las ideas segregacionistas consideran a las personas no blancas «animales», si recurrimos a la descripción que Trump dio sobre los inmigrantes latinos —imposibles de educar a partir de cierto punto—. La historia del mundo racializado es una pelea a tres bandas entre asimilacionistas, segregacionistas y antirracistas. Las ideas antirracistas se fundamentan en la verdad de que los grupos raciales son iguales con todas sus diferencias; las ideas asimilacionistas se basan en la noción de que algunos grupos raciales son cultural o conductualmente inferiores, y las ideas segregacionistas surgen de la creencia en una distinción genética y una jerarquía fija racial. «Tiendo a sospechar que las personas negras y en general el resto de especies de seres humanos (pues hay cuatro o cinco diferentes) son por naturaleza inferiores a las personas blancas», escribió el filósofo de la Ilustración David Hume en 1753. «Nunca ha existido una nación civilizada que no tuviera una complexión que no fuera blanca [...]. Dicha diferencia uniforme y constante no podría producirse, en tantos países y épocas, si la naturaleza no hubiera creado una distinción original entre estas razas de seres humanos».

David Hume afirmó que todas las razas son creadas desiguales, pero Thomas Jefferson parecía no estar de acuerdo cuando, en 1776, declaró que «todos los seres humanos son creados iguales». Sin embargo, Thomas Jefferson nunca hizo la declaración antirracista de «todos los grupos raciales son iguales». Mientras las ideas segregacionistas sugieren que un grupo racial es inferior de forma permanente, las ideas asimilacionistas sugieren que un grupo racial es inferior de forma temporal. «Sería arriesgado afirmar que, cultivada de la misma forma durante unas pocas generaciones», la persona negra «no llegaría a ser» igual, escribió Jefferson una vez con un estilo muy asimilacionista.

La conciencia blanca enfrentada forjó dos tipos de políticas racistas, lo que reflejaba el conflicto entre las propias ideas racistas. Dado que los asimilacionistas sostienen una jerarquía cultural y conductual, las políticas y programas asimilacionistas están orientadas a desarrollar, civilizar e integrar un grupo racial (para distinguirse de los programas centrados en individuos, en personas). Dado que los segregacionistas sostienen la incapacidad de un grupo racial para civilizarse y progresar, las políticas segregacionistas están orientadas a segregar, esclavizar, encarcelar, deportar y matar. Dado que los antirracistas sostienen que los grupos raciales ya están civilizados, las políticas antirracistas están orientadas a reducir las desigualdades raciales y crear igualdad de oportunidades

La gente blanca ha solido defender políticas tanto asimilacionistas como segregacionistas. La gente no blanca ha solido defender políticas tanto antirracistas como asimilacionistas. La «historia del negro estadounidense es la historia de este conflicto», citando a Du Bois —el conflicto entre el asimilacionista y el antirracista, entre la civilización en masa y la igualación en masa—. En el cuerpo negro de Du Bois, en los cuerpos negros de mis padres, en mi joven cuerpo negro, este doble deseo, esta conciencia enfrentada, produce un conflicto interno entre el orgullo negro y la aspiración de ser blanco. Mis propias ideas asimilacionistas impidieron que reparara en el gran auge de las políticas racistas durante la guerra contra las drogas de Reagan.

LA CONCIENCIA BLANCA enfrentada, desde su posición de poder relativo, ha dado forma al conflicto que reside en la conciencia negra. A pesar de la cruda verdad de que Estados Unidos fue fundada «por hombres blancos para hombres blancos», como dijo el segregacionista Jefferson Davis en la sala del Senado en 1860, las personas negras han expresado el deseo de ser estadounidenses y los ha alentado a ello la innegable historia de progreso antirracista desde la esclavitud y las leyes de Jim Crow. A pesar de las crudas instrucciones de gente como el premio Nobel Gunnar Myrdal de «asimilarse a la cultura estadounidense», las personas negras también han deseado, como dijo Du Bois, seguir siendo negras, desalentadas por la innegable historia de progreso racista estadounidense, desde el aumento de la violencia policial y la supresión del voto hasta el crecimiento de las desigualdades raciales en ámbitos que van desde la salud hasta el patrimonio.

La historia libra su combate interno: la innegable historia del progreso antirracista, la innegable historia del progreso racista. Antes y después de la Guerra Civil, antes y después de los derechos civiles, antes y después del primer presidente negro, la conciencia blanca libra su combate interno. El cuerpo blanco define el cuerpo estadounidense. El cuerpo blanco segrega al cuerpo negro del cuerpo estadounidense. El cuerpo blanco le dice al cuerpo negro que se asimile al cuerpo estadounidense. El cuerpo blanco rechaza la idea de que el cuerpo negro se asimile al cuerpo estadounidense —y la historia y la conciencia vuelven a batirse en duelo—.

El cuerpo negro, a su vez, experimenta el mismo duelo. Al cuerpo negro se le pide que se convierta en un cuerpo estadounidense. El cuerpo estadounidense es el cuerpo blanco. El cuerpo negro se esfuerza por asimilarse en el cuerpo estadounidense. El cuerpo estadounidense rechaza al cuerpo negro. El cuerpo negro se separa del cuerpo estadounidense. Al cuerpo negro se le pide que se asimile al cuerpo estadounidense —y la historia y la conciencia vuelven a batirse en duelo—.

Pero existe una forma de liberarse. Ser antirracista significa emanciparse de la conciencia enfrentada. Ser antirracista significa conquistar la conciencia asimilacionista y la conciencia segregacionista. El cuerpo blanco ya no se presenta como el cuerpo estadounidense; el cuerpo negro ya no se esfuerza por convertirse en el cuerpo estadounidense, ya que sabe que no existe nada parecido a un cuerpo estadounidense, solo cuerpos estadounidenses, racializados por el poder.

CAPÍTULO 3

PODER

RAZA: Un constructo del poder a partir de diferencias recopiladas y combinadas que está presente en la sociedad.

NOS DETUVIMOS EN el aparcamiento en busca de señales de vida. Pero el día a día de la escuela había acabado hacía unas horas. Eran casi las cuatro en punto de aquel cálido día de abril de 1990, en Long Island, Nueva York.

El carro estaba aparcado y podía ver la inquietud en las caras de mis padres mientras se quitaban el cinturón de seguridad. Tal vez solo estaban tratando de hacerse a la idea de tener que repetir ese viaje de treinta minutos a Long Island dos veces al día, todos los días laborables, año tras año —además de sus trayectos de una hora al trabajo en Manhattan—. Sentí su malestar y sentí el mío. El nerviosismo por cambiar de escuela. El deseo de que la escuela P. S. 251 durara más allá de segundo grado. El malestar de estar tan lejos de casa en aquel barrio extraño. Mis sentimientos de niño de siete años se agitaban dentro de mí.

Había varias escuelas primarias públicas a poca distancia a pie desde mi casa en Queens Village. Pero los neoyorquinos negros que podían permitírselo separaban a sus hijos de los niños negros pobres de los barrios negros pobres, al igual que los neoyorquinos blancos separaban a sus hijos de los niños negros. A la conciencia enfrentada de los padres blancos no le importaba gastar más dinero en vivienda para enviar a sus hijos a las escuelas públicas blancas —y así mantenerlos alejados de las escuelas y niños supuestamente malos—. A la conciencia enfrentada de los padres negros no le importaba pagar por escuelas privadas negras para mantener a sus hijos alejados de esas mismas escuelas públicas y de esos niños.

Una mujer negra nos saludó en la puerta principal de la Grace Lutheran School. Nos estaba esperando. Era la profesora de tercer grado de la escuela, y después de un rápido saludo nos condujo por un pasillo. Las aulas estaban a ambos lados, pero me fijé en las fotos de clase que había fuera: todas aquellas caras blancas adultas y aquellas caras negras más jóvenes nos devolvían la mirada. De vez en cuando le echábamos un vistazo al interior de aquellas aulas tan bien decoradas. Sin sonidos. Sin alumnos. Sin profesores. Solo el ruido de nuestros pasos.

Nos llevó al aula de tercer grado, a un buen trecho de la entrada. Se podían ver los materiales expuestos para un proyecto de ciencias, cuyos detalles nos explicó. Criar pollitos me traía sin cuidado. Entonces nos llevó a una mesa redonda y nos dijo si teníamos alguna pregunta. Mi madre, sentada, hizo una pregunta sobre el currículo. Eso tampoco me importaba demasiado. Empecé a observar el aula con más detalle. Una pausa en la conversación me llamó la atención —papá acababa de preguntar sobre la composición racial del cuerpo estudiantil—. Mayoría negra. Tomé nota. Mi mente volvió a alejarse de allí, vagando esta vez por la clase y por la escuela, intentando imaginar a los alumnos y a los profesores, recordando esas imágenes del pasillo. Una pausa volvió a llamar mi atención. Se me escapó una pregunta.

—¿Eres la única profesora negra?

—Sí, pero...

La interrumpí.

—¿Por qué eres la única profesora negra?

Desconcertada, miró a mis padres. Ellos intercambiaron miradas de curiosidad. Yo seguí mirando fijamente a la profesora, preguntándome por qué miraba a mis padres. Mamá acabó con aquel silencio incómodo.

—Ha estado leyendo biografías de líderes negros.

Mamá se refería a la colección *Junior Black Americans of Achievement*, impulsada por Coretta Scott King y muy aclamada por la crítica. Papá había comprado un montón de estas biografías, que ahora superaban la centena. Martin Luther King Jr. Frederick Douglass. Mary McLeod Bethune. Richard Allen. Ida B. Wells. Papá seguía animándome a recurrir a aquella colección cada vez que tenía un proyecto de escritura.

Aquellas fascinantes biografías me entusiasmaban tanto como los nuevos videojuegos de mi Sega Genesis. En cuanto empezaba a leer no podía parar. Descubrir a través de esos libros la larga historia del daño infligido a los estadounidenses negros me enfurecía y dio vida por primera vez a una especie de conciencia racial.

—Es muy consciente de que es negro —se aseguró de añadir mamá, mirando a papá.

No buscaba confirmación. Papá asintió, de acuerdo, mientras yo seguía mirando fijamente a la profesora, esperando mi respuesta.

En aquella aula, aquel día de abril de 1990, mis padres descubrieron que había llegado a la pubertad racial. A los siete años empecé a sentir la invasora bruma del racismo apoderándose de mi cuerpo oscuro. La sentía grande, más grande que yo, más grande que mis padres o que cualquier otra cosa en el mundo, y amenazadora. Qué construcción tan poderosa es la raza —lo suficientemente poderosa como para consumirnos—. Y qué pronto viene a por nosotros.

Pero, para todo ese poder que moldea nuestras vidas, la raza es un espejismo, algo que no disminuye su intensidad. Somos lo que vemos, cómo nos vemos, independientemente de si lo que vemos existe o no. Somos lo que la gente ve que somos, independientemente de si lo que ven existe o no. Lo que la gente ve en nosotros y en los demás tiene un significado y se manifiesta en ideas, en acciones y en políticas, aunque lo que ven sea una ilusión. La raza es un espejismo, pero uno que hacemos bien en ver, sin olvidar al mismo tiempo que se trata de un espejismo, que es la potente luz del poder racista lo que produce ese espejismo.

Así que no siento lástima por mi yo de siete años por identificarse racialmente como negro. No porque crea que la negritud o la raza sean una categoría científica significativa, sino porque nuestras sociedades, nuestras políticas, nuestras ideas, nuestras historias y nuestras culturas han retratado la raza y la han convertido en algo que importa. Soy una de esas personas que han sido degradadas por ideas racistas, que han sufrido bajo políticas racistas y que sin embargo lo han soportado y han construido movimientos y culturas para resistir o, por lo menos, persistir a través de esta locura. Me identifico cultural, histórica y políticamente con la negritud, me siento afroamericano, africano, un miembro de la diáspora africana tanto impuesta como voluntaria. Me identifico histórica y políticamente como una persona no blanca, un miembro del sur global, un aliado próximo a las personas latinoamericanas, de Asia oriental, de Oriente Medio y nativas americanas, y a todos los pueblos oprimidos del mundo, desde los romaníes y los judíos de Europa hasta los aborígenes de Australia, a las personas blancas maltratadas por su religión, su clase, su género, su identidad trans, su etnia, su tamaño corporal, su edad y su discapacidad. El regalo de identificarme como negro en vez de ser daltónico racial es lo que me permite identificarme histórica y políticamente como antirracista, como miembro de un cuerpo interracial que lucha por aceptar, igualar y empoderar la diferencia racial de toda clase.

Algunas personas blancas no se identifican como blancas por el mismo motivo que se identifican como no racistas: para evitar enfrentarse a las formas en las que la "blanquitud" —incluso como construcción y espejismo— ha dado forma a sus nociones de Estados Unidos y de identidad y les ha ofrecido privilegios, el principal de ellos: el de ser normal, estándar y legal por naturaleza. Es un crimen racial ser tú mismo si no eres blanco en Estados Unidos. Es un crimen racial parecer tú mismo o empoderarte si no eres blanco. Supongo que me convertí en un criminal a los siete años.

Una de las ironías del antirracismo es el hecho de que debemos identificarnos racialmente para identificar los privilegios y peligros raciales de estar en nuestros cuerpos. Personas latinoamericanas, asiáticas, africanas, europeas, indígenas y de Oriente Medio: estas seis razas —al menos en el contexto estadounidense— son fundamentalmente identidades de poder, porque la raza es fundamentalmente un constructo del poder creado a partir de diferencias combinadas, que se halla presente en la sociedad. La raza crea nuevas formas de poder: el poder de categorizar y juzgar, de elevar y denigrar, de incluir y excluir. Los creadores de la raza usan ese poder para convertir a personas, etnias y nacionalidades en razas monolíticas.

EL PRIMER PODER global que construyó la raza resultó ser el primer poder racista y el primer comerciante de esclavos exclusivo de esa raza construida que son las personas africanas. El personaje que orquestó este comercio de un pueblo inventado fue apodado el «Navegante», aunque no salió de Portugal en el siglo XV. Lo único que navegó fueron los mares políticos-económicos de Europa para crear las primeras políticas de comercio transatlántico de esclavos. Aclamado por algo que no era (e ignorado por lo que sí era) —es lógico que el príncipe Enrique el Navegante, hermano y luego tío de reyes portugueses, sea el primer personaje de la historia del poder racista—.

El príncipe Enrique vivía en mí. El nombre Enrique/Henry había viajado a lo largo de los siglos y a través del océano Atlántico y, finalmente, había llegado a la familia de mi padre. Después de que mi madre escogiera un segundo nombre de su familia para mi hermano mayor, papá eligió un segundo nombre de su familia para mí. Escogió el nombre de su tatarabuelo esclavo, Henry. Papá no sabía que este antepasado compartía nombre con el Navegante, pero cuando descubrí la historia supe que tenía que quitármelo. Mi segundo nombre es ahora Xolani, que significa paz, eso que los traficantes de esclavos de Enrique le arrebataron a África (y a las Américas, y a Europa), eso que le arrebataron a mi antepasado Henry.

Hasta su muerte en 1460, el príncipe Enrique financió los viajes de los portugueses por el Atlántico hasta África occidental para eludir a los traficantes de esclavos musulmanes, y con ello creó una clase distinta de esclavitud, nada parecido a lo que había existido hasta entonces. Los comerciantes de esclavos musulmanes premodernos, al igual que sus homólogos cristianos en la Italia premoderna, no aplicaban políticas racistas —esclavizaban por igual a lo que hoy en día consideramos africanos, árabes y europeos—. En los albores del mundo moderno, los portugueses empezaron a comerciar exclusivamente con cuerpos negros. Los marineros del príncipe Enrique hicieron historia cuando navegaron más allá del temido agujero «negro» del cabo Bojador, lejos del Sáhara Occidental, y trajeron esclavos africanos en su viaje de vuelta a Portugal.

El primer biógrafo —y apologista— del príncipe Enrique se convirtió en el primer creador de razas y artesano de ideas racistas. El rey Alfonso V encargó a Gomes de Zurara, un cronista real y leal comandante de la Orden militar de Cristo del príncipe Enrique, que redactara una biografía entusiasta de las aventuras de su «querido tío». Zurara acabó *The Chronicle of the Discovery and Conquest of Guinea* (*Crónica dos feitos da Guiné*) en 1453, el primer libro europeo sobre África.

Una de las historias de Zurara relataba la primera gran subasta de esclavos del príncipe Enrique en Lagos, Portugal, en 1444. Algunos prisioneros eran «suficientemente blancos, de buen ver y bien proporcionados», mientras que otros eran «como mulatos» o «tan negros como los etíopes y muy feos». A pesar de sus diferentes tonos de piel, lenguas y grupos étnicos, Zurara los mezcló en un único grupo de personas merecedoras de la esclavitud.

A diferencia de los bebés, los fenómenos suelen nacer antes de que los seres humanos les den un nombre. Zurara no habló de las personas negras como una raza. El poeta francés Jacques de Brézé usó el término «raza» por primera vez en 1481 en un poema sobre la caza. En 1606, el mismo diplomático que llevó la adictiva planta del tabaco a Francia definió la raza formalmente por primera vez en un importante diccionario europeo. «Raza [...] significa origen», escribió Jean Nicot en el *Trésor de la langue française*. «Por lo tanto, se dice que un hombre, un caballo, un perro o cualquier otro animal es de una buena o mala raza». Desde el principio, establecer razas supuso establecer una jerarquía racial.

Gomes de Zurara agrupó a todas esas personas de África en una sola raza por esa misma razón: para crear una jerarquía, la primera idea racista. Crear una raza es un ingrediente esencial en la fabricación de ideas racistas, la base que sostiene la tarta. En cuanto se crea una raza, hay que rellenarla —y Zurara la rellenó con cualidades negativas que justificarían la misión evangélica del príncipe Enrique en el mundo—. Las personas de raza negra estaban perdidas, vivían «como bestias, sin ninguna costumbre de seres racionales», escribió Zurara. «No tenían ninguna comprensión del bien, solo sabían vivir en una indolencia brutal».

Después de que los colonizadores españoles y portugueses llegaran a las Américas en el siglo XV, extendieron la idea de la raza a los diferentes pueblos indígenas, a quienes agruparon en un solo pueblo, «indios», o *negros da terra* («negros de la tierra») en el Brasil del siglo XVI. En 1510, el abogado español Alonso de Zuazo contrastó la bestial raza de los negros, «fuertes para el trabajo, al contrario que los nativos, tan débiles que solo pueden trabajar en tareas poco exigentes». Ambas construcciones racistas normalizaban y racionalizaban la creciente importación de los esclavos africanos supuestamente «fuertes» y el genocidio en marcha de los indios supuestamente «débiles» de las Américas.

Las otras razas, salvo las personas latinoamericanas y de Oriente Medio, se crearon y distinguieron íntegramente hacia la época de la Ilustración en el siglo XVIII. Empezando en 1735, Carl Linnæus fijó la jerarquía racial de la humanidad en *Systema Naturae*. Codificó las razas basado en el color de la piel, como blanca, amarilla, roja y negra. Asignó a cada raza una de las cuatro regiones del mundo y describió sus características. La taxonomía de Linnæus se convirtió en el modelo que casi todos los creadores de razas ilustrados seguían, y que aún siguen los actuales creadores de razas. Y, por supuesto, no se trataba de categorías neutrales, porque las razas nunca estuvieron destinadas a ser categorías neutrales. El poder racista las creó con un objetivo.

Linnæus colocó al *Homo sapiens europaeus* en la cúspide de la jerarquía racial, y le adjudicó los rasgos de carácter superior. «Vigoroso, musculoso. Pelo largo y rubio. Ojos azules. Muy inteligente, ingenioso. Cubierto con prendas ajustadas. Gobernado por la ley». Se inventó el mediocre carácter racial del *Homo sapiens asiaticus*: «Melancólico, austero. Pelo negro, ojos oscuros. Estricto, altivo, codicioso. Cubierto con prendas holgadas. Gobernado por la opinión». Le otorgó al carácter racial del *Homo sapiens americanus* un conjunto mixto de atributos: «Temperamental, impasible. Pelo negro liso y grueso, fosas nasales anchas, rostro severo, sin barba. Terco, feliz, libre. Se pinta con líneas rojas. Gobernado por la costumbre». En lo más bajo de la jerarquía racial, Linnæus colocó al *Homo sapiens afer*: «Indolente, vago. Pelo negro y rizado. Piel sedosa. Nariz chata. Labios gruesos. Hembras con colgajo genital y pechos alargados. Astuto, lento, descuidado. Cubierto con grasa. Gobernado por el capricho».

ENTRE 1434 Y 1447, según las estimaciones de Gomes de Zurara, llegaron a Portugal 927 africanos esclavizados, «la mayoría de los cuales fueron convertidos al verdadero camino de la salvación». Este fue, según Zurara, el logro más importante del príncipe Enrique, un logro bendecido por sucesivos papas. No hace mención al quinto real del príncipe Enrique, los cerca de 185 cautivos con los que se quedaba, una fortuna en cuerpos.

El obediente Gomes de Zurara creó la diferencia racial para convencer al mundo de que el príncipe Enrique (y por tanto Portugal) no comerciaba con esclavos por dinero, solo para salvar almas. Los liberadores habían llegado a África. Zurara en persona mandó una copia de *The Chronicle of the Discovery and Conquest of Guinea* al rey Alfonso V con una carta introductoria en 1453. Esperaba que el libro «enalteciera» el nombre del príncipe Enrique «ante» los «ojos» del mundo, «para el gran elogio de su recuerdo». Gomes de Zurara protegió el recuerdo del príncipe Enrique de la misma forma que el príncipe Enrique protegió la riqueza de la corte real. El rey Alfonso estaba acumulando más capital a partir de la venta de africanos esclavizados a extranjeros «que a partir de todos los impuestos que obtenía del reino entero», observó un viajero en 1466. La creación de la raza había cumplido su objetivo.

La política racista del comercio de esclavos del príncipe Enrique fue lo primero —una astuta invención con el fin práctico de eludir a los comerciantes musulmanes—. Después de casi dos décadas de comerciar con esclavos, el rey Alfonso le pidió a Gomes de Zurara que defendiera el lucrativo comercio de vidas humanas, algo que hizo mediante la construcción de una raza negra, un grupo inventado al cual asignó ideas racistas. Esta relación de causa y efecto —un poder racista crea políticas racistas a partir del interés personal más crudo; las políticas racistas exigen ideas racistas para justificarse— es lo que sostiene el racismo.

GRACIAS A LA colección *Junior Black Americans of Achievement*, había aprendido que las ideas racistas producen políticas racistas. Que la ignorancia y el odio producen ideas racistas. Que la raíz del problema del racismo es la ignorancia y el odio.

Pero el orden de los acontecimientos es erróneo. La raíz del problema —desde el príncipe Enrique hasta el presidente Trump— ha sido siempre el interés personal del poder racista. El poderoso interés personal a nivel económico, político y cultural —la antigua acumulación de capital en el caso de la realeza portuguesa y los subsecuentes traficantes de esclavos— ha estado detrás de las políticas racistas. Grandes y brillantes intelectuales, siguiendo la tradición de Gomes de Zurara, producían entonces ideas racistas para justificar las políticas racistas de su época, para redirigir la culpa de las desigualdades raciales de la época lejos de esas políticas y hacia las personas.

LA PROFESORA SUPERÓ enseguida la sorpresa de que un niño de siete años le cuestionara la escasez de profesores negros. Después de escudriñar las caras de mis padres, volvió la vista a mí.

—¿Por qué haces esa pregunta? —preguntó amablemente.

—Si hay tantos niños negros, tendría que haber más profesores negros —dije.

—La escuela no ha contratado más profesores negros.

—¿Por qué?

—No lo sé.

—¿Por qué no lo sabes?

Mis padres podían ver cómo crecía mi agitación. Papá cambió de tema. Me dio igual. Mi hilo de pensamientos me había llevado ya a otra parte. Yo estaba pensando en lo que mamá acababa de decir. Soy negro. Soy negro.

Acabé yendo a una escuela luterana privada que estaba más cerca de casa, con su profesora blanca de tercer grado y todo lo demás. No me importó hasta que fui consciente de ello.

CAPÍTULO 4

BIOLOGÍA

RACISTA BIOLÓGICO: Alguien que expresa la idea de que las razas son significativamente diferentes en su biología y de que estas diferencias crean una jerarquía de valor.

ANTIRRACISTA BIOLÓGICO: Alguien que expresa la idea de que las razas son significativamente iguales en su biología y de que no hay diferencias raciales genéticas.

NO PUEDO RECORDAR su nombre. Es muy raro. Puedo recitar los nombres de mis profesores negros de cuarto, quinto y sexto grado. Pero el nombre de mi profesora blanca de tercer grado se ha perdido en mi memoria como los nombres de las tantísimas personas blancas racistas que, a lo largo de los años, han perturbado mi tranquilidad con sus sirenas. Puede que olvidarla haya sido un mecanismo de afrontamiento. La gente no blanca a veces hace frente al abuso de las personas blancas ocultando a esas personas detrás de la bandera generalizada de la blanquitud. «Actuó de esa manera porque es blanca», decimos.

Pero generalizar el comportamiento de los individuos blancos racistas a todos los blancos es tan peligroso como generalizar las faltas individuales de las personas no blancas a razas enteras. «Él actuó de esa manera porque es negro. Ella actuó de esa manera porque es asiática». Solemos ver y recordar la raza y no al individuo. Este acto de meter en armarios raciales marcados por colores nuestras experiencias con las personas no es más que una categorización racista. Un antirracista trata y recuerda a las personas como personas. «Actuó de esa manera porque es racista», deberíamos decir.

Esto lo sé ahora, pero esos conocimientos no me harán revivir el recuerdo concreto de aquella profesora. Mis padres tampoco recuerdan su nombre. Lo único que recordamos es lo que hizo.

Mi clase de tercer grado estaba compuesta en su mayoría de niños negros, con un puñado de niños asiáticos y latinoamericanos. Los únicos niños blancos —dos chicas y un chico— se mantenían apartados en la parte delantera de la clase. Yo me sentaba en la parte trasera, cerca de la puerta, desde donde podía verlo todo. Podía ver cuándo la profesora blanca ignoraba las manos no blancas levantadas y señalaba las manos blancas. Podía verla castigar a los estudiantes no blancos por cosas por las que no castigaba a los blancos.

No era un problema específico de mi escuela o de mi infancia —es un problema que atraviesa las escuelas privadas, las públicas y las épocas—. Durante el curso académico 2013-14, los estudiantes negros tenían una probabilidad cuatro veces mayor que los estudiantes blancos de ser expulsados de una escuela pública, según los datos del Departamento de Educación.

De vuelta en mi clase de tercer grado, lo injusto de aquellos castigos y de ignorarnos parecía no molestar al resto de los alumnos negros, así que no dejé que aquello me molestara. Pero un día, antes de las vacaciones de Navidad de 1990, fue inevitable.

Una niña pequeña y callada —más pequeña y callada que yo— estaba sentada en el otro extremo al fondo del aula. La profesora hizo una pregunta y la vi levantar despacio su mano de piel oscura, cosa que era poco frecuente. Su timidez, o algo más, solía hacer que mantuviera la boca cerrada y el brazo bajado. Pero aquel día algo la animó. Sonreí en cuanto vi su pequeña mano levantándose para llamar la atención de la profesora.

La profesora la vio, miró hacia otro lado y, en su lugar, hizo caso a una mano blanca en cuanto se levantó. Cuando la niña negra bajó el brazo, pude ver cómo bajaba también la cabeza. Cuando vi cómo bajaba la cabeza, pude ver cómo su ánimo se hundía también. Me giré y miré a la profesora, que, por supuesto, no me miraba. Estaba demasiado ocupada haciendo participar a una privilegiada niña blanca para reparar en lo que estaba sucediendo en la fila de atrás —no le constaron ni mi rabia ni la tristeza de la niña—.

Los expertos llaman «microagresión» a lo que vi, un término acuñado por el prestigioso psiquiatra de Harvard Chester Pierce en 1970. Pierce empleaba el término para describir el constante abuso racista, verbal y no verbal, que las personas blancas desatan sobre las personas negras donde quiera que vayamos, día tras día. Una mujer blanca agarra su bolso cuando una persona negra se sienta junto a ella. El asiento junto a una persona negra permanece vacío en un autobús lleno de gente. Una mujer blanca llama a la policía en cuanto ve a personas negras haciendo una barbacoa en el parque. Personas blancas diciéndonos que nuestra firmeza es ira o que nuestros talentos practicados son algo natural. Confundirnos con cualquier otra persona negra que hay alrededor. Llamar a la policía porque nuestros hijos venden limonada en la calle. Destrozar nuestra lengua* por diversión. Asumir que somos empleados domésticos o ayudantes. Asumir que esos ayudantes no son brillantes. Hacer preguntas sobre toda la raza negra. No darnos el beneficio de la duda. Llamar a la policía y denunciarnos por correr por la calle.

---

* N. de la T.: En el original, el autor menciona el término «Ebonics», en referencia al «African-American Vernacular English» (AAVE o «inglés afro-estadounidense vernáculo»). Más adelante Kendi trata más a fondo la cuestión de la lengua y el *Ebonics*.

Como afroamericano, Pierce sufrió y fue testigo de este tipo de abuso cotidiano. Identificó estos abusos individuales como microagresiones para distinguirlos de las macroagresiones de las políticas y la violencia racistas.

Desde 1970, el concepto de microagresiones se ha ampliado para aplicarse a los abusos interpersonales contra todos los grupos marginados, no solo las personas negras. En la última década, el término se ha vuelto popular en los espacios de justicia social gracias al decisivo trabajo del psicólogo Derald Wing Sue. Define las microagresiones como «intercambios cotidianos y breves que envían mensajes denigrantes a personas concretas por su pertenencia a un grupo».

No creo que sea una coincidencia que el término «microagresión» haya surgido con tanto éxito durante la denominada era post-racial en la que algunas personas creen que entramos con la elección del primer presidente negro. La palabra «racismo» pasó de moda en la bruma liberal del progreso racial —la marca política de Obama—, y los conservadores empezaron a tratar el racismo como el equivalente a la palabra que empieza por n (la *N-word*), un término cruel y peyorativo más que descriptivo. Después de que la palabra se volviera radioactiva para algunos, y anticuada para otros, algunos estadounidenses bien intencionados empezaron de manera consciente, y tal vez sin querer, a buscar otros términos para identificar el racismo. «Microagresión» fue parte de todo un vocabulario de palabras viejas y nuevas —como «guerras culturales», «estereotipo», «sesgo implícito», «ansiedad económica» y «tribalismo»— que hacían más fácil hablar de o en torno a la palabra que empieza por r (la *R-word*).

Ya no uso «microagresión». Detesto la plataforma post-racial que respaldó su repentino éxito. Detesto las partes que la componen —«micro» y «agresión»—. Un persistente y diario zumbido de abuso racista no es algo menor. Uso el término «abuso» porque agresión no es un término tan riguroso. Abuso describe con precisión la acción y sus efectos en las personas: angustia, ira, preocupación, depresión, ansiedad, dolor, agotamiento y suicidio.

Lo que otra gente llama microagresiones raciales yo lo llamo abuso racista. Y a las políticas de tolerancia cero que frenan y castigan a estos agresores las llamo por lo que son: antirracistas. Solo los racistas huyen de la palabra que empieza por r —el racismo está impregnado de negación—.

DE VUELTA EN clase, necesitaba algo de tiempo para pensar en el abuso racista que acababa de presenciar. Observé a mi abatida compañera con la cabeza gacha cuando emprendimos el camino por el largo pasillo que conducía a la capilla contigua, donde íbamos a celebrar nuestro servicio semanal. Su tristeza no parecía cesar. Mi rabia tampoco.

La capilla tenía un diseño posmoderno pero era sencilla por dentro: un pequeño púlpito y decenas de hileras de bancos marrones, con una cruz cerniéndose sobre todo aquello desde la pared blanca. Cuando el servicio de la mañana acabó, la profesora empezó a hacer gestos a mis compañeros para que se pusieran en marcha. Yo no me moví. Estaba sentado en el extremo del banco y miré a la profesora a medida que se acercaba a mí.

—Hora de irse, Ibram —dijo con amabilidad.

—¡No me voy a ninguna parte! —respondí débilmente y miré al frente, hacia la cruz.

—¿Cómo?

Alcé los ojos hacia ella, bien abiertos, encendidos.

—¡Que no me voy a ninguna parte!

—¡No! Tienes que irte. Ahora.

Cuando miro hacia atrás, imagino que si hubiera sido uno de sus niños blancos me habría preguntado: «¿Qué te ocurre?». ¿Se habría preguntado si estaba sufriendo por algo? Yo sí me lo pregunto. Me pregunto si sus ideas racistas atribuyeron mi resistencia al hecho de que era negro y, por lo tanto, lo categorizó como mal comportamiento, no como sufrimiento. Con los profesores racistas, los niños no blancos que se portan mal no reciben preguntas, empatía y legitimidad. Recibimos órdenes y castigos «sin excusas», como si fuéramos adultos. El niño negro es maltratado como un adulto, y el adulto negro es maltratado como un niño.

Mis compañeros estaban saliendo de la capilla. Un puñado de ellos se quedó cerca de la puerta, observando y especulando. Furiosa y perpleja por esta disrupción, la profesora volvió a intentar darme una orden. No lo consiguió. Me agarró del hombro.

—¡No me toques! —grité.

—Voy a llamar a la directora —dijo girándose hacia la salida.

—¡Me da igual! ¡Llámala! ¡Llámala ahora mismo! —chillé, mirando hacia delante mientras ella se marchaba detrás de mí. Sentí cómo me bajaba una lágrima de cada ojo.

La capilla se quedó en un silencio absoluto. Me sequé los ojos. Empecé a ensayar qué iba a decirle a la directora. Cuando vino, me dio más órdenes que pensó que podían moverme. Tanto ella como la maestra aprendieron la lección. No iba a moverme hasta que recitara mi primera disertación sobre el racismo, hasta que tuviera una oportunidad para defender nuestra negritud.

NUESTRA NEGRITUD. SOY negro. Miré la piel oscura de la niña y vi mi color de piel. Miré su pelo rizado, dividido a la mitad en trenzas sujetas con pasadores, y vi mi pelo rizado, mi pequeño afro. Miré su nariz ancha y vi mi nariz. Miré sus labios gruesos y vi mis labios. Escuché su forma de hablar y escuché mi propia forma de hablar. No estaba viendo un espejismo. Éramos iguales. Aquellos tres niños blancos privilegiados eran distintos para mi comprensión racial de ocho años. Su tono de piel más blanco, su pelo más liso, las narices y los labios más finos, su forma de hablar distinta, incluso la forma en la que llevaban los uniformes, todo ello indicaba una especie diferente para mí. La diferencia no era superficial.

Nadie me había enseñado que estas diferencias no tenían sentido para nuestra humanidad subyacente —la esencia del antirracismo biológico—. Los adultos me habían enseñado de múltiples formas que estas diferencias superficiales significaban diferentes formas de humanidad —la esencia del racismo biológico—.

Los racistas biológicos son segregacionistas. El racismo biológico se basa en dos ideas: que las razas son significativamente diferentes en su biología y que estas diferencias crean una jerarquía de valor. Crecí creyendo la primera idea de la diferencia racial biológica. Crecí con cierto escepticismo hacia la segunda idea de la jerarquía racial biológica, que entraba en conflicto con la historia de la creación bíblica que había aprendido a través del estudio religioso, en la que todos los humanos descienden de Adán y Eva. También entraba en conflicto con el credo secular que me habían enseñado, la historia de la creación estadounidense de que «todos los hombres son creados iguales».

Mi aceptación de la distinción racial biológica y el rechazo de la jerarquía racial biológica era como aceptar el agua y rechazar su humedad. Pero eso es precisamente lo que aprendí a hacer, lo que muchos de nosotros hemos aprendido a hacer en nuestra conciencia racial enfrentada.

La diferencia racial biológica es una de esas creencias racistas ampliamente arraigadas que pocas personas se dan cuenta de que tienen —tampoco se dan cuenta de que esas creencias se fundamentan en ideas racistas—. Crecí escuchando que las personas negras tenían «unas capacidades físicas más naturales», como respondía la mitad de los encuestados en un estudio de 1991. Que «la sangre negra» se diferenciaba de la «sangre blanca». Que «una gota de sangre negra crea un negro» y «extingue la luz del intelecto», como escribió Thomas Dixon en *The Leopard's Spots* (1902). Que las personas negras tienen un don natural para la improvisación. Que, «si los negros tienen ciertas capacidades heredadas como la toma improvisada de decisiones, eso podría explicar por qué predominan en algunos ámbitos como el jazz, el rap y el baloncesto, y no en otros campos, como la música clásica, el ajedrez y la astronomía», sugería Dinesh D'Souza en su libro de 1995, con el ridículamente tramposo título *The End of Racism*. Que las mujeres negras tienen las nalgas grandes por naturaleza y los hombres tienen el pene grande por naturaleza. Que el «aumento de violaciones de mujeres blancas» se debe al «gran tamaño del pene del hombre negro» y su «derecho de nacimiento» a «la locura y el exceso sexuales», como escribió un médico en un número de 1903 de *Medicine*.

Que las personas negras son biológicamente diferentes debido a la esclavitud. En el congreso de 1988 de la American Heart Association, un investigador de la hipertensión negra dijo que los afroamericanos tenían tasas de hipertensión más altas porque solo aquellos que eran capaces de mantener unos altos niveles de sal sobrevivían consumiendo el agua salada del océano Atlántico durante la travesía. «He comentado esto con unos cuantos colegas y [...] desde luego parece plausible», afirmó Clarence Grim ante unos periodistas embelesados. La plausibilidad se convirtió en prueba, y la tesis "esclavitud/hipertensión" fue recibida con una alfombra roja por parte de la comunidad cardiovascular en la década de 1990. Grim no concibió esta hipótesis en su laboratorio de investigación. Se le ocurrió mientras leía *Roots* (*Raíces*) de Alex Haley. ¿Quién necesita pruebas científicas cuando se puede imaginar una distinción racial biológica leyendo ficción? ¿Leyendo la Biblia?

LA MISMA BIBLIA que me enseñó que todos los humanos descendían de la primera pareja sostenía también que existía una diferencia humana inmutable, producto de una maldición divina. «Las personas que estaban esparcidas por la tierra procedían de los tres hijos de Noé», según la historia del diluvio universal bíblico en el noveno capítulo del Génesis. Noé plantó un viñedo, bebió un poco de su vino y se quedó dormido, desnudo y borracho, en su tienda. Cam vio la desnudez de su padre y alertó a sus hermanos. Sem y Jafet se negaron a mirar la desnudez de Noé, entraron en su tienda caminando de espaldas y lo taparon. Cuando Noé despertó, descubrió que Cam, el padre de Canaán, lo había visto completamente desnudo.

—Que caiga una maldición sobre Canaán —rugió Noé—. Que Canaán sea esclavo de Sem.

¿Quiénes son los descendientes malditos de Canaán? En 1578, el escritor inglés de viajes George Best ofreció una respuesta que, no por casualidad, justificaba la expansión de la esclavización europea de las personas africanas. Dios quiso que el hijo de Cam y «toda su descendencia después de él fuera negra y abominable», escribe Best, «que perdurara como un espectáculo de desobediencia para todo el mundo».

El poder racista convirtió, al mismo tiempo, la distinción racial biológica y la jerarquía racial biológica en los componentes del racismo biológico. Esta teoría de la maldición estuvo presente de manera destacada en los labios de los esclavistas como una justificación hasta que la esclavitud murió en los países cristianos en el siglo XIX. Las pruebas no importaban cuando se podían crear diferencias raciales biológicas malinterpretando la Biblia.

Pero la ciencia también puede malinterpretarse. Después de que Cristóbal Colón descubriera un pueblo no mencionado en la Biblia, surgieron especulaciones respecto a los nativos americanos, y también respecto a los africanos, que planteaban que descendían de «un Adán diferente». Pero la Europa cristiana consideraba el poligenismo —la teoría de que las razas son especies diferentes con creaciones diferentes— una herejía. Cuando Isaac de La Peyrère publicó *Men Before*

Adam en 1655, las autoridades parisinas lo metieron en la cárcel y quemaron sus libros. Pero los esclavistas poderosos de lugares como Barbados «preferían» la creencia esclavista de que existía una «raza de hombres que no deriva de Adán» a partir de «la maldición de Cam».

El poligenismo se convirtió en una fuente de debate intelectual a lo largo de la época de la Ilustración. El debate tuvo su clímax en la década de 1770, durante el primer movimiento antiesclavista transatlántico. En 1776, Thomas Jefferson se puso del lado del monogenismo. Pero a lo largo de las siguientes décadas, el poligenismo llegó a gobernar el pensamiento racial en Estados Unidos a través de expertos como Samuel Morton y Louis Agassiz, lo que llevó a que Charles Darwin escribiera en las páginas introductorias de *El origen de las especies* en 1859: «El punto de vista que comparten la mayoría de naturalistas, y que yo antes compartía —es decir, que cada especie se ha creado de forma independiente— es erróneo». Ofreció una teoría de selección natural que no tardó en emplearse como otro método más para distinguir y jerarquizar las razas biológicamente.

La raza blanca, seleccionada de forma natural, estaba ganando la batalla, estaba progresando, se encaminaba hacia la perfección, según los darwinistas sociales. Los únicos tres finales disponibles para las razas «más débiles» eran la extinción, la esclavitud o la asimilación, explicaba el darwinista social que fundó la sociología estadounidense. «Muchos temen la primera posibilidad para los indios», coescribía Albion Small con George Vincent en 1894; «el segundo destino suele predecirse para los negros, mientras que el tercero se prevé para los chinos y otros pueblos del Este».

El movimiento eugenésico transatlántico, impulsado por el medio primo de Darwin, Francis Galton, aspiraba a acelerar la selección natural mediante políticas que promovían la reproducción entre personas con genes superiores y la esclavitud o muerte de quienes eran considerados inferiores. La indignación mundial tras las políticas de eugenesia genocida de la Alemania nazi a mediados del siglo XX condujo a la marginación del racismo biológico dentro del pensamiento académico por primera vez en cuatrocientos años. El racismo biológico —la teoría de la maldición, el poligenismo y la eugenesia— se había mantenido fuerte hasta entonces. Aun así, la marginación en el pensamiento académico no implicó la marginación en el pensamiento común, incluyendo aquellos que me rodeaban cuando era niño.

LOS CIENTÍFICOS Y los aplausos acompañaron al presidente de Estados Unidos mientras entraba en la Sala Este de la Casa Blanca el 26 de junio de 2000. Bill Clinton se colocó detrás de un atril, entre dos pantallas que mostraban este título: DECODING THE BOOK OF LIFE / A MILESTONE FOR HUMANITY (DECODIFICANDO EL LIBRO DE LA VIDA / UN HITO PARA LA HUMANIDAD). Los genetistas habían empezado a decodificar el libro de la vida en 1990, el mismo año que yo me identifiqué como negro.

Después de dar las gracias a los políticos y a los científicos de todo el mundo, Clinton se remontó a doscientos años atrás, al momento en el que Thomas Jefferson «desplegó un magnífico mapa» de los Estados Unidos continentales «en este lugar, sobre este suelo».

—Hoy, el mundo nos acompaña, en esta Sala Este, para contemplar un mapa de una importancia aún mayor —anunció Clinton—. Estamos aquí para celebrar la culminación del primer estudio sobre el genoma humano completo. Sin duda, este es el mapa más importante, el más asombroso que ha elaborado jamás la humanidad.

Cuando los científicos acabaron de trazar el mapa de «nuestro milagroso código genético», cuando dieron un paso atrás y miraron el mapa, una de las «grandes verdades» que vieron fue «que en términos genéticos, todos los seres humanos, independientemente de la raza, son iguales en más de un 99,9%», declaró Clinton.

—Esto significa que la ciencia moderna ha confirmado lo que descubrimos primero con las religiones antiguas. La verdad más importante sobre la vida en este planeta es nuestra humanidad común.

Nadie me contó que esta decisiva investigación en la historia humana moderna se desarrollaba detrás de las guerras raciales de la década de 1990. Podría decirse que fue una de las declaraciones científicas más importantes hechas jamás por un jefe de Estado en ejercicio —tal vez tan importante como cuando los seres humanos aterrizaron en la Luna—, pero la noticia de nuestra igualdad fundamental fue desplazada enseguida por argumentos más familiares.

«Los científicos que están planificando la siguiente fase del proyecto del genoma humano se ven obligados a abordar una cuestión peligrosa: las diferencias genéticas entre las razas humanas», señaló el divulgador científico Nicholas Wade en *The New York Times* poco después del anuncio de Clinton. En su *bestseller* de 2014, *A Troublesome Inheritance* (*Una herencia incómoda*★), Wade argumentaba que «existe un componente genético en el comportamiento social humano». Esta conexión de la biología con el comportamiento es la cuna del racismo biológico —esto desemboca en una jerarquización biológica de las razas y el supuesto de que la biología de algunas razas produce unos rasgos de comportamiento superiores, como la inteligencia—.

Pero el origen racial no existe. El origen étnico sí. Camara Jones, una importante investigadora médica de desigualdades en la salud, se lo explicaba así a la experta en bioética Dorothy Roberts: «Las personas nacen con un origen que procede de sus padres pero se les asigna una raza». Las personas de

★ N. de la T.: Existe una traducción al castellano, *Una herencia incómoda*, Barcelona, Ariel, 2015, con traducción de Joandomènec Ros.

los mismos grupos étnicos que son nativas de regiones geográficas concretas suelen compartir el mismo perfil genético. Los genetistas les llaman «poblaciones». Cuando los genetistas comparan estas poblaciones étnicas, suelen descubrir que hay más diversidad genética entre las poblaciones de África que entre África y el resto del mundo. Los grupos étnicos de África occidental son más similares genéticamente a los grupos étnicos de Europa occidental que a los grupos étnicos de África oriental. La raza es un espejismo genético.

Los segregacionistas como Nicholas Wade piensan que si los humanos son similares genéticamente en un 99,9%, entonces tienen que ser un 0,1% distintos. Y que esta diferencia debe ser racial. Y que el 0,1% de la distinción racial ha crecido exponencialmente a lo largo de los milenios. Y es su trabajo remover cielo y tierra hasta encontrar estas razas exponencialmente distintas.

Los asimilacionistas se han dedicado a una tarea diferente, en la que llevan décadas. «¿Qué deberíamos estar enseñando dentro de nuestras Iglesias y más allá de sus cuatro paredes?», preguntaba el cristiano fundamentalista Ken Ham, coautor de *One Race One Blood*, en un artículo de opinión en 2017. «Por ejemplo, señalar los puntos en común tanto de los evolucionistas como de los creacionistas: el mapa del genoma humano ha concluido que solo existe una raza, la raza humana».

Los creadores de la raza única luchan por acabar con la categorización y la identificación en base a la raza. Apuntan con el dedo a personas como yo que se identifican como negras —pero la triste verdad es que su bienintencionada estrategia post-racial no tiene ningún sentido en nuestro mundo racista—. La raza es un espejismo, pero uno en torno al cual la humanidad se ha organizado de formas muy reales. Imaginar que no existen razas en un mundo racista es tan conservador y dañino como imaginar que no existen clases en un mundo capitalista —permite que las razas y clases gobernantes sigan gobernando—.

Los asimilacionistas creen en el mito post-racial de que hablar sobre la raza es racismo, o de que si dejamos de identificarnos por la raza, entonces el racismo desaparecerá como por arte de magia. No se dan cuenta de que si dejamos de usar categorías raciales, no podremos identificar la desigualdad racial. Si no podemos identificar la desigualdad racial, no podremos identificar las políticas racistas. Si no podemos identificar las políticas racistas, no podremos desafiarlas. Si no podemos desafiar esas políticas racistas, entonces se alcanzará la solución final del poder racista: un mundo de injusticia que ninguno de nosotros podrá ver, aún menos resistir. Acabar con las categorías raciales es potencialmente el último paso, y no el primero, en la lucha antirracista.

El segregacionista ve seis razas distintas a nivel biológico. El asimilacionista ve una raza humana biológica. Pero hay otra forma de ver, y es a través de las lentes del antirracismo biológico. Ser antirracista significa reconocer la realidad de la igualdad biológica, que el color de la piel es tan insignificante frente a nuestra humanidad subyacente como la ropa que llevamos sobre esa piel. Ser antirracista significa reconocer que no existe ni la sangre blanca ni las enfermedades negras ni la capacidad atlética natural de los latinoamericanos. Ser antirracista significa reconocer también la realidad viva de este espejismo racial, que concede más significado a nuestro color de piel que a nuestra individualidad. Ser antirracista implica centrarse en acabar con el racismo que modela los espejismos, no ignorar los espejismos que modelan las vidas de las personas.

AL FINAL, LA directora se sentó a mi lado. Tal vez me vio de repente no como el niño negro que se portaba mal, sino como un niño, un alumno a su cuidado, con un problema. Tal vez no. En cualquier caso, se me permitió hablar. Defendí mi punto de vista. No usé términos como «abuso racista» ni «ideas racistas». Usé términos como «justo» e «injusto», «triste» y «contento». Me escuchó y me sorprendió con sus preguntas. Mi sentada de un solo manifestante acabó en cuanto ella me escuchó y aceptó hablar con aquella profesora.

Esperaba que me castigaran cuando la directora llamó a mi madre para que viniera aquella tarde. Después de contarle lo que había pasado, la directora le dijo a mi madre que mi comportamiento no estaba permitido en la escuela. Mamá dijo que no volvería a pasar, como la directora esperaba. Mamá dijo que tendría que hablar conmigo.

—Si vas a protestar, tendrás que asumir las consecuencias —me dijo mamá aquella noche, como lo haría en futuras noches después de mis manifestaciones.

—Vale —respondí.

Pero esta vez no hubo consecuencias. Y la profesora empezó a tratar mejor a los alumnos no blancos.

El tercer grado acabó. Mis padres me sacaron de aquella escuela. Con un año era suficiente. Buscaron una escuela privada cristiana que reconociera mejor mi identidad racial. Encontraron un profesorado negro en la St. Joseph's Parish Day School, una escuela episcopal más cerca de casa en Queens Village, donde cursé los grados cuarto, quinto y sexto.

Para cursar el séptimo grado y durante el programa humorístico de un año de duración que fue mi clase de octavo grado, llena de risas y sentimientos heridos, me cambié a una escuela luterana al lado de la de St. Joseph. Casi todos mis compañeros negros de octavo grado eran unos bromistas. Casi todo el mundo era objetivo de alguna broma por algo. Pero había una broma que escocía más que el resto.

CAPÍTULO 5

ETNIA

RACISMO ÉTNICO: Una poderosa colección de políticas racistas que conducen a la desigualdad entre los grupos étnicos racializados y que están fundamentadas en ideas racistas sobre los grupos étnicos racializados.

ANTIRRACISMO ÉTNICO: Una poderosa colección de políticas antirracistas que conducen a la igualdad entre los grupos étnicos racializados y que están fundamentadas en ideas antirracistas sobre los grupos étnicos racializados.

NOS METÍAMOS CON Speedo porque era muy estirado. Hacíamos bromas sobre camellos con otro chico que tenía hundida una parte en lo alto de la cabeza. Señalábamos sin piedad las piernas larguísimas de una chica. «¿No estarás embarazado?», le preguntábamos al chico obeso. «Ya sabemos que estás embarazada», le decíamos a la chica obesa. Me rebautizaron Bonk por el personaje de videojuegos cuya única arma era su cabeza ridículamente grande, que hacía un rítmico «Bonk. Bonk. Bonk» cuando atacaba a sus enemigos.

Repartía tantas bromas como el que más —el disidente de ocho años de tercer grado se había convertido en un adolescente popular con debilidad por el humor cruel—. Tal vez mis sentimientos empáticos se habrían reavivado si hubiera cogido el autobús y me hubiera ido a la *Million Man March* («La marcha del millón de hombres») en Washington, D.C., aquel otoño de 1995. Pero mi padre, que estaba cuidando de su hermano enfermo, no nos llevó.

Ninguno de nosotros asistió tampoco al otro gran evento de aquel otoño: el juicio de O. J. Simpson en Los Ángeles. Dos semanas antes de la Million Man March, estaba sentado en mi clase de octavo grado, esperando pacientemente junto a mis compañeros negros, mientras escuchábamos la radio, cuando el «no culpable» cortó el silencio como una cuchilla. Saltamos de detrás de nuestras mesas, gritamos, nos abrazamos, deseando llamar a nuestros amigos y padres para celebrarlo; lástima que no tuviéramos móviles.

En Manhattan, mi padre estaba reunido con sus compañeros contables en una sala de conferencias llena, fría y en silencio para ver el veredicto en la televisión. Después de la lectura del veredicto de no culpabilidad, mi padre y sus compañeros de trabajo negros salieron de la sala con una sonrisa debajo de sus ceños fruncidos, dejando atrás a sus perplejos compañeros blancos.

De vuelta en mi clase, en medio de abrazos de felicidad, le eché un vistazo a mi profesora blanca de octavo grado. Su rostro enrojecido tembló mientras contenía las lágrimas, sintiendo tal vez la misma abrumadora sensación de desesperanza y desánimo que las personas negras sentían demasiadas veces. Le sonreí —la verdad es que me daba igual—. Quería que O. J. quedara en libertad. Llevaba meses escuchando los discursos que daban los adultos negros a mi alrededor durante aquel 1995. No creían que O. J. fuera inocente de asesinato, tampoco que no hubiera traicionado a su gente. Pero sabían que el sistema de justicia penal también era culpable. Culpable por dejar libres a los policías blancos que le dieron una paliza a Rodney King en 1991 y a la tendera coreana que mató ese mismo año a Latasha Harlins, de quince años, después de acusarla falsamente de robar zumo de naranja. Pero el veredicto de O. J. no impidió que la justicia dejara de cometer injusticias cuando se trataba de cuerpos negros —toda clase de cuerpos negros—. Los neoyorkinos lo vieron dos años después, cuando unos agentes del Departamento de Policía de Nueva York, dentro de una comisaría de Brooklyn, le metieron un palo de madera por el recto a un inmigrante haitiano de treinta años llamado Abner Louima, después de darle una terrible paliza de camino a la comisaría. Y dos años después de aquello, el sistema de justicia dejó libre a otro grupo de agentes de la policía de Nueva York que había acribillado con cuarenta y una balas el cuerpo de Amadou Diallo, un inmigrante guineano de veintitrés años, desarmado. No importaba si las personas negras tomaban su primer soplo de aire dentro o fuera de Estados Unidos. Al final, la violencia racista no hacía diferencias. Pero, de vuelta en mi clase de octavo grado, mis compañeros afroamericanos sí las hacían.

Es probable que Kwame se llevara las peores sartas de bromas. Era popular, divertido, guapo, atlético y guay —aunque su etnia ghanesa lo superaba todo—. Nos burlábamos sin descanso de Kwame como si fuera Akeem, del reino de Zamunda, y nosotros Darryl, el odioso novio de Lisa, en la comedia romántica de 1988 *El príncipe de Zamunda*. Después de todo, vivíamos en Queens, a donde Akeem acudió en busca de una esposa y se enamoró de Lisa en la película.

En *El príncipe de Zamunda*, Darryl, Lisa, Akeem y Patrice (la hermana de Lisa) están sentados en las gradas viendo un partido de baloncesto. «Llevar ropa tiene que ser una experiencia nueva para ti», bromea Darryl mirando a Akeem. Lisa, molesta y sentada entre los dos hombres, cambia de tema. Darryl vuelve a la carga. «¿Qué clase de deportes practican en África? ¿Cazar al mono?», dice Darryl con una sonrisa. Se esperaba que los afroamericanos del público sonrieran con Darryl y se rieran de Akeem. De vuelta en nuestras clases, parafraseábamos las bromas de Darryl sobre africanos bárbaros y brutales a los Kwames de nuestro entorno.

Se trataba de bromas racistas cuyo punto de partida —el comercio de esclavos— no era una cuestión de risa. Cuando las personas negras hacen bromas que deshumanizan otras ramas de la diáspora africana, permitimos que esa historia de terror se reviva en nuestras carcajadas. El racismo étnico es el guión resucitado del comerciante de esclavos.

Los orígenes del racismo étnico se pueden encontrar en el mercado de oferta y demanda de productos humanos que es la trata de esclavos. Los diferentes esclavistas preferían diferentes grupos étnicos de África, creyendo que así conseguían mejores esclavos. Y los mejores esclavos eran considerados los mejores africanos. Algunos propietarios franceses de plantaciones creían que los congoleños eran unos «negros magníficos» porque «habían nacido para servir». Otros propietarios franceses coincidían con los propietarios españoles y consideraban a los prisioneros de Senegambia «los mejores esclavos». Pero la mayoría de los propietarios de plantaciones de las Américas pensaban que los grupos étnicos de la Costa de Oro —la actual Ghana— eran «los mejores y más fieles de nuestros esclavos», como expresó uno de los propietarios y gobernadores más ricos de Antigua, Christopher Codrington.

Los propietarios y los comerciantes de esclavos les daban un valor mínimo a los angoleños, considerándolos los peores esclavos, el escalón más bajo de la escalera del racismo étnico, justo por encima de los animales. En la década de 1740, los prisioneros de la Costa de Oro eran vendidos por casi el doble que los prisioneros de Angola. Tal vez el bajo valor de los angoleños se debía a su exceso de oferta: los angoleños eran comercializados más que cualquier otro grupo étnico africano. Los cerca de veinte prisioneros llevados a Jamestown, Virginia, en agosto de 1619, que dieron inicio a la historia afroamericana, eran angoleños.

Los propietarios no tenían ningún problema a la hora de idear explicaciones para su racismo étnico. «Los negros de Costa de Oro, Popa y Whydah», escribió un francés, «nacen en una parte de África que es muy estéril». Como resultado, «se ven obligados a marcharse y cultivar la tierra para su subsistencia» y «se han acostumbrado al trabajo duro desde la infancia», escribió. «Por otro lado [...] los negros de Angola son traídos de esas partes de África [...] donde todo crece casi espontáneamente». Y así «los hombres nunca trabajan, sino que viven una vida indolente y son en general de una disposición perezosa y una constitución blanda».

Puede que mis amigos y yo estuviéramos siguiendo un viejo guión en lo que respectaba al racismo étnico, pero nuestras motivaciones no eran las mismas que las de esos antiguos propietarios. Detrás de nuestras carcajadas hacia Kwame y Akeem había probablemente algo de ira hacia los africanos continentales. «Los jefes africanos fueron los que libraron una guerra entre sí y capturaron a su propio pueblo y lo vendieron», dijo el presidente de Uganda, Yoweri Museveni, en 1998, ante una multitud que incluía al presidente Bill Clinton, arrancando una página de la memoria afroamericana del comercio de esclavos. Todavía recuerdo una discusión que tuve con algunos amigos en la universidad años más tarde —me dijeron que los dejara solos con mi «mierda africana»—. Esos «hijos de puta africanos nos vendieron y nos traicionaron», dijeron. Vendieron a su «propia gente».

La idea de que los «jefes africanos» vendieron a su «propio pueblo» es un recuerdo anacrónico, que superpone nuestras ideas actuales sobre la raza en un pasado étnico. Cuando los intelectuales europeos crearon la idea de la raza entre los siglos XV y XVIII, agrupando a diversos grupos étnicos en razas monolíticas, aquello no cambió necesariamente la forma en que la gente se veía a sí misma. Los habitantes africanos de los siglos XVII y XVIII no miraron a los diversos grupos étnicos a su alrededor y los vieron de repente como un solo pueblo, como la misma raza, como africanos o negros. Los africanos que participaban en el comercio de esclavos no creían que estuvieran vendiendo a su propia gente —por lo general vendían a gente tan diferente a ellos como los europeos que esperaban en la costa—. La gente común y corriente de

África occidental —al igual que la gente común en Europa occidental— se identificaba en términos étnicos durante la época del comercio de esclavos. Llevó mucho tiempo, tal vez hasta el siglo XX, que la construcción de la raza extendiera su manto por todo el planeta.

A LO LARGO de la década de 1990, el número de inmigrantes no blancos en Estados Unidos creció debido a los efectos combinados de la *Immigration and Nationality Act* de 1965, la *Refugee Act* de 1980 y la *Immigration Act* de 1990. Juntas, estas leyes promovieron la reunificación familiar, la inmigración desde zonas de conflicto y un programa de diversidad de visados que aumentó la inmigración desde países no europeos. Entre 1980 y 2000, la población de inmigrantes latinoamericanos se disparó desde los 4,2 millones hasta los 14,1 millones. En 2015, los inmigrantes negros representaban un 8,7% de la población negra nacional, casi el triple de su proporción en 1980. Como niño nacido a principios de los ochenta, fui testigo de primera mano de este gran aumento de inmigrantes no blancos.

Mientras que algunos afroamericanos desconfiaban de esta afluencia de inmigrantes del mundo negro, mis padres no lo hacían. Una pareja haitiana con tres niños vivía al otro lado de nuestra calle y yo me hice amigo del pequeño, Gil, y de su primo Cliff. Pasé muchos días allí comiendo arroz y guisantes, plátanos fritos y platos de pollo con nombres que no podía pronunciar. Aprendí un poco de criollo haitiano. El padre de Gil era pastor en una iglesia haitiana en Flatbush, Brooklyn, el corazón de la comunidad caribeña de Nueva York. Solía ir con ellos a la iglesia, asimilando grandes raciones de cultura haitiano-americana junto con el sermón del día.

La relación con Gil y Cliff era estrecha, pero con los padres de Gil era distinto. Eran amables y acogedores, pero siempre hubo cierta distancia entre nosotros. Nunca me sentí parte de la familia, por muchas veces que comiera en su mesa. Quizá me mantenían a distancia porque era afroamericano, en una época en la que los inmigrantes haitianos sentían el aguijón de la intolerancia afroamericana. Tal vez no. Tal vez estaba haciendo una montaña de un grano de arena. Pero tuve esa sensación en otras ocasiones. Los inmigrantes del Caribe suelen tachar a los afroamericanos de «vagos, poco ambiciosos, incultos, hostiles, dependientes de la asistencia social y sin valores familiares», descubrió Mary C. Waters en su estudio de 1999 a partir de entrevistas sobre las actitudes de personas inmigrantes del Caribe. Los afroamericanos solían categorizar a los caribeños como «egoístas, sin conciencia racial, lacayos de los blancos y con un exagerado sentimiento de superioridad».

Crecí rodeado de diferentes tipos de personas negras —nunca conocí otra cosa—. Pero convivir con inmigrantes negros era nuevo para las generaciones de mis padres y mis abuelos.

La relajación de las leyes de inmigración a partir de la década de 1960 hasta la década de 1990 fue concebida para deshacer una generación anterior de leyes de inmigración que limitaban la inmigración no blanca en Estados Unidos. La Chinese Restriction Act de 1882 se amplió en una ley aún más general, abarcando una ley mayor, la Asiatic Barred Zone («zona de acceso prohibido a personas asiáticas») de 1917. La Emergency Quota Act de 1921 y la Immigration Act de 1924 restringieron de forma severa la inmigración de personas procedentes de África, y del este y el sur de Europa, y prácticamente prohibió la inmigración de personas asiáticas hasta 1965. «Estados Unidos debe seguir siendo estadounidense», dijo el presidente Calvin Coolidge cuando firmó la ley de 1924. Por supuesto, en ese momento, «estadounidense» incluía a millones de personas negras, asiáticas, nativas americanas, de Oriente Medio y latinoamericanas (que, al menos en el caso de los mexicoamericanos, serían repatriados por la fuerza a México en cientos de miles). Pero Coolidge y los congresistas partidarios establecieron que solo los inmigrantes procedentes del noreste de Europa —Escandinavia, las islas británicas, Alemania— podrían hacer que Estados Unidos siguiera siendo estadounidense, es decir, blanco. Estados Unidos «era una tierra poderosa colonizada por europeos del norte procedentes del Reino Unido, escandinavos y sajones», declaró el representante de Maine Ira Hersey, entre aplausos, durante el debate sobre la Immigration Act de 1924.

Casi un siglo después, Jeff Sessions, senador de Estados Unidos, lamentaba el crecimiento de la población no nativa. «Cuando las cifras alcanzaron semejante magnitud en 1924, el presidente y el Congreso cambiaron la política. Y se ralentizó de forma significativa», le dijo a Steve Bannon, de *Breitbart*, en 2015. «Para 1965 estaban asimilados, y la sólida clase media estadounidense estaba compuesta por inmigrantes integrados. Y fue bueno para Estados Unidos». Un año después, como fiscal general, Sessions empezó a aplicar las políticas antinmigrantes contra latinoamericanos, árabes y negros de la administración de Trump, orientadas a devolverle el color blanco a Estados Unidos. «Deberíamos tener más gente de sitios como Noruega», les dijo Trump a los legisladores en 2018. Al parecer, ya había suficiente gente no blanca como yo.

EL RETROCESO DE la actual administración a las políticas de inmigración de principios del siglo XX —basadas en ideas racistas de la identidad estadounidense— estaba destinado a revertir los años de inmigración que vieron a Estados Unidos diversificarse dramáticamente, incluyendo una nueva diversidad dentro de su población negra, que ahora incluía a personas africanas y caribeñas, además de las descendientes de esclavos estadounidenses. Pero más allá de su procedencia, todas eran racializadas como personas negras.

El hecho es que todos los grupos étnicos, en cuanto caen bajo la mirada y el poder de los creadores de razas, son racializados. Yo soy descendiente de esclavos estadounidenses. Mi grupo étnico es el afroamericano. Mi raza, como afroamericano, es la negra. Los keniatas son racializados como grupo étnico negro, mientras que los italianos son blancos, los japoneses son asiáticos, los sirios son de Oriente Medio, los puertorriqueños son latinoamericanos y los choctaws son nativos americanos. La racialización sirve a la razón de ser de la noción de la raza: crear jerarquías de valor.

A lo largo de la historia, el poder racista ha producido ideas racistas sobre los grupos étnicos racializados en su esfera colonial y los ha jerarquizado —por todo el globo y en sus propias naciones—. La historia de Estados Unidos ofrece toda una sarta de relaciones de poder étnicas intra-raciales: los anglosajones discriminando a los católicos irlandeses y a los judíos; los inmigrantes cubanos privilegiados ante los inmigrantes mexicanos; la construcción de la minoría modelo que incluye a los asiáticos orientales y excluye a los musulmanes del sur de Asia. Es una historia que comenzó con los primeros colonizadores europeos refiriéndose a los cheroquis, los chickasaw, los choctaws, los creek y los seminolas como las «cinco tribus civilizadas» de nativos americanos, comparadas con el resto de las tribus «salvajes». Esta jerarquía de grupos étnicos racializados dentro de la jerarquía de las razas crea una jerarquía racial-étnica, una escalera de racismo étnico dentro del gran esquema del racismo.

Practicamos el racismo étnico cuando expresamos una idea racista sobre un grupo étnico o apoyamos una política racista hacia un grupo étnico. El racismo étnico, como el propio racismo, señala el comportamiento grupal, en lugar de las políticas, como la causa de las disparidades entre los grupos. Cuando los inmigrantes ghaneses que vienen a Estados Unidos se suman a los estadounidenses blancos y dicen que los afroamericanos son unos vagos, están reciclando las ideas racistas de los blancos estadounidenses sobre los afroamericanos. Esto es racismo étnico.

El rostro del racismo étnico adopta la forma de una persistente pregunta:

—¿De dónde eres?

Me suele hacer esta pregunta gente que me ve a través de las lentes del racismo étnico. Su racismo étnico asume que yo —un profesor universitario y autor publicado— no puedo ser uno de esos simples, vagos y mediocres afroamericanos.

—Soy de Queens, Nueva York —respondo.

—No, no, de dónde eres de verdad.

—Soy de Nueva York. De verdad.

Frustrada, la persona altera ligeramente la línea del interrogatorio. «¿De dónde son tus padres?». Cuando digo, «La familia de mi padre es de Nueva York y la de mi madre es de Georgia», el preguntón se queda helado por la confusión. Cuando añado, «Soy descendiente de africanos esclavizados en Estados Unidos», las preguntas cesan. Al final, tienen que asumir el hecho de que soy afroamericano. Tal vez el siguiente movimiento de esa persona sea verme como un caso extraordinario —no como esos afroamericanos corrientes e inferiores—, así puede marcharse tranquila, en silencio, con su lente de racismo étnico intacto.

Pero a veces no se van en silencio. A veces aprovechan para sermonearme sobre mi grupo étnico, como un atrevido estudiante ghanés que conocí al comienzo de mi carrera como profesor en el norte de Nueva York. Ante un aula llena de personas afroamericanas dio una disertación que abarcó desde nuestra pereza hasta nuestra dependencia de la asistencia social. Le ofrecí datos que desmontaban su racismo étnico —p. ej., el hecho de que la mayoría de los estadounidenses que reciben ayudas sociales no son afroamericanos, y que la mayoría de los afroamericanos que pueden optar por ayudas sociales las rechaza—. Pero se aferró firmemente a su racismo étnico y siguió hablando mientras las risitas de los alumnos afroamericanos se convertían poco a poco en enfado (muchos de los hijos de inmigrantes negros se quedaron callados). Para calmar a mis estudiantes afroamericanos, recité las ideas étnicamente racistas que los afroamericanos expresan sobre los africanos occidentales, para mostrarles que lo absurdo del racismo étnico es universal. Fue contraproducente. Todos empezaron a asentir con la cabeza ante la letanía de estereotipos sobre los inmigrantes africanos.

Ser antirracista es ver a los grupos étnicos nacionales y transnacionales como iguales con todas sus diferencias. Ser antirracista es desafiar las políticas racistas que afligen a los grupos étnicos racializados por todo el mundo. Ser antirracista es ver las desigualdades entre todos los grupos étnicos racializados como un problema de políticas.

El estudiante ghanés me abordó después de clase, mientras recogía mis cosas (y algunos de sus compañeros afroamericanos lo miraron con dureza mientras se marchaban de la clase). Cuando acabó su segundo monólogo, le pregunté si le importaba responder a algunas preguntas. Accedió a ello. En realidad, yo solo quería que siguiera hablándome un poco más, por si quedaba algún alumno enfadado esperándolo fuera de la clase. De vez en cuando se producían peleas —o algo peor— entre grupos étnicos negros en Nueva York, igual que se habían producido peleas entre grupos étnicos blancos hacía un siglo.

—¿Qué ideas racistas suelen decir los británicos sobre los ghaneses? —le pregunté.

Me ofreció una mirada perdida.

—No lo sé —soltó.

—Sí lo sabes. Dime alguna. No pasa nada.

Se quedó callado durante un instante y luego empezó a hablar de nuevo, mucho más despacio y de una forma más nerviosa que en sus diatribas anteriores, preguntándose quizá hacia dónde iba a llevarnos aquello. Cuando acabó con su lista de ideas racistas, volví a hablar.

—Y bien, ¿esas ideas son verdad? —pregunté—. ¿Los británicos son superiores a los ghaneses?

—¡No! —dijo con orgullo. Yo también me sentí orgulloso de que no hubiera internalizado aquellas ideas racistas sobre su propio grupo étnico racializado.

—Cuando los afroamericanos repiten las ideas racistas británicas sobre los ghaneses, ¿defiendes a tu gente?

—Sí. ¡Porque no son verdad!

—Y esas ideas sobre los afroamericanos, ¿de dónde las has sacado?

Pensó.

—Mi familia, mis amigos y mis observaciones —dijo.

—¿De quién crees que han sacado tus colegas ghaneses-americanos esas ideas sobre los afroamericanos?

Esta vez se lo pensó mucho más. Por un rabillo del ojo, vio a otro estudiante esperando para hablar conmigo, lo que pareció precipitar sus pensamientos —era un chico educado, a pesar de su necesidad de sermonear—. Pero no le metí prisa. El otro estudiante era jamaicano y escuchaba atentamente, tal vez pensando de quiénes habían sacado los jamaicanos sus ideas sobre los haitianos.

—Probablemente de estadounidenses blancos —dijo mirándome a los ojos por primera vez.

Su mente pareció abierta, así que me sumergí en ella.

—Así que, si los afroamericanos fueran a Ghana, consumieran ideas racistas británicas sobre los ghaneses y empezaran a expresar esas ideas a los ghaneses, ¿qué pensarían los ghaneses de eso? ¿Qué pensarías tú?

Sonrió, y me pilló por sorpresa.

—Lo he pillado —dijo, girándose para marcharse de la clase.

—¿Seguro? —dije alzando la voz sobre la cabeza del alumno jamaicano.

Se volvió hacia mí.

—Sí, señor. Gracias, profe.

Lo respetaba por su voluntad de reflexionar sobre su propia hipocresía. Y no quise reaccionar de forma exagerada cuando había hablado mal de los afroamericanos porque sabía de dónde venía: yo mismo había estado allí. Cuando descubrí la historia del racismo étnico, de los afroamericanos degradando de manera habitual a los africanos como «bárbaros» o llamando a los caribeños en el Harlem de 1920 «cazadores de monos» —o cuando recordé mis propias burlas a Kwame de nuevo en octavo grado— tampoco traté de huir de la hipocresía. ¿Cómo puedo enfadarme con los inmigrantes de África y Sudamérica por despreciar a los afroamericanos cuando los afroamericanos han despreciado históricamente a los inmigrantes de África y Sudamérica? ¿Cómo puedo criticar su racismo étnico e ignorar mi racismo étnico? Ese es el doble rasero clave en el racismo étnico: amar la posición de uno mismo en la escalera, por encima de otros grupos étnicos, y odiar la posición de uno mismo por debajo de la de otros grupos étnicos. Ese gesto destroza airadamente las ideas racistas sobre el propio grupo, pero con gusto consume las ideas racistas sobre otros grupos étnicos. Es no reconocer que las ideas racistas que consumimos sobre otros provienen del mismo restaurante y del mismo cocinero que usa los mismos ingredientes para hacer diferentes platos degradantes para todos nosotros.

CUANDO LOS ESTUDIOS comenzaron a mostrar que los ingresos familiares medios de las personas afroamericanas eran mucho más bajos que los de las personas negras nacidas en el extranjero y que las personas afroamericanas tenían tasas más altas de pobreza y desempleo, muchos comentaristas se preguntaron por qué a los inmigrantes negros les iba mucho mejor que a las personas negras nacidas en Estados Unidos. Y respondieron sus propias preguntas: los inmigrantes negros están más motivados, son más trabajadores y «más emprendedores que las personas negras nacidas aquí», escribió un comentarista en *The Economist* en 1996. Su éxito demuestra «que el racismo no explica todas las dificultades que se encuentran las personas negras nativas, ni siquiera la mayoría de ellas».

Las ideas étnicamente racistas, como todas las ideas racistas, encubren las políticas racistas que se esgrimen contra las personas negras nativas e inmigrantes. Cada vez que los inmigrantes negros comparan su posición económica con la de las personas negras nativas, cada vez que están de acuerdo en que sus historias de éxito demuestran que los estadounidenses antirracistas exageran las políticas racistas contra los afroamericanos, están apretando las esposas de la política racista en torno a sus propias muñecas. Las comparaciones de los inmigrantes negros con las personas negras nativas ocultan las desigualdades raciales entre los inmigrantes negros y los no negros.

A pesar de los estudios que muestran que los inmigrantes negros son, en promedio, el grupo de inmigrantes con más formación de Estados Unidos, reciben salarios inferiores a los de los inmigrantes no negros formados de manera similar y poseen el mayor índice de paro de todos los grupos inmigrantes. Un racista étnico preguntaría por qué a los inmigrantes negros les va mejor que a los afroamericanos. Un antirracista étnico preguntaría por qué a los inmigrantes negros no les va tan bien como a otros grupos de inmigrantes.

La razón por la que los inmigrantes negros suelen tener niveles educativos superiores y una mejor situación económica que los afroamericanos no es que sus etnias transnacionales sean superiores. La razón reside en las circunstancias de la migración humana. No todas las personas emigran, pero aquellas que lo hacen, en lo que se denomina «autoselección inmigrante», suelen ser personas con un instinto interno excepcional para el éxito material o poseen unos recursos externos excepcionales. En términos generales, los inmigrantes negros, latinoamericanos, asiáticos, de Oriente Medio y europeos, como individuos, son excepcionalmente resilientes y capaces —no porque sean nigerianos o cubanos o japoneses o sauditas o alemanes, sino porque son inmigrantes—. De hecho, los inmigrantes y migrantes de todas las razas tienden a ser más resilientes y capaces en comparación con los nativos de sus propios países y los nativos de sus nuevos países. Los sociólogos lo llaman la «ventaja del migrante». Como explicaba la socióloga Suzanne Model en su libro sobre los inmigrantes caribeños, «los caribeños no representan una historia de éxito negro, sino una historia de éxito *inmigrante*». Políticas como las de Calvin Coolidge hasta las de Donald Trump, que limitan la inmigración a Estados Unidos desde China o Italia o Senegal o Haití o México, han resultado autodestructivas para el país. Con el racismo étnico, no gana nadie, excepto el poder racista. Como con toda clase de racismo, esa es la cuestión.

TAMPOCO SALIÓ NADIE ganando en octavo grado. En clase, solía gritar aleatoriamente: «¡Ref!». Un amigo gritaba entonces: «¡Uuuuuu!». Y luego otro amigo solía decir: «¡Geeeeee!». Y toda la clase de afroamericanos se echaba a reír mientras nosotros tres señalábamos a Kwame y cantábamos, «¡Ref-u-gee! ¡Ref-u-gee! ¡Ref-u-gee!». La sonriente profesora blanca nos decía que nos callásemos. Kwame rompía su silencio con bromas defensivas. El ciclo se repetía día tras día.

Aparentemente, Kwame no dejaba nunca que aquellas bromas lo molestaran. Así, parecía Akeem en *El príncipe de Zamunda*, un príncipe tan poderoso, tan sofisticado y tan seguro de sí mismo que era capaz de ignorar bromas humillantes como un atleta de élite ignora una multitud hostil. Kwame lucía una autosuficiencia que tal vez, de manera subconsciente, nosotros tratábamos de destrozar poniéndole los pies en la tierra. Como observó la experta Rosemary Traoré en un estudio de un instituto urbano, «los alumnos africanos se preguntaban por qué sus compañeros afroamericanos, sus hermanos y hermanas, los trataban como ciudadanos de segunda, mientras que los afroamericanos se preguntaban por qué los alumnos africanos [parecían] sentirse o actuar con tanta superioridad respecto a ellos». Las tensiones creadas por el racismo étnico no producían ningún ganador, solo confusión y dolor a ambas partes.

No me malinterpreten, Kwame nos devolvía las bromas. Kwame y otros no me dejaron olvidar nunca que tenía una cabeza enorme. Nunca supe por qué. Mi cabeza no era tan grande —quizá un poco desproporcionada—.

Pero se avecinaba un estirón en el instituto.

CAPÍTULO 6

CUERPO

RACISTA CORPORAL: Alguien que percibe algunos cuerpos racializados como más animales y violentos que otros.

ANTIRRACISTA CORPORAL: Alguien que humaniza, desracializa e individualiza el comportamiento violento y no violento.

HECHO. SE HABÍA acabado lo de usar uniforme. La asistencia al servicio en la capilla había terminado. Cuantos más años cumplía, más detestaba el conformismo de la escuela privada y de la iglesia. Después de octavo grado, por fin me había librado de todo aquello. Me matriculé en el instituto John Bowne, una escuela pública a la que iba Gil, mi vecino haitiano. Estaba en Flushing, en el centro de Queens, justo enfrente del Queens College. Nos bañábamos en el ruido ambiental del tráfico de la cercana Long Island Expressway.

A mediados de la década de 1950, las autoridades de vivienda pública permitieron que mi abuela se mudara a la zona predominantemente blanca de Pomonok Houses, al sur del John Bowne. Papá pasó toda su educación primaria, a finales de la década de 1950, sin ver a otro estudiante negro, solo a los niños de familias blancas de clase trabajadora, que incluso entonces se estaban preparando para huir a las afueras de Long Island. Para 1996 casi todos se habían ido.

Después de clase, los alumnos del John Bowne se apretaban en los autobuses públicos como sardinas en lata. A medida que mi autobús se dirigía hacia Southside Queens, se vaciaba poco a poco. Aquel día iba de pie cerca de la puerta de atrás, enfrente de un adolescente al que llamábamos Smurf («pitufo»), un apodo que se había ganado por su cuerpo pequeño y flaco, su piel de un color negro azulado, las orejas gruesas y unos ojos grandes y redondos que estaban tan juntos que casi se encontraban en el centro de su cara.

Mientras estaba cerca de él, Smurf se metió la mano en los pantalones y sacó una pistola negra. Él la miró y yo la miré también. Todo el mundo lo hizo. Smurf alzó la vista y me apuntó con la pistola directamente —¿cargada o descargada?—.

—¿Te da miedo? —preguntó con un cariño casi fraternal, con una sonrisita en la cara.

«LAS PERSONAS NEGRAS deben entender y aceptar las raíces del miedo blanco en Estados Unidos», dijo el presidente Bill Clinton en un discurso del 16 de octubre de 1995, el mismo día de la Million Man March. Se había escapado de la marcha y de los hombres negros reunidos prácticamente en el césped de la Casa Blanca y había ido al campus de la Universidad de Texas. «Hay un miedo legítimo a una violencia que es demasiado frecuente en nuestras zonas urbanas», añadió. «Por experiencia, o al menos por lo que la gente ve en las noticias por la noche, la violencia para esas personas blancas suele tener una cara negra con demasiada frecuencia».

La historia cuenta lo mismo: la violencia para las personas blancas ha tenido con demasiada frecuencia un rostro negro —y las consecuencias han aterrizado en el cuerpo negro a lo largo de la historia estadounidense—. En 1631, el capitán John Smith advertía a los primeros colonizadores ingleses de Nueva Inglaterra de que el cuerpo negro era tan diabólico como cualquier otro pueblo en el mundo. El pastor de Boston, Cotton Mather, predicaba el respeto a la esclavitud en 1696: No «seas infinitamente más negro de lo que ya eres». El teniente-gobernador de Virginia, Hugh Drysdale, hablaba de «la cruel disposición de esas criaturas» que planearon una revuelta para ser libres en 1723. Los legisladores secesionistas de Texas en 1861 se quejaban de no recibir más «asignaciones [federales] para protegerse [...] de los salvajes despiadados». El senador estadounidense Benjamin Tillman decía a sus colegas en 1903: «El pobre africano se ha convertido en un demonio, una bestia salvaje, buscando a quien poder devorar». Dos importantes criminólogos afirmaron en 1967 que la «gran [...] exhibición criminal de la violencia entre grupos minoritarios como las personas negras» proviene de su «subcultura de violencia». Heather Mac Donald, del Instituto Manhattan, escribió que «el principal grupo de población de la justicia penal es la subclase negra» en *The War on Cops* en 2016.

Ese es el legado vivo del poder racista, que construye la raza negra a nivel biológico y étnico y presenta el cuerpo negro al mundo ante todo como una «bestia», usando el término de Gomes de Zurara, tan violentamente peligrosa como la oscura encarnación del mal. Los estadounidenses hoy en día ven el cuerpo negro más grande, más amenazador, más dañino en potencia y más propenso a requerir fuerza para controlarlo que un cuerpo blanco de tamaño similar, según los investigadores. No es de extrañar que el cuerpo negro tuviera que ser linchado por miles, deportado por decenas de miles, encarcelado por millones, segregado por decenas de millones.

CUANDO COGÍ POR primera vez una pelota de baloncesto, con ocho años más o menos, también recibí los miedos de mis padres por mi cuerpo negro. Mis padres no soportaban que jugara con la pelota en los parques de alrededor por miedo a que me pegaran un tiro, y trataban de quitarme las ganas de salir hablándome de los peligros que me esperaban afuera. Con su constante alarmismo sobre vendedores de droga, ladrones y asesinos negros, alimentaron también el miedo a mis propios vecinos negros. Cuando propuse poner cemento y una canasta de baloncesto en nuestro patio trasero lleno de hierba, mi padre construyó una cancha más rápido que uno de esos remodeladores de casas, una cancha mucho mejor que las que había en los parques cercanos. Pero la nueva cancha de baloncesto no podía mantenerme alejado de mi peligroso cuerpo negro. O de Smurf en el autobús.

—NO —LE RESPONDÍ a Smurf tranquilamente cuando me preguntó si tenía miedo. Tenía los ojos clavados en la pistola.

—Lo que tú digas —dijo con una risita—. Te da miedo.

Entonces apretó la pistola contra mis costillas y me ofreció una sonrisa dura.

Lo miré a los ojos, muerto de miedo.

—Que no —dije yo con otra risita—, pero es un pedazo de pistola.

—¿Verdad que sí?

Satisfecho, Smurf se giró, pistola en mano, y buscó a alguien a quien asustar. Respiré con alivio, pero sabía que podían haberme hecho daño aquel día, al igual que otros días. Sobre todo, pensé en el instituto John Bowne, rodeado de otros adolescentes negros, latinoamericanos y asiáticos.

Moviéndome por los pasillos del John Bowne, con los ojos bien abiertos, evitaba pisar zapatillas nuevas como si fueran minas terrestres (aunque cuando pisaba una por accidente, no explotaba nada). Evitaba chocar con la gente, me preocupaba que un golpe pudiera convertirse en una bala en la cabeza, en mi cabeza (aunque cuando no podía evitar chocarme con alguien, mi cabeza seguía intacta). Evitaba mantener contacto visual, como si mis compañeros fueran lobos (y cuando lo hacía, nadie me atacaba). Evitaba las pandillas por miedo a que fueran a por mí en cualquier momento (aunque cuando tenía que pasar a través de una pandilla, nadie iba a por mí). Lo que podía suceder según mis miedos más profundos importaba más que lo que sí me sucedía. Creía que la violencia me estaba acechando —pero, en realidad, eran las ideas racistas las que lo hacían dentro de mi propia cabeza—.

Las pandillas mandaban en mi instituto —como las pandillas que dirigen Estados Unidos— y me planteé unirme a Zulu Nation, asombrado por su historia y su alcance. Ser testigo de una iniciación me hizo cambiar de opinión. La perversa mezcla de golpes y pisadas, apretones de manos y abrazos, me quitó las ganas. Pero tenía una pandilla informal, unida por una férrea lealtad que nos exigía luchar unos por otros, en caso de que surgiera la ocasión.

Un día nos encontramos con otra pandilla cerca de la Long Island Expressway —nosotros éramos unos cinco, ellos quince, todos mirándonos con gesto amenazador a medida que nos acercábamos—. Esto era nuevo para mí, el enfrentamiento, los insultos yendo y viniendo, la escalada de exhibiciones de ira. Las amenazas golpeando como puños. Yo participaba con el resto —pero los conductores que pasaban y nos echaban un vistazo no podían ver que contra lo que yo estaba peleando era, sobre todo, con mis propios nervios—.

Una amenaza llevó a otra. Nadie se abalanzó sobre mí, era demasiado pequeño y tenía muy pocas pretensiones. Vi al gran Gil repeliendo puñetazos. Quise ayudarle, pero entonces vi a un adolescente alto, flaco y solitario, que miraba nerviosamente a su alrededor. Me recordó a mí mismo. Me deslicé sigilosamente detrás de él y le solté un feroz gancho derecho. Se desplomó sobre la acera y yo me escabullí. Enseguida oímos sirenas y nos largamos como hormigas, con miedo a que la policía nos aplastase.

. . .

NO ÍBAMOS ARMADOS, pero sabíamos que la negritud nos armaba incluso cuando no llevábamos armas. La blanquitud desarmaba a los policías —los convertía en miedosas víctimas potenciales—, incluso cuando se acercaban a un grupo de críos de instituto, nerviosos ante quienes claramente superaban en número. Las personas negras representan el 13% de la población de Estados Unidos. Y, sin embargo, en 2015, los cuerpos negros representaron al menos el 26% de los asesinatos policiales, bajando ligeramente al 24% en 2016, al 22% en 2017 y al 21% en 2018, según *The Washington Post*. Los cuerpos negros desarmados —que por lo visto parecían armados para los asustados agentes— tienen el doble de probabilidad de ser asesinados que los cuerpos blancos desarmados.

Gil y yo cruzamos corriendo el paso elevado de la Long Island Expressway y nos subimos a un autobús que se marchaba, sintiéndonos afortunados, recobrando el aliento. Aquel día podía haber ido a la cárcel, o peor.

Más que con las veces que corrí el riesgo de ir la cárcel, todavía sigo obsesionado con las veces que no ayudé a las víctimas de violencia. Mi negativa a ayudarlos me encarceló en el miedo. Tenía tanto miedo del cuerpo negro como miedo me tenía a mí el cuerpo blanco. No fui capaz de reunir las fuerzas para hacer lo correcto. Como aquella vez en otro autobús lleno, después de clase. Aquel día, un menudo adolescente indio —¡más menudo que yo!— se sentó cerca de mí en la parte trasera del autobús. Mi asiento daba a la puerta trasera, y el adolescente indio se sentó en el único asiento justo al lado de la puerta trasera. Me quedé mirándolo, tratando de llamar su atención para poder hacerle una señal que lo hiciera moverse a la parte delantera del autobús. Vi a otros niños negros e indios en el autobús tratando de hacer lo mismo con sus ojos. Queríamos que se moviera. Pero estaba entregado a lo que fuera que estaba escuchando en su nuevo *walkman*. Tenía los ojos cerrados y meneaba la cabeza.

Smurf y sus chicos también estaban en el autobús ese día.

Durante un rato, los cuerpos de otros niños los mantuvieron alejados del adolescente indio —no podían verlo sentado allí—. Pero cuando el autobús se despejó lo suficiente para dejar vía libre hasta él, Smurf, como era de esperar, se fijó en lo que no queríamos que viera.

Aquel día no llevaba su pistola. O tal vez sí.

Smurf hizo un gesto a sus chicos y se levantó. Caminó varios pasos y se puso delante del joven indio, dándome la espalda, la cabeza girada para mirar a sus chicos.

—Pero ¡qué mierda es esto!

Señaló con el dedo, como si fuera una pistola, la cabeza del joven sentado.

—¡Miren a este hijo de puta!

EN 1993, UN grupo bipartidista de legisladores blancos introdujo la Violent Crime Control and Law Enforcement Act. Pensaban en Smurf —y en mí—. Los congresistas negros también pensaban en Smurf y en mí. Pidieron 2,000 millones de dólares más en la ley para el tratamiento de la drogadicción y 3,000 millones más para programas de prevención de la violencia. Cuando los republicanos denominaron aquello «bienestar para los criminales» y pidieron que se limitaran sus votos, los líderes demócratas accedieron. Veintiséis de los treinta y ocho miembros con derecho a voto del grupo de congresistas negros también accedieron. Después de todo, el proyecto de ley reflejaba su miedo por mi cuerpo negro —y hacia él—. La decisión política reflejó sus conciencias enfrentadas —y su deseo práctico de no perder la financiación para la prevención del crimen en una reescritura del proyecto de ley—. Además de sus nuevas prisiones, los delitos capitales, las sentencias mínimas, las leyes federales de reincidencia (*three-strike laws*), los agentes de policía y el armamento policial, la ley me hizo apto, cuando cumplí trece años en 1995, para ser juzgado como adulto. «Washington no debería volver a poner

jamás la política y el partido por encima de la ley y el orden»,
dijo el presidente Bill Clinton cuando firmó la ley bipartidista
y birracial el 13 de septiembre de 1994.

—TÚ, DAME ESE *walkman* —dijo Smurf con bastante amabilidad.

El chico no alzó la vista, cautivado todavía por el ritmo
que procedía de sus auriculares. Smurf le dio unos toquecitos
poco suaves en el hombro.

—Tú, que me des ese *walkman* —gritó.

Quise levantarme y soltarle «Déjalo en paz. ¿Por qué estás
siempre jodiendo a la gente, Smurf? ¿Qué coño te pasa?».
Pero el miedo me paralizó. Seguí sentado y en silencio.

El chico alzó la vista al final, sobresaltado.

—¡Qué!

El susto de ver a Smurf acercándosele y el volumen alto
de la música hicieron que el chico levantara la voz. Meneé
la cabeza pero sin menear la cabeza, solo por dentro. Seguí
inmóvil.

LOS DEMÓCRATAS DE Clinton pensaron que habían ganado
la guerra política con relación a la cuestión del crimen —la
guerra contra el cuerpo negro para conseguir votos—. Pero
los estadounidenses racistas tardaron poco tiempo en quejarse
de que ni siquiera la ley contra el crimen con más presupuesto
en la historia de la humanidad bastaba para detener a la bestia,
al diablo, al arma, a Smurf, a mí. Cuando se acercaba Acción
de Gracias de 1995, el politólogo de Princeton John J. DiIulio Jr. advirtió sobre la «llegada de los superdepredadores»,
cuerpos jóvenes como el mío a «barrios negros de los centros
urbanos». DiIulio dijo más tarde que se arrepentía de haber
usado ese término. Pero DiIulio nunca tuvo que interiorizar
esta idea racista y ver su propio cuerpo con miedo. Nunca

tuvo que lidiar con la idea de ser cazado. Mis amigos del John Bowne sí. Yo sí. En 1996, cumplí catorce años. Un super-depredador estaba creciendo dentro mí, dentro de Smurf, decían. Me creí lo que había oído.

«La mayoría de los niños de las zonas marginales crecen rodeados de adolescentes y adultos que están descarriados, que son delincuentes o criminales», escribió DiIulio. Cuidado. «Una nueva generación de criminales callejeros está sobre nosotros, la generación más joven, más numerosa y peor que cualquier sociedad haya conocido», advirtió. Mi banda de «superdepredadores juveniles» eran «jóvenes radicalmente impulsivos y brutalmente implacables, incluyendo un número cada vez mayor de preadolescentes, que asesinan, asaltan, violan, roban, trafican con drogas letales, se unen a bandas armadas y crean graves trastornos en las comunidades». Al parecer, nosotros, los jóvenes superdepredadores negros, estábamos siendo criados con una inclinación sin precedentes hacia la violencia —en una nación que supuestamente no había criado a los esclavistas blancos, a los linchadores, a los encarceladores en masa, a los agentes de policía, a los funcionarios corporativos, a los capitalistas de riesgo, a los banqueros, a los conductores borrachos y a los halcones de guerra para que fueran violentos—.

Esta plaga de superdepredadores no se materializó a finales de la década de 1990. El crimen violento ya había comenzado su dramático declive cuando vi a Smurf exigiendo aquel *walkman* en 1996. Los homicidios habían caído a sus niveles más bajos desde la era Reagan, cuando la intensa competencia en el mercado de crack y el tráfico de armas no reguladas habían disparado la tasa.

Pero las leyes contra el crimen nunca han estado más relacionadas con el crimen de lo que el miedo ha estado relacionado con la violencia real. No debemos temer a los hombres trajeados con políticas que matan. No debemos temer a los hombres blancos buenos con fusiles AR-15. No, tenemos que temer al cuerpo latinoamericano desarmado y agotado. Hay que temer al cuerpo árabe que se arrodilla ante Alá. Hay que temer a ese cuerpo negro infernal. Los expertos políticos y los empresarios del crimen fabrican el miedo y se presentan ante los votantes para liberarlos —unos mesías que los liberarán del miedo a estos otros cuerpos—.

—PERO, ¿ES QUE no me has oído? —soltó Smurf echando chispas—. ¡He dicho que me des el puto *walkman*!

En mi mente, traté de idear una estrategia para ayudar al pobre chico, poniéndome en su lugar. Tenía una especie de don para mantenerme sereno y desactivar situaciones potencialmente volátiles, algo que me venía muy bien, ya fuera tratando con los complicadamente violentos Smurfs del mundo, o con los caprichosamente violentos agentes de policía. Aprendí a desarmar o evitar a los Smurfs de la ciudad —unos críos empeñados en provocar el caos—. Pero también me di cuenta de que los desconocidos hacían los mismos cálculos cuando veían que me acercaba —veía el miedo en sus ojos—. Me veían y decidían que estaban viendo a Smurf. Se asustaban de la misma forma —lo único que veían eran nuestros peligrosos cuerpos negros—. Los policías parecían especialmente miedosos. Así como aprendí a evitar a los Smurfs del mundo, tuve que aprender a evitar que los agentes de policía racistas se pusieran nerviosos. Al parecer, las personas negras son las responsables de calmar los miedos de los policías violentos de la misma manera que las mujeres son supuestamente responsables de calmar los deseos sexuales de los hombres violadores. Si no lo hacemos, se nos culpará de que nos ataquen y de nuestras muertes.

Pero, en aquel momento, el chico enfrente de mí no tenía opciones —es probable que no hubiera ninguna forma de desactivar la situación—.

—¡Dame el puto *walkman*! —gritó Smurf, llamando la atención de la gente que estaba en la parte delantera del autobús y provocando seguramente que el conductor del autobús informara del alboroto.

El asustado joven hizo el amago de levantarse, no dijo nada, solo movía la cabeza. Tal vez intentaba colocarse en la parte delantera, cerca de la relativa seguridad del conductor del autobús. Pero en cuanto enderezó la espalda, Smurf le plantó un golpe fuerte en la sien al crío —su cabeza rebotó contra la ventana y luego contra el suelo del autobús—. Smurf le quitó el *walkman*, y entonces sus secuaces se levantaron para unirse a él. El crío se tapó la cara cuando los pisotones de las botas Timberland empezaron a aplastarlo. Todo aquello ocurrió justo delante de mí. No hice nada. No hice nada.

El autobús paró. La puerta de atrás se abrió. Smurf y sus chicos saltaron del autobús y salieron corriendo, despreocupados, sonriendo. Pero me di cuenta de que el gafotas del grupo de Smurf seguía en el autobús, agazapado y observando, aparentemente esperando a que alguien ayudara a ese crío agonizante. No hice nada.

LA RESPONSABILIDAD DE mantenerme a salvo me siguió como los perros callejeros de mi vecindario, ladrando miedo en mi conciencia. Nunca quise llegar a casa de mis padres con los bolsillos vacíos y sin zapatos, con un cuerpo sangrante y golpeado como el del niño indio. O peor, no llegar yo, sino una carta de la policía informando de mi asesinato, o una llamada telefónica del hospital. Convencí a mis padres (o eso pensé) de que estaba a salvo. Pero no me convencí a mí mismo. Los actos de violencia que vi en Smurf y en otros, se combinaron con las ideas racistas que me rodeaban para convencerme de que me acechaba más violencia de la que realmente había. Creía que la violencia no solo definía a Smurf sino a toda la gente negra que me rodeaba, a mi escuela y a mi vecindario. Creía que me definía, que debía temer toda clase de oscuridad, incluso la de mi propio cuerpo negro.

Los escritores negros que crecimos en barrios negros de las «zonas marginales» solemos recordar más la violencia que experimentamos que la no violencia. No escribimos sobre todos esos días que no sentimos armas contra nuestras costillas. No hablamos de todos esos días que no peleamos, los días que no vimos a alguien ser golpeado frente a nosotros. Nos volvemos exactamente como los programas nocturnos de noticias locales —si hay sangre, es noticia (*if it bleeds, it leads*)— y nuestras historias se centran en cuerpos negros violentos en lugar de la abrumadora mayoría de cuerpos negros no violentos. En 1993, cerca del apogeo de los crímenes violentos urbanos, por cada mil residentes urbanos, setenta y cuatro, o el 7,4%, informaron haber sido víctimas de delitos violentos, un porcentaje que disminuyó más adelante. En 2016, por cada mil residentes urbanos, alrededor de treinta, el 3%, reportaron haber sido víctimas de crímenes violentos. Estos números no son precisos. Los investigadores estiman que más de la mitad de los crímenes violentos de 2006 a 2010 no fueron reportados a las fuerzas del orden. Incluso estar cerca de crímenes violentos puede crear efectos adversos. Pero la idea de que la violencia experimentada directamente es endémica y está en todas partes, que afecta a todos, o incluso a la mayoría de la gente —que los barrios negros, en su conjunto, son más peligrosos que las «zonas de guerra», como dijera el presidente Trump— no es la realidad.

Tiene su lógica que esta sea la historia que tantas veces contamos —los puños y los disparos y las muertes tempranas se aferran a nosotros como una segunda piel, mientras que los abrazos, los bailes y los buenos tiempos se desvanecen—. Pero la obra del escritor refleja, y el lector consume esos recuerdos vívidos y abrasadores, no la realidad cotidiana del cuerpo negro.

Así como experimenté muchos momentos de ansiedad y miedo por otros cuerpos negros, también viví muchos más momentos en serenidad y paz. Por mucho que temiese que la violencia me acechaba, mi vida diaria no giraba en torno a ese miedo. Jugué al béisbol durante años con niños blancos en Long Island y siempre me pregunté por qué nunca quisieron visitar mi vecindario, mi hogar. Cuando preguntaba, la mirada de horror en sus rostros, y aún más en las caras de sus padres, me sorprendía y me confundía. Sabía que había peligros en mi bloque; también pensaba que era seguro.

No relacionaba la totalidad o incluso la mayoría de Southside Queens con la violencia, así como no relaciono a todos o incluso a la mayoría de mis vecinos negros con la violencia. Sabía que había que evitar a algunas personas como Smurf, algunos edificios y algunos barrios. Pero no porque fueran negros —casi todos éramos negros—. Sabía de una manera vaga que los barrios negros con edificios altos de viviendas públicas como el 40P (las South Jamaica Houses) o las Baisley Park Houses eran conocidos por ser más violentos que los vecindarios como el mío, Queens Village, con más casas unifamiliares, pero nunca pensé realmente por qué. Pero sabía que no era la negritud —la negritud era una constante—.

Un estudio que utilizó datos del Estudio nacional longitudinal de la juventud entre 1976 y 1989 concluyó que los jóvenes negros estaban involucrados en crímenes más violentos que los jóvenes blancos. Pero cuando los investigadores compararon solo a los jóvenes con trabajo de ambas razas, las diferencias en el comportamiento violento desaparecían. O, como el Urban Institute declaró en un informe más reciente sobre el desempleo crónico, «las comunidades con una mayor proporción de trabajadores desempleados por largos periodos de tiempo también tienden a tener tasas más altas de criminalidad y violencia».

Otro estudio concluyó que la disminución del 2,5% en el desempleo entre 1992 y 1997 resultó en una disminución del

4,3% en el robo, del 2,5% en el robo de automóviles, del 5% en el robo con allanamiento y del 3,7% en el hurto. La socióloga Karen F. Parker vinculó estrechamente el crecimiento de las empresas cuyos propietarios son personas negras con una reducción de la violencia juvenil negra entre 1990 y 2000. En los últimos años, el Crime Lab de la Universidad de Chicago trabajó con el programa de empleos «One Summer Chicago Plus» y observó una reducción del 43% en los arrestos por delitos violentos en los jóvenes negros que tuvieron un empleo durante ocho semanas de trabajo de verano a tiempo parcial, en comparación con un grupo de control de adolescentes que no lo hicieron.

En otras palabras, los investigadores han descubierto una correlación mucho más fuerte y clara entre los niveles de crímenes violentos y los niveles de desempleo que entre la delincuencia violenta y la raza. No todos los barrios negros tienen niveles similares de delitos violentos. Si la causa del crimen violento es el cuerpo negro, si las personas negras son demonios violentos, entonces los niveles de crimen violento serían relativamente los mismos sin importar dónde vivan las personas negras. Pero los vecindarios negros de ingresos superiores y medios tienden a tener menos crímenes violentos que los vecindarios negros de bajos ingresos —como es el caso en las comunidades no negras—. Pero eso no significa que las personas negras de bajos ingresos sean más violentas que las personas negras de altos ingresos. Eso significa que los barrios de bajos ingresos luchan contra el desempleo y la pobreza —y su típico subproducto, el crimen violento—.

Durante décadas, ha habido tres estrategias principales en la reducción de la delincuencia violenta en los barrios negros. Los segregacionistas que consideran que los barrios negros son zonas de guerra han pedido una dura vigilancia policial y el encarcelamiento masivo de los superdepredadores. Los asimilacionistas dicen que estos superdepredadores necesitan leyes duras y amor duro de mentores y padres para civilizarlos de vuelta a la no violencia. Los antirracistas dicen que las personas negras, como todas las personas, necesitan más empleos mejor remunerados a su alcance, sobre todo los jóvenes negros, que han tenido consistentemente las tasas más altas de desempleo de cualquier grupo demográfico, que llegaron hasta el 50% a mediados de la década de 1990.

No existen los grupos raciales peligrosos. Pero hay, por supuesto, personas peligrosas como Smurf. Existe la violencia del racismo —que se manifiesta en políticas y vigilancia— que teme al cuerpo negro. Y está la no violencia del antirracismo que no teme al cuerpo negro, que teme, si acaso, la violencia del racismo que se ha cargado sobre el cuerpo negro.

Encontraba percepciones de peligro y amenazas reales cada día en el John Bowne, en varias formas. Había un peligroso desinterés por parte de algunos maestros. Y estábamos expuestos a un hacinamiento peligroso en la escuela: tres mil estudiantes ocupaban un edificio construido para muchos menos. Las clases eran tan grandes —el doble de grandes que en mis escuelas privadas— que los estudiantes indiferentes como yo podíamos asistir a nuestras propias clases, allí en el fondo del aula, en las narices de profesores indiferentes. No recuerdo ni un solo maestro, clase, lección o tarea de noveno grado. Fui ignorado —como la mayoría de los maestros, administradores y políticos que ostensiblemente estaban a cargo de mi educación—. Asistí al John Bowne como alguien que iba al trabajo sin intención de trabajar. Solo trabajé duro por mi primer amor.

CAPÍTULO 7

CULTURA

RACISTA CULTURAL: Alguien que crea un estándar cultural e impone una jerarquía cultural entre los grupos raciales.

ANTIRRACISTA CULTURAL: Alguien que rechaza los estándares culturales e iguala las diferencias culturales entre los grupos raciales.

M**I PADRE ME** arrastró a ver el documental de 1994 *Hoop Dreams*, una película sobre los peligros que enfrentaban dos chiquillos que perseguían la poco probable oportunidad de una carrera lucrativa en la NBA. No logró su objetivo, como tampoco lo lograron los niños de la película. El baloncesto era mi vida.

Era un día fresco de principios de invierno de 1996 y estaba sentado en los vestuarios, con el cuerpo caliente después del entrenamiento, vistiéndome e intercambiando bromas con mis nuevos compañeros de equipo; el equipo de baloncesto juvenil junior del John Bowne. De repente, nuestro entrenador blanco irrumpió en el vestuario como si pasara algo. Nos quedamos en silencio mientras este miraba sin esperanza nuestras caras oscuras. Se apoyó contra una taquilla como si fuera a dar un sermón.

—Tienen que sacar dos C y tres D para seguir en el equipo. ¿Entendido?

Todo el mundo asintió y siguió mirándolo, tal vez esperando algo más. Pero eso fue todo lo que tenía que decir. Nuestras bromas se reanudaron.

No sentía ni amor ni odio por la secundaria. Pero unos pocos meses en el instituto me habían cambiado. No soy capaz de identificar qué es lo que desencadenó mi odio por la escuela. ¿Mi dificultad para distinguir al policía hostigador del profesor hostigador? ¿Una mayor sensibilidad a las miradas de los profesores que veían mi cuerpo negro no como una planta que podría ser cultivada sino como un hierbajo que había que arrancar de la escuela y meter en la prisión? El primer año obtuve las notas que necesitaba para quedarme en el equipo de baloncesto: dos C y tres D. Solo el baloncesto y la vergüenza de mis padres me impedían dejarlo todo y pasarme el día en casa como otros adolescentes.

Cuando me subía a los abarrotados autobuses después de clase, me sentía como un fugitivo. La mayor parte de los días Smurf estaba ilocalizable. Parábamos y volvíamos a arrancar, el autobús se dirigía hacia el sur, hacia la última parada —mi hogar cultural lejos de casa—.

A la arteria central de la zona sur de Queens la llamábamos «the Ave», el sitio donde la Jamaica Avenue cruza la 164th Street. Los fines de semana salía de casa, pavoneándome desde la 209th Street hasta la Jamaica Avenue, y cogía un taxi de un dólar para ahorrarme las tres docenas de manzanas hasta «the Ave». Un dólar, un viaje, un conductor al azar. No tenía ni idea de que autos o furgonetas similares, baratos, de gestión privada y llenos de cuerpos negros sudorosos, satisfechos, cansados, con las pilas cargadas o traumatizados, circulaban por los barrios de todo el mundo negro. Desde entonces, viajo en estos veloces productos culturales en otras partes del mundo, desde Ghana hasta Jamaica (el país isleño, no «the Ave»). El viaje siempre me lleva de vuelta a Queens.

Nada comparado con llegar a «the Ave». Eran un par de docenas de manzanas llenas de tiendas, y esta enorme zona comercial estaba repleta de adolescentes con los ojos de par en par. Nunca sabíamos qué íbamos a ver —qué zapatillas (*kicks*) iban a estar a la venta, qué movida (*beef*) estaba cocinándose, qué iban a llevar (*rock*) los muchachos (*guads*) y las muchachas (*shorties*)—. Disculpen mi *Ebonics* —un término acuñado por el psicólogo Robert Williams en 1973 para sustituir términos racistas como «inglés negro no estándar»* («Non-standard Negro English»)—. Tengo que usar el lenguaje de la cultura para expresar la cultura.

Algunos estadounidenses despreciaban mi *Ebonics* en 1996. Ese año, la junta escolar de Oakland había reconocido a las personas negras, como yo, como bilingües, y en un acto de antirracismo cultural había reconocido «la legitimidad y riqueza» del *Ebonics* como lengua. Decidieron usar el *Ebonics* con los alumnos «para facilitar su adquisición y el dominio de las competencias lingüísticas en inglés». La reacción fue feroz. Para empezar, Jesse Jackson lo llamó «una rendición inaceptable, que bordea la desgracia. Es como enseñar a nuestros hijos a hacer las cosas mal».

¿Lo era? Conviene profundizar en los orígenes del *Ebonics*. Los africanos esclavizados formularon nuevos idiomas en casi todas las colonias europeas de las Américas, incluyendo el *Ebonics* afroamericano, el patois jamaicano, el criollo haitiano y el calunga brasileño. En cada uno de esos países, el poder racista —los que controlan el gobierno, la academia, la educación y los medios de comunicación— ha degradado estas lenguas africanas a dialectos, refiriéndose a ellos como francés, español, holandés, portugués o inglés «rotos», «incorrectos» o «no estándar». Los asimilacionistas han instado siempre a los africanos de las Américas a olvidar las lenguas «rotas» de nuestros antepasados y a dominar las lenguas aparentemente «fijas» de los europeos —a hablar «de forma correcta»—. Pero ¿cuál

---

* N. de la T.: Como ya hemos señalado antes, el término oficial es «African-American Vernacular English» (AAVE o «inglés afro-estadounidense vernáculo»). Aquí se empleará «Ebonics» de acuerdo con el original.

era la diferencia entre el *Ebonics* y el llamado inglés «estándar»? El *Ebonics* había surgido a partir de las raíces de las lenguas africanas y del inglés moderno, al igual que el inglés moderno había surgido de raíces latinas, griegas y germánicas. ¿Por qué el *Ebonics* es un inglés roto pero el inglés no es un alemán roto? ¿Por qué el *Ebonics* es un dialecto del inglés si el inglés no es un dialecto del latín? La idea de que las lenguas negras fuera de África están rotas es tan culturalmente racista como la idea de que las lenguas dentro de Europa son fijas.

CUANDO LA REACCIÓN al Holocausto nazi marginó el racismo biológico, el racismo cultural ocupó su lugar. «En prácticamente todas sus divergencias», la cultura afroamericana «es un desarrollo distorsionado, o una condición patológica, de la cultura general estadounidense», escribió Gunnar Myrdal en *An American Dilemma*, su icónico tratado de 1944 sobre las relaciones raciales, que ha sido considerado la «biblia» del movimiento por los derechos civiles. Las sagradas escrituras de Myrdal estandarizaron la cultura general (blanca) americana, y luego juzgaron la cultura afroamericana como distorsionada o patológica a partir de ese estándar. Quien establece el estándar cultural establece la jerarquía cultural. El acto de establecer un estándar y una jerarquía culturales es lo que crea el racismo cultural.

Ser antirracista es rechazar las normas culturales y nivelar la diferencia cultural. Los segregacionistas dicen que los grupos raciales no pueden alcanzar su estándar cultural superior. Los asimilacionistas dicen que los grupos raciales pueden, con esfuerzo y voluntad, alcanzar sus estándares culturales superiores. «Es un beneficio para las personas negras estadounidenses, como individuos y como grupo, ser asimiladas a la cultura estadounidense» y «adquirir los rasgos que tienen en estima los estadounidenses blancos dominantes», sugirió Myrdal. O, como dijo el presidente Theodore Roosevelt en

1905, el objetivo debería ser asimilar «la raza atrasada [...] para que pueda entrar en posesión de la verdadera libertad, mientras que la raza avanzada está habilitada para preservar ilesa la alta civilización creada por sus antepasados».

Incluso Alexander Crummell, el imponente sacerdote episcopal que fundó la primera asociación intelectual negra oficial en 1897, instó a sus compañeros negros estadounidenses a la asimilación. Estaba de acuerdo con esos estadounidenses racistas que clasificaban a los africanos como imitadores. «Esta cualidad de la imitación ha sido el gran preservador de la persona negra en todas las tierras donde ha habido esclavitud», predicaba Crummell en 1877.

LO CIERTO ES que no estábamos imitando nada en «the Ave» —al contrario—. La cultura general estaba imitándonos y apropiándose de lo nuestro con avidez; nuestra música, nuestra moda y nuestro lenguaje estaban transformando lo considerado convencional (*mainstream*). Nos daba igual si los estadounidenses más viejos, más ricos o más blancos despreciaban nuestra ropa no estándar al igual que nuestro *Ebonics* no estándar. Éramos frescos y nuevos como si acabaran de quitarnos el envoltorio de plástico, como rapeaba Jadakiss. Nuestros vaqueros anchos y caídos eran nuevos, actuales. Nuestras camisas abotonadas o nuestras sudaderas de diseño en invierno debajo de nuestros abrigos acolchados, todo nuevo, actual. Camisetas normales o camisetas deportivas en verano por encima de nuestros vaqueros cortos y anchos, también nuevos y actuales. Cadenas colgantes que brillaban tanto como nuestras sonrisas. Piercings y tatuajes y colores vivos que le decían al mundo convencional lo poco que nos apetecía imitarlos.

La novedad y la frescura no radicaban en conseguir lo más nuevo, lo último, sino en idear formas nuevas y originales de llevarlo, siguiendo la mejor tradición de la moda: experimentación, elaboración y una precisión impecable. Las botas

Timberland y las zapatillas Nike Air Force 1 eran nuestros vehículos preferidos en la ciudad de Nueva York. Daba la impresión de que todo el mundo —tanto chicas como chicos— tendría unas Tims de color trigo en el armario de podérselas permitir, o robar. Nuestras Air Force 1 negras tenían que ser más negras que la población reclusa. Nuestras Air Force 1 blancas tenían que ser más blancas que el Departamento de Policía de Nueva York. Tan suaves como la piel de un bebé. Sin manchas. Sin arrugas. Las manteníamos negras o blancas a base de retoques frecuentes con barritas de pintura. Por la noche rellenábamos los zapatos con papel o calcetines para prevenir las arrugas en la parte frontal. Entonces, a la mañana siguiente, tocaba ponerse los zapatos. Muchos de nosotros sabíamos el truco para mantener a raya las arrugas a lo largo del día: ponerse un segundo calcetín hasta la mitad del pie y doblar la otra mitad por encima de los dedos para rellenar la parte frontal de la zapatilla. Dolía como esos vaqueros Guess muy apretados en la cintura que solían llevar las chicas. Pero a quién le importaba el dolor cuando la novedad y la frescura producían tanta felicidad.

Jason Riley, un columnista del *Wall Street Journal*, no nos veía a nosotros ni a nuestros discípulos en el siglo XXI como nuevos innovadores culturales. «La cultura negra hoy en día no solo perdona la delincuencia y el vandalismo sino que los celebra hasta el punto de que los jóvenes negros han adoptado la moda de las cárceles en forma de pantalones anchos y caídos, y camisetas extra grandes». Pero había una solución. «Si los negros pueden cerrar la brecha de la civilización, es posible que el problema de la raza en este país acabe siendo insignificante», argumentó una vez Dinesh D'Souza. La «civilización» suele ser un eufemismo amable para el racismo cultural.

ODIABA LO QUE ellos llamaban civilización, representada de forma más inmediata por la escuela. Me gustaba lo que a ellos les parecía disfuncional —la cultura afroamericana, que definía mi vida fuera de la escuela—. Mi primer contacto con la cultura fue la iglesia negra. Escuchar a extraños identificarse como hermanas y hermanos. Escuchar conversaciones sermonísticas, todas aquellas exhortaciones de los pastores, las respuestas de los feligreses. Cuerpos meciéndose en coros como las ramas de un árbol, siguiendo los ritmos y los giros de un solista. El Espíritu Santo apoderándose de mujeres que gritan y esprintes propios del baloncesto por los pasillos, corriendo arriba y abajo. Sombreros altísimos cubriendo las pelucas nuevas de ancianas que guardaban sus mejores galas para Jee-susss-sa. Funerales más animados que bodas. Ver a mamá quitarle el polvo a su traje africano y a papá sacar sus *dashikis* para unas celebraciones de Kwanza más animadas que los funerales.

Me encantaba estar en medio de una cultura creada por mis antepasados, que encontraron maneras de volver a crear las ideas y prácticas de sus antepasados con lo que tenían disponible en las Américas, a través de lo que la psicóloga Linda James Myers llama las «manifestaciones físicas externas de la cultura». Estas manifestaciones físicas externas que nuestros antepasados encontraron incluían el cristianismo, la lengua inglesa y la comida, los instrumentos, la moda y las costumbres populares europeas. Los expertos culturalmente racistas han asumido que desde que los afroamericanos exhiben manifestaciones físicas externas de la cultura europea, «las personas negras norteamericanas [...] en la cultura y la lengua» son «esencialmente europeas», citando al antropólogo Franz Boas en 1911. «Hoy en día es muy difícil encontrar en el sur algo que se pueda enlazar directamente con África», afirmó el sociólogo Robert Park en 1919. «Despojado de su herencia cultural», el resurgimiento de la persona negra «como ser humano fue facilitado por su asimilación» de la «civilización blanca», escribió el sociólogo E. Franklin Frazier en 1939.

Como tal, «la persona negra es solo estadounidense, y nada más», argumentaba el sociólogo Nathan Glazer en 1963. «No tiene valores ni cultura que proteger». En el análisis final, «no somos africanos», dijo Bill Cosby a la NAACP en 2004.

Resulta difícil encontrar la supervivencia y el renacimiento de las formas culturales africanas a través de nuestros superficiales ojos culturales. Esos ojos con visión superficial evalúan un cuerpo cultural por su piel. No miran detrás, por dentro, debajo. Esos ojos con visión de superficie han buscado históricamente que aparezcan religiones, idiomas, alimentos, moda y costumbres tradicionales africanas en las Américas tal como aparecen en África. Cuando no las encontraron, asumieron que las culturas africanas habían sido desplazadas por las culturas europeas «más fuertes». Las personas con visión de superficie no tienen sentido de lo que el psicólogo Wade Nobles llama «la estructura profunda de la cultura», las filosofías y valores que cambian las formas físicas externas. Es esta «estructura profunda» la que transforma el cristianismo europeo en un nuevo cristianismo africano, con espíritus que se apoderan de personas, exhortaciones, respuestas y la adoración del Espíritu Santo; y transforma el inglés en *Ebonics*, ingredientes europeos en comida para el alma (*soul food*). La cultura africana sobrevivió en las Américas, creó una cultura fuerte y compleja con formas occidentales «externas», «manteniendo los valores internos [africanos]», declaró el antropólogo Melville Herskovits en 1941. Esa misma cultura africana alimentó la cultura afroamericana que me vio crecer.

«THE AVE». ME encantaba estar rodeado de todas aquellas personas negras —¿o era toda aquella cultura?— moviéndose rápido y lento, o simplemente paradas. «The Ave» tenía un coro natural, aquella interacción de melodías explosivas entre las tiendas y el maletero de los carros, y la adolescente pasando por ahí, ensayando sus canciones, y el código de los raperos en las esquinas. Gil solía improvisar, yo escuchaba y movía la cabeza. El sonido del hip-hop estaba a nuestro alrededor.

«Son, they shook / Cause ain't no such things as halfway crooks / Scared to death, scared to look, they shook»*. «Shook Ones» fue el himno de Queens a mediados de la década de 1990, de los autoproclamados «asesinos oficiales de Queensbridge»† —Mobb Deep—. Prometían «sacar de la realidad» a sus oyentes, y conmigo lo consiguieron, desde luego. No soportaba a aquellos actores adolescentes disimulando su miedo detrás de una fachada dura. A los policías racistas y a los extraños les parecían muy reales, y no eran capaces de hacer distinciones entre los cuerpos negros. Pero nosotros sí. «He ain't a crook son / he's just a shook one»‡.

Escuchaba los potentes temas de lo mejorcito de Queens: Nas, Salt-N-Pepa, Lost Boyz, A Tribe Called Quest, Onyx y el «Hey lover, hey lover / This is more than a crush» de LL Cool J; y varios personajes de Brooklyn, como Biggie Smalls y toda la Junior M.A.F.I.A. y el principiante Jay-Z; ese grupo de Staten Island, el Wu-Tang Clan, descubriendo que «life is hell / living in the world no different from a cell»§; y el genio de Harlem, Big L; y los peces gordos de fuera de la ciudad, desde una Queen Latifah que despegaba entonces, hasta el «rapeo» rápido de Bone Thugs-N-Harmony —«Wake up, wake up, wake up it's the first of tha month»— o Tupac Shakur escribiéndole una carta a su madre. Me sentí identificado

---

* N. de la T.: «Ellos temblaban / Porque no existen los delincuentes a medias / Muertos de miedo, con miedo a mirar, temblaban», traducción aproximada.

† N. de la T.: «official Queensbridge murderers»; a finales de la década de 1980 se produjeron muchos asesinatos en ese barrio y Mobb Deep rapeaba sobre las drogas y las muertes en Queensbridge.

‡ N. de la T.: «Él no es un delincuente / él solo tiembla».

§ N. de la T.: «La vida es un infierno / Vivir en el mundo es como hacerlo en una celda».

cuando Tupac confesó: «I hung around with the thugs, and even though they sold drugs / They showed a young brother love»*.

El hip-hop ha tenido un vocabulario más sofisticado que cualquier otro género musical estadounidense. Leía sin cesar sus poéticos textos. Pero para nuestros padres y abuelos no estábamos escuchando y memorizando apasionantes obras de poesía oral, reportajes urbanos, relatos, autobiografías, alardeos sexuales y fantasías de aventuras. Ellos veían —y siguen viendo— palabras que conducirían mi mente a la desviación. «Reforzando los estereotipos que han frenado desde hace mucho tiempo a las personas negras, y enseñando a estos jóvenes que una actitud antagónica propia de matones es la respuesta correcta y "auténtica" a una sociedad supuestamente racista, el rap retrasa el éxito negro», afirmó una vez el lingüista John McWhorter. C. Delores Tucker hizo campaña en contra del rap a mediados de la década de 1990. «No se puede escuchar todo ese lenguaje y esa basura sin que te afecte», solía decir Tucker —como lo decían también nuestros padres y abuelos—. La presidenta de sesenta y seis años del National Political Congress of Black Women, la venerable veterana del movimiento por los derechos civiles, seguía atacándonos como en una batalla de rap de Biggie Smalls.

NOS MARCHAMOS DE Queens al año siguiente, dejamos atrás «the Ave», para comenzar nuestra nueva vida en el sur. Al final de un día de clase, en algún momento del otoño de 1997, me dirigí al gimnasio hecho un manojo de nervios para ver quién había cumplido los requisitos para seguir en el equipo de baloncesto juvenil junior del instituto Stonewall Jackson.

Caminé hacia el gimnasio solo. Odiaba estar solo todo el

---

* N. de la T.: «Me juntaba con los delincuentes, y aunque vendían drogas / Me mostraban un amor de hermano pequeño».

tiempo. No tenía amigos en mi nuevo instituto, en Manassas, Virginia. Había llegado hacía unas semanas a nuestra nueva casa en un barrio residencial predominantemente blanco. Manassas no era el sur profundo, pero no había duda de que estaba al sur de Jamaica, Queens. Pasé despierto nuestra primera noche allí, de vez en cuando miraba por la ventana, preocupado por si el Ku Klux Klan llegaba en cualquier momento. ¿Por qué la tía Rena había tenido que mudarse aquí y tentar a mis padres?

En la escuela había corrido la voz rápidamente de que el chico flaco y callado que vestía ropa ancha, calzaba Air Force 1, Tims y tenía un acento raro y un andar lento, era de Nueva York. Las chicas y los chicos estaban fascinados —pero no por eso se acercaban para hacerse amigos míos—. El baloncesto era mi única compañía.

Abrí una puerta que conducía al gimnasio, caminé despacio por la cancha a oscuras hasta el otro lado y di con la lista del equipo. Busqué mi nombre, confiado. No lo vi. Sorprendido, volví a mirar, señalando con el dedo índice a medida que leía cada nombre despacio. No vi mi nombre.

Las lágrimas brotaron. Me di la vuelta y me alejé andando rápido, reprimiendo las lágrimas. Me dirigí al autobús de la escuela y me desplomé en el asiento como no lo había hecho jamás.

Mi tristeza por haberme quedado fuera solo era superada por un dolor aún más profundo: no poder ingresar en el equipo había acabado por completo con mi posibilidad de hacer amigos en la nueva escuela. Estaba hecho polvo, pero mantuve la compostura en mi corto paseo desde la parada del autobús hasta mi casa.

Cuando abrí la puerta principal, vi a papá bajando las escaleras de nuestra casa de dos niveles —puse un pie dentro y me refugié en sus sorprendidos brazos—. Nos sentamos juntos en las escaleras, con la puerta principal aún abierta de par en par. Lloraba sin control, cosa que alarmó a mi padre. Después de unos minutos, me recompuse y dije «No he conseguido entrar en el equipo», solo para romper a llorar de nuevo y soltar «¡Ya no voy a poder hacer amigos!».

El baloncesto había sido mi vida. Todo cambió cuando aquellas lágrimas pararon.

A LOS QUINCE años creía en el multiculturalismo intuitivamente, a diferencia de los sociólogos asimilacionistas como Nathan Glazer, que lo lamentaba en su libro de ese año, *We Are All Multiculturalists Now*. Me oponía a las ideas racistas que menospreciaban las culturas de las personas negras urbanas, del hip-hop —mis culturas—. Sentía que ridiculizar las culturas negras que conocía —la cultura urbana, la cultura hip-hop— sería ridiculizarme a mí mismo.

Al mismo tiempo, sin embargo, como negro norteño y urbano, menospreciaba las culturas de las personas negras no urbanas, sobre todo las sureñas, de quienes ahora estaba rodeado. Medía su querida música *go-go* —que entonces era muy popular en D.C. y Virginia— en función de lo que yo consideraba el estándar de referencia de la música negra, el hip-hop de Queens, y la despreciaba como C. Delores Tucker despreciaba el hip-hop. Los chicos de Virginia no sabían cómo vestir. Odiaba su *Ebonics*. Creía que los jugadores de baloncesto eran suplentes a los que tenía que tratar con condescendencia, algo que me costó más de una situación incómoda con el equipo de baloncesto juvenil. Durante aquellos primeros meses en el Stonewall Jackson, iba por ahí con una arrogancia silenciosa. Sospecho que mis amigos potenciales escuchaban mis señales no verbales de esnobismo y con razón se mantenían alejados.

Cuando nos referimos a un grupo como blanco o negro u otra identidad racial —las personas sureñas negras en lugar de las personas sureñas—, estamos racializando a ese grupo. Cuando racializamos a un grupo y luego hacemos que la cultura de ese grupo sea inferior, estamos articulando el racismo cultural. Cuando defendía la cultura negra en mi mente, me refería a la cultura en un sentido general, no en un sentido específico, tal como entendía la raza en un sentido general, no en un sentido específico. Sabía que estaba mal decir que las personas negras eran inferiores a nivel cultural. Pero me apresuré a valorar culturas negras específicas practicadas por grupos raciales negros específicos. Juzgar la cultura que vi en Manassas en base a los estándares culturales de la Nueva York negra no era diferente a la Nueva York blanca juzgando a la Nueva York negra en base a los estándares culturales de la Nueva York blanca. No es diferente a los Estados Unidos blancos juzgando a los Estados Unidos latinos en base a los estándares culturales de los Estados Unidos blancos. No es diferente a Europa juzgando al resto del mundo en base a las normas culturales europeas, que es donde comenzó el problema, durante la llamada época de la Ilustración.

«Que toda práctica y sentimiento es bárbaro, pues no obedece a los usos de la Europa moderna, parece ser una máxima fundamental en muchos de nuestros críticos y filósofos», escribió el crítico filósofo de la Ilustración escocesa James Beattie en 1770. «Sus comentarios a menudo nos recuerdan la fábula del hombre y el león». En la fábula, un hombre y un león viajan juntos, discutiendo sobre quién es superior. Pasan junto a una estatua que muestra a un león estrangulado por un hombre. El hombre dice, «¡Mira ahí! Qué fuertes somos y cómo prevalecemos incluso sobre el rey de las bestias». El león responde: «Esta estatua fue hecha por uno de vosotros. Si los leones supiéramos erigir estatuas, verías al hombre colocado debajo de la pata del león». Quien establece el estándar cultural suele colocarse en la parte superior de la jerarquía.

«Todas las culturas deben ser valoradas en base a su propia historia, y todos los individuos y grupos en base a su historia cultural, y definitivamente no según el estándar arbitrario de ninguna cultura», escribió Ashley Montagu en 1942, expresando el relativismo cultural que es la esencia del antirracismo cultural. Ser antirracista es ver todas las culturas con todas sus diferencias en el mismo nivel, como iguales. Cuando vemos la diferencia cultural, estamos viendo la diferencia cultural —nada más, nada menos—.

Me llevó un tiempo. Meses de soledad —en realidad casi dos años, si hablamos de hacer amigos de verdad—. Poco a poco, pero con seguridad, empecé a respetar la cultura afroamericana del norte de Virginia. Poco a poco, pero con seguridad, bajé de las nubes de mi presunción culturalmente racista. Pero no pude superar mi inseguridad conductualmente racista.

COMPORTAMIENTO

RACISTA CONDUCTUAL: Alguien que hace a las personas responsables del comportamiento que se percibe de un grupo racial y hace a los grupos raciales responsables del comportamiento de las personas.

ANTIRRACISTA CONDUCTUAL: Alguien que considera ficticio el comportamiento del grupo racial y que considera real el comportamiento individual.

CON EL TIEMPO hice amigos, un grupo interracial que llegó justo cuando mi antiguo atuendo de «the Ave» resultó demasiado pequeño para mi cuerpo en crecimiento. Perdí la pureza de mi acento neoyorquino y mi lanzamiento exterior en el baloncesto, pero encontré amigos que vivían, respiraban y reían, como Chris, Maya, Jovan y Brandon.

Mi trabajo en clase no se recuperó. Nunca me había preocupado demasiado por las clases cuando estaba en Queens —me las saltaba en el John Bowne para jugar a las cartas en el comedor y dejaba de prestar atención a los profesores como si fueran anuncios malos, haciendo lo justo en clase para seguir casado con el baloncesto—. No estaba a la altura de mi potencial académico —como adolescente negro de los noventa, mis deficiencias no pasaron desapercibidas ni dejaron de ser juzgadas—. Los primeros que repararon en ello fueron los adultos que me rodeaban, de la generación de mis padres y de mis abuelos. Como documenta el jurista James

Forman Jr., la generación de los derechos civiles solía invocar a Martin Luther King Jr. para avergonzarnos. «¿Martin Luther King luchó con éxito contra gente como Bull Connor para que nosotros perdamos al final la pelea por los derechos civiles ante los miembros descarriados o dañinos de nuestra propia raza?», preguntó el fiscal de Washington, D.C., Eric Holder durante una celebración del cumpleaños de MLK en 1995. «Nos están costando la libertad a todos», le dijo Jesse Jackson a un grupo de reclusos de Alabama aquel año. «Pueden sobreponerse a esto si cambian», añadió. «Se los suplico. La madre de ustedes ya se los ha suplicado. El doctor King murió por ustedes».

El llamado «primer presidente negro» siguió el ejemplo. «No es racista que las personas blancas digan que no entienden por qué la gente tolera las pandillas en la esquina o en los barrios deprimidos o la venta de drogas en las escuelas o en la calle», dijo el presidente Clinton en 1995. «No es racista que las personas blancas digan que la cultura de la dependencia de la asistencia social, los embarazos fuera del matrimonio y la paternidad ausente no puede romperse con programas sociales, a menos que primero exista una mayor responsabilidad personal».

Las personas negras tenían que dejar de recurrir a «la carta de la raza» (*the race card*), la expresión que Peter Collier y David Horowitz usaron para denominar «la conversación sobre raza y racismo» en 1997. La cuestión era la irresponsabilidad personal.

Efectivamente, yo era un irresponsable en el instituto. Resulta lógico desde el antirracismo hablar de la irresponsabilidad personal de los individuos como yo de todas las razas. La cagué. Podría haber estudiado más. Pero algunos de mis amigos blancos podrían haber estudiado más también, y sus fracasos y su irresponsabilidad no mancillaron su raza de ninguna forma.

Mis problemas con la irresponsabilidad personal se vieron

agravados —o incluso tal vez causados— por los problemas adicionales que el racismo añadía a mi vida escolar, desde un largo historial de profesores racistas y poco motivados hasta unas escuelas atestadas, incluyendo los ataques racistas diarios que sufrían los chicos y chicas negros. No hay duda de que podría haber superado ese racismo y haber seguido adelante. Pero pedirle a cada persona negra no atlética que se convierta en un corredor olímpico y echarle la culpa cuando no es capaz de estar a la altura, es racista. Uno de los daños del racismo es la forma en la que cae sobre la persona negra común y corriente, a quien le pide que sea extraordinaria solo para sobrevivir —y, aún peor, el fracasado negro se enfrenta al abismo después de un solo error, mientras que el fracasado blanco recibe segundas oportunidades y empatía—. Esto no debería sorprendernos: uno de los valores fundamentales del racismo para las personas blancas es que hace factible el éxito incluso para personas blancas comunes y corrientes, mientras que el éxito, incluso el éxito moderado, suele reservarse para personas negras extraordinarias.

¿Cómo abordaríamos a mi yo joven, al alumno de C o D, en términos antirracistas? La verdad es que debería ser criticado como estudiante —No tenía motivación ni disciplina y me distraía—. En otras palabras, era un mal estudiante. Pero no se me debería criticar como estudiante negro. No representaba a mi raza más de lo que mis compañeros blancos irresponsables representaban a la suya. Corresponde a una lógica racista hablar de la responsabilidad personal como si fuera cosa de un grupo racial entero. El comportamiento de un grupo racial es fruto de la imaginación racista. Los comportamientos de las personas pueden dar forma al éxito de las personas. Pero las políticas determinan el éxito de los grupos. Y es el poder racista el que crea las políticas que provocan las desigualdades raciales.

Hacer a los individuos responsables del comportamiento percibido de los grupos raciales y hacer que grupos raciales enteros sean responsables del comportamiento de los individuos son las dos maneras en que el racismo conductual intoxica nuestra percepción del mundo. En otras palabras, cuando creemos que el aparente éxito o fracaso de un grupo racial redunda en cada uno de sus miembros individuales, hemos asumido una idea racista. Del mismo modo, cuando creemos que el aparente éxito o fracaso de un individuo redunda en todo un grupo, hemos asumido una idea racista. Estas dos ideas racistas eran moneda común en la década de 1990. Los estadounidenses progresistas —los que se autoidentificaban como «no racistas»— habían abandonado el racismo biológico a mediados de la década de 1990. Habían ido más allá: en su mayoría habían abandonado el racismo étnico, el racismo corporal y el racismo cultural. Pero todavía caían en el racismo conductual. Y llevaron su antorcha sin vacilar hasta la actualidad.

El mismo racismo conductual impulsó a muchos de los votantes de Trump, unos votantes a los que estos mismos progresistas «no racistas» se oponían a gritos en las elecciones de 2016. Ellos también atribuían cualidades a grupos enteros —eran votantes cuya elección política se correlacionaba con su creencia de que las personas negras son más groseras, más perezosas, más estúpidas y crueles que las blancas—. «La comunidad negra estadounidense [...] ha convertido las principales ciudades de Estados Unidos en zonas marginales debido a la pereza, el consumo de drogas y la promiscuidad sexual», decía el reverendo Jamie Johnson, director de un centro religioso en el Departamento de Seguridad Nacional de Trump, después de las elecciones. «Aunque a los líderes de los derechos civiles negros les gusta señalar a un sistema de justicia penal supuestamente racista para explicar por qué nuestras prisiones albergan a tantos hombres negros, ha sido obvio durante décadas que el verdadero culpable es el comportamiento negro», argumentaba Jason Riley en 2016.

Cada vez que alguien racializa el comportamiento

—describe algo como «comportamiento negro»— está expresando una idea racista. Ser antirracista es reconocer que no existe el comportamiento racial. Ser antirracista es reconocer que no existe el comportamiento negro, y mucho menos el comportamiento irresponsable de los negros. El comportamiento negro es tan ficticio como los genes negros. No hay «gen negro». Nadie ha establecido científicamente un solo «rasgo de comportamiento negro». Nunca se ha producido ninguna evidencia, por ejemplo, que demuestre que las personas negras son más fuertes, más irascibles, más agradables, más divertidas, más perezosas, menos puntuales, más inmorales, religiosas o dependientes; que las personas asiáticas son más sumisas; que las personas blancas son más codiciosas. Lo único que hay son historias de comportamiento individual. Pero las historias individuales son solo una prueba del comportamiento de los individuos. Así como la raza no existe biológicamente, la raza no existe de forma conductual.

Pero ¿y el argumento de que los grupos de personas negras en el sur, o asiático-americanas en el Chinatown de Nueva York, o las personas blancas de la periferia de Texas parecen comportarse de maneras que obedecen a prácticas culturales coherentes y definibles? El antirracismo significa separar la idea de una cultura de la idea del comportamiento. La cultura define una tradición grupal que un grupo racial en particular podría compartir, pero que no se comparte entre todos los individuos de ese grupo racial o entre todos los grupos raciales. El comportamiento define los rasgos humanos inherentes y el potencial que todo el mundo comparte. Los humanos son inteligentes y perezosos, incluso cuando la inteligencia y la pereza pueden aparecer de manera diferente en los grupos culturales racializados.

LOS RACISTAS CONDUCTUALES lo ven de manera diferente a los antirracistas, e incluso entre sí. En las décadas anteriores a la Guerra Civil, los racistas conductuales debatían sobre si era la libertad o la esclavitud lo que causaba un supuesto comportamiento mediocre en las personas negras. Para los teóricos de la esclavitud, las deficiencias de comportamiento de las personas negras provenían de la libertad, ya fuera en África o entre esclavos emancipados en Estados Unidos. En los estados que «mantuvieron la antigua relación» entre amos blancos y esclavitud negra, las personas negras «habían mejorado mucho en todos los aspectos: en cantidad, comodidad, inteligencia y moral», explicaba el secretario de Estado John C. Calhoun a un crítico británico en 1844. Esta postura esclavista se mantuvo después de la esclavitud. Las personas negras liberadas y «aisladas del espíritu de la sociedad blanca» —sus amos civilizadores— habían degenerado en el «tipo africano original», con rasgos de comportamiento que iban desde la hipersexualidad, la inmoralidad, la criminalidad y la pereza hasta la mala crianza de los hijos, sostenía Philip Alexander Bruce en su popular libro de 1889, *The Plantation Negro as a Freeman*.

En cambio, los abolicionistas, incluyendo a Benjamin Rush en 1773, argumentaban: «Todos los vicios de los que se acusa a las personas negras en las colonias del sur y del Caribe, como la ociosidad, la traición, el robo y otros, son la verdadera herencia de la esclavitud». Un año más tarde, Rush fundó la que sería la primera sociedad antiesclavista blanca del país. En el prefacio de la narrativa sobre la esclavitud de Frederick Douglass en 1845, el abolicionista William Lloyd Garrison declaraba que la esclavitud degradaba a las personas negras «en cuanto a humanidad [...]. Se ha hecho de todo para paralizar sus intelectos, oscurecer sus mentes, degradar su naturaleza moral, destruir todos los rastros de su relación con la humanidad».

Los abolicionistas —o, más bien, los asimilacionistas progresistas— invocaban lo que yo llamo la tesis de opresión-inferioridad. En sus bien intencionados esfuerzos por persuadir a los estadounidenses de los horrores de la opresión, los asimilacionistas sostenían que la opresión había degradado el comportamiento de las personas oprimidas.

Esta creencia se extendió hasta el período posterior a la esclavitud. En su discurso del encuentro inaugural de la *American Negro Academy* de Alexander Crummell en 1897, W. E. B. Du Bois anticipó que «el primer y mayor paso hacia el asentamiento de la actual fricción entre las razas [...] radica en la corrección de la inmoralidad, el crimen y la pereza entre las propias personas negras, que sigue siendo una herencia de la esclavitud». Este encuadre de la esclavitud como una fuerza desmoralizadora fue la contraparte de la visión de la esclavitud del historiador Jim Crow como una fuerza civilizadora. Ambas posturas llevaron a los estadounidenses hacia el racismo conductual: el comportamiento negro desmoralizado por la libertad —o el comportamiento de los negros libres desmoralizado por la esclavitud—.

La última expresión de la tesis de opresión-inferioridad se conoce como *post-traumatic slave syndrome*, o PTSS («síndrome postraumático de la esclavitud»). La «lucha interna» de las personas negras, el materialismo, la mala crianza, el colorismo, la actitud derrotista, la ira —estos comportamientos «disfuncionales» y «negativos» «así como muchos otros, están en gran parte relacionados con adaptaciones transgeneracionales asociadas con los traumas pasados de la esclavitud y la opresión actual», afirma la psicóloga Joy DeGruy en su libro de 2005, *Post Traumatic Slave Syndrome*—. (Algunas personas creen, en base a estudios engañosos, que estas adaptaciones transgeneracionales son genéticas).

DeGruy afirmaba que «muchos, muchísimos» afroamericanos sufren PTSS. Construyó esta teoría sobre pruebas anecdóticas y la modeló como el trastorno de estrés postraumático (TEPT, PTSD en inglés). Pero los estudios muestran que muchas, muchas personas que soportan ambientes traumáticos no contraen ese trastorno de estrés postraumático. Los investigadores han observado que entre los soldados que regresan de Irak y Afganistán, las tasas de TEPT oscilan entre el 13,5% y el 30%.

Los individuos negros, por supuesto, han sufrido un trauma por la esclavitud y la opresión continua. Algunas personas a lo largo de la historia han exhibido comportamientos negativos relacionados con este trauma. DeGruy es una heroína por introducir las construcciones de trauma, daño y sanación en nuestra comprensión de la vida negra. Pero hay una delgada línea entre un antirracista que dice que los individuos negros han sufrido traumas y un racista que dice que las personas negras son un pueblo traumatizado. Del mismo modo, hay una delgada línea entre un antirracista que dice que la esclavitud era debilitante y un racista que dice que las personas negras son un pueblo debilitado. Estas últimas construcciones borran franjas enteras de la historia, por ejemplo, la historia incluso de la primera generación de personas negras emancipadas, que se trasladaron directamente desde las plantaciones al ejército de la Unión, a la política, a la organización sindical, a las ligas de la Unión, al arte, al emprendimiento, a la construcción de clubes, de iglesias, de escuelas, de comunidades —unas construcciones que solían ser más arrasadas por la fiera mano del terrorismo racista que por cualquier mano autodestructiva derivada de deficiencias conductuales producto del trauma de la esclavitud—.

Cada vez más en el siglo XX, los investigadores sociales reemplazaron la esclavitud con la segregación y la discriminación como la mano opresiva que asolaba el comportamiento negro. Los psicoanalistas Abram Kardiner y Lionel Ovesey expresaban esta alarma en su libro de 1951, *The Mark of Oppression: A Psychosocial Study of the American Negro*. «No hay un rasgo de la personalidad del negro cuyo origen no se pueda rastrear a sus difíciles condiciones de vida», escribieron. «El resultado final es una vida interna miserable», una «autoestima» paralizada, un feroz «odio propio», «la convicción de no poder ser amado, la disminución de la afectividad y la hostilidad descontrolada». Ampliamente tomadas como hecho científico, estas grandes generalizaciones se basaron en las entrevistas de los autores con veinticinco sujetos.

COMO ADOLESCENTE NEGRO con problemas en los años noventa, me sentía asfixiado por la sensación de ser juzgado, sobre todo por aquellos que tenía más cerca: otras personas negras, especialmente las más mayores, que estaban preocupadas por toda mi generación. El juez negro de mi mente no dejaba lugar a los errores de los individuos negros —no solo tenía que lidiar con las consecuencias de mis fracasos personales, sino que también tenía la carga añadida de defraudar a toda la raza—. Nuestros errores eran generalizados como los errores de toda la raza. Parecía que las personas blancas tenían libertad para comportarse mal y cometer errores. Pero si nosotros fallábamos —o no conseguíamos ser el doble de buenos— entonces el juez negro dictaba una dura condena. Sin libertad condicional. No había término medio —o éramos los discípulos de King o unos delincuentes que destrozaban el sueño de King—.

Pero, por supuesto, aunque aquello podía ser cierto a un nivel social más amplio, los padres negros respondían como individuos. Mis propios padres aplicaban en privado unos términos medios experimentales para sus propios hijos. Yo no hacía sentir orgullosos a mamá y a papá. Pero no me trataron como a un delincuente ni me encerraron —ellos seguían intentándolo—. Cuando estaba en undécimo grado en el Stonewall Jackson, mis padres me animaron a apuntarme a clases de Bachillerato Internacional (IB), y aunque no tenía unas expectativas especialmente altas respecto a mí mismo, acepté el plan. Me adentré en el mojigato mundo del IB, rodeado de un mar de alumnos blancos y asiáticos. Este entorno solo consiguió intensificar mi odio por la escuela, aunque ahora fue por un motivo distinto. Me sentía encallado, salvo por las clases ocasionales con mi amiga Maya, una chica negra que estaba preparándose para el Spelman College. Ninguno de mis compañeros blancos y asiáticos venía a mi rescate. Raramente abría la boca o levantaba la mano, me moldeé en función de lo que creía que pensaban de mí. Me sentía como una persona que iba en un bote agujereado mientras ellos navegaban a mi lado de camino a sus sesiones de preparación de exámenes estandarizados, sus sueños con la Ivy League y las competiciones por los elogios de los profesores. Me veía a través de sus ojos: un impostor que merecía ser invisible. Mi naufragio en el supuesto mar de la inteligencia avanzada era inminente.

Internalizaba mis problemas académicos como indicadores de que había algún problema no solo en mi comportamiento, sino en el comportamiento negro en conjunto, ya que yo representaba a la raza, tanto para ellos —o lo que yo creía que pensaban— como para mí.

La denominada Nation's Report Card les decía lo mismo a los estadounidenses. Primero informaba de las puntuaciones en matemáticas de los estudiantes de octavo y cuarto curso en 1990, el año que entré en tercer grado. Los alumnos asiáticos de cuarto conseguían treinta y siete puntos, los blancos treinta y dos y los latinoamericanos veintiún puntos más que los alumnos negros de cuarto curso en el examen estandarizado de matemáticas. En 2017, las disparidades en las puntuaciones de las matemáticas de cuarto grado se habían reducido ligeramente. La «brecha de rendimiento» racial en lectura entre alumnos de cuarto grado blancos y negros también se redujo entre 1990 y 2017, pero creció entre los alumnos de duodécimo. En 2015, los estudiantes negros tenían puntuaciones más bajas en el SAT* que cualquier otro grupo racial.

Como estudiante de secundaria, creía que los exámenes estandarizados medían de forma efectiva la inteligencia y, por lo tanto, mis compañeros de clase blancos y asiáticos eran más inteligentes que yo. Pensaba que era tonto. Sin duda, necesitaba otra lección humillante sobre cómo King había muerto por mí.

HASTA MI ÚLTIMO año en la universidad no me di cuenta de que era tonto por pensar que era tonto. Estaba preparándome para mi último gran examen estandarizado, el Graduate Record Exam, o GRE. Había desembolsado ya unos 1,000 dólares por un curso de preparación, nutriendo la industria estadounidense de preparación de exámenes y clases particulares, que en 2014 alcanzaría los 12 mil millones de dólares y que se estima que llegará a los 17,5 mil millones en 2020. Los cursos y los profesores particulares se centran en comunidades asiáticas y blancas, que, como es de esperar, obtienen las puntuaciones más altas en los exámenes estandarizados. Mi curso de preparación del GRE, por ejemplo, no se impartía en mi campus tradicionalmente negro. Tuve que ir a un campus de una facultad tradicionalmente blanca en Tallahassee.

Estaba sentado y rodeado de alumnos blancos delante de una profesora blanca en la Universidad Estatal de Florida, un *flashback* de mi solitaria barca en el Stonewall Jackson. Me preguntaba por qué era el único estudiante negro de la clase, y me cuestionaba mi propio privilegio económico y el supuesto privilegio económico de mis compañeros. Imaginaba otro estrato de estudiantes, los que ni siquiera estaban en

* N. de la T.: Examen estandarizado que se emplea como filtro de admisión en las universidades estadounidenses. Se evalúan la lectura, las matemáticas y la escritura.

aquella clase, los que se podían pagar clases particulares con aquella profesora.

La profesora estimó que el curso aumentaría nuestra puntuación del GRE en doscientos puntos, algo a lo que al principio no hice mucho caso —me parecía una publicidad poco verosímil—. Pero con cada clase, la técnica en que se basaba la seguridad de la profesora fue más evidente. No estaba haciéndonos más inteligentes para que clavásemos el examen —estaba enseñándonos *cómo* hacer el examen—.

De camino a casa, después de salir de clase, solía parar en el gimnasio para hacer pesas. Cuando comencé a levantar pesas, asumí naturalmente que las personas que levantaban los pesos más pesados eran las personas más fuertes. Me equivocaba. Para levantar grandes pesos, era necesaria una combinación de fuerza y de método; lo primero se basaba en una capacidad, lo segundo en el acceso a la mejor información y formación. Los deportistas bien preparados y con una buena técnica levantaban pesos más pesados que los que pueden levantar personas con capacidades similares, o incluso mejor dotadas pero con una técnica más pobre.

Con el tiempo, este trayecto regular desde el curso de preparación del GRE hasta la sala de pesas consiguió que lo viera todo con claridad: la profesora no nos estaba haciendo más fuertes. Nos estaba dando la forma y la técnica para que supiéramos exactamente cómo cargar con el peso del examen.

Aquello reveló el engaño que reside en la esencia de los exámenes estandarizados —lo que los hacía injustos: estaba enseñando cómo realizar exámenes que supuestamente medían la fuerza intelectual—. Mis compañeros de clase y yo obtendríamos puntuaciones más altas —doscientos puntos, según lo prometido— que los estudiantes más pobres, que podrían ser iguales en fuerza intelectual pero no tenían los recursos o, en algunos casos, la toma de conciencia de conseguir una buena forma pagando unos caros cursos de preparación. Debido a la manera en que funciona la mente humana —el denominado «attribution effect» o «efecto de sobreatribución», que nos lleva a atribuirnos el mérito personal por cualquier éxito— aquellos que nos preparamos para el examen sacaríamos mayores puntuaciones y luego encontraríamos mejores oportunidades y pensaríamos que todo había sido cosa nuestra: pensaríamos que éramos mejores y más inteligentes que el resto y además tendríamos unas pruebas indiscutibles y cuantificables de ello. ¡Miren nuestras puntuaciones! Los consejeros de admisión y los profesores universitarios asumirían que estábamos más cualificados y nos admitirían en sus programas de posgrado (y, al mismo tiempo, ellos ascenderían en sus rankings institucionales). Y como estamos hablando de cifras objetivas y sin rasgos distintivos, nadie pensaría nunca que el racismo podría haber tenido algo que ver.

El uso de exámenes estandarizados para medir la aptitud y la inteligencia es una de las políticas racistas más efectivas que han sido concebidas para denigrar a las mentes negras y excluir legalmente a los cuerpos negros. Denigramos a las mentes negras cada vez que hablamos de una «brecha de rendimiento académico» basada en estos números. La aceptación de una brecha de rendimiento académico es simplemente el último método para reforzar la vieja idea racista: la inferioridad intelectual negra. La idea de una brecha de rendimiento significa que existe una disparidad en el rendimiento académico entre los grupos de estudiantes; queda implícito en esta idea que el rendimiento académico medido a través de instrumentos estadísticos como puntuaciones de exámenes y tasas de abandono escolar es la única forma de «rendimiento» académico. Existe una implicación aún más siniestra en el discurso de la brecha de rendimiento: que las disparidades en el rendimiento académico reflejan con precisión las disparidades en la inteligencia entre los grupos raciales. El intelecto es la piedra angular del comportamiento, y la idea racista de la brecha de rendimiento es la pieza clave del racismo conductual.

Recuerden que creer en una jerarquía racial significa creer en una idea racista. La idea de una brecha de rendimiento entre las razas —con las personas blancas y las asiáticas en la parte superior y las negras y las latinoamericanas en la inferior— crea una jerarquía racial: la implicación de que la brecha racial en las puntuaciones de los exámenes significa que el problema reside en los examinados negros y latinoamericanos, no en los exámenes. Desde el principio, el problema racial han sido los exámenes, y no las personas. Sé que es una idea difícil de aceptar —muchas personas bienintencionadas han intentado «solucionar» el problema de la brecha de rendimiento racial— pero en cuanto entendemos la historia y las políticas que hay detrás, resulta evidente.

La historia de la raza y los exámenes estandarizados empieza en 1869, cuando el estadístico inglés Francis Galton —un medio primo de Charles Darwin— postuló en *Hereditary Genius* que el «estándar intelectual medio de la raza negra está dos niveles por debajo del nuestro». Galton fue pionero de la eugenesia décadas después pero no consiguió un mecanismo de testeo que verificara su hipótesis racista. Ahí donde Galton fracasó, los franceses Alfred Binet y Theodore Simon triunfaron, cuando desarrollaron un test de CI en 1905 que el psicólogo de Stanford Lewis Terman revisó y aplicó a los estadounidenses en 1916. Estos test «experimentales» mostrarían «unas diferencias raciales de gran importancia en la inteligencia general, unas diferencias que no pueden borrarse mediante ningún esquema de cultura mental», dijo el eugenista en su libro de 1916, *The Measurement of Intelligence*.

El test de CI de Terman se aplicó por primera vez a gran escala con 1,7 millones de soldados estadounidenses durante la Primera Guerra Mundial. El psicólogo de Princeton Carl C. Brigham presentó la brecha racial en las puntuaciones de los soldados como prueba de una jerarquía genética racial en *A Study of American Intelligence*, publicado tres años antes de que creara el *Scholastic Aptitude Test*, o SAT, en 1926. Aptitud significa capacidad natural. Brigham, como otros eugenistas, creía que el SAT revelaría la capacidad intelectual natural de las personas blancas.

El físico William Shockley y el psicólogo Arthur Jensen llevaron estas ideas eugenésicas a la década de 1960. Para entonces, las explicaciones genéticas —si no los propios test y la propia brecha de rendimiento— habían sido desacreditadas en gran medida. Los segregacionistas, que culpaban a unos genes inferiores, habían sido aplastados en el debate racista sobre la causa de la brecha de rendimiento por los asimilacionistas, que culpaban a un entorno inferior.

Los asimilacionistas liberales cambiaron el discurso y aspiraron a «cerrar la brecha de rendimiento» impulsando las pruebas en los años noventa, cuando estalló la controversia de *The Bell Curve* en 1994 sobre si la brecha podía cerrarse. «Nos parece muy probable que tanto los genes como el entorno tengan algo que ver en las diferencias raciales» de los resultados de las pruebas, escribieron el psicólogo de Harvard Richard Herrnstein y el politólogo Charles Murray en *The Bell Curve*. La idea racista de una brecha de rendimiento ha perdurado en el nuevo milenio a través de la *No Child Left Behind Act* de George W. Bush y la *Race to the Top and Common Core* de Obama —unas iniciativas que intensificaron aún más el papel de las pruebas estandarizadas para determinar el éxito y el fracaso de los estudiantes y de las escuelas a las que asistían—. A través de estas iniciativas y muchas, muchas otras, los reformadores de la educación vendieron la idea de la «brecha de rendimiento» para conseguir atención y financiación para sus esfuerzos en pro de la igualdad.

Pero ¿y si durante todos estos años los esfuerzos bien intencionados para cerrar la brecha de rendimiento han estado abriendo la puerta a ideas racistas? ¿Y si los diferentes entornos conducen a diferentes tipos de logros en lugar de a diferentes niveles de logro? ¿Y si el intelecto de un niño negro de puntuación baja en una escuela negra pobre es diferente del intelecto de un niño blanco de puntuación alta y no inferior a él? ¿Y si medimos la inteligencia por lo bien informadas que están las personas sobre sus propios entornos? ¿Y si medimos el intelecto según el deseo de saber que tiene una persona? ¿Y si nos diéramos cuenta de que la mejor manera de garantizar un sistema educativo eficaz no es estandarizando nuestros planes de estudio y pruebas, sino estandarizando las oportunidades disponibles para todos los estudiantes?

En Pensilvania, un estudio reciente en todo el estado concluyó que, independientemente del nivel de pobreza, los distritos con una mayor proporción de estudiantes blancos reciben significativamente más fondos que los distritos con más estudiantes no blancos. La infrafinanciación crónica de las escuelas negras en Mississippi es una realidad que duele contemplar. Las escuelas carecen de suministros básicos, libros de texto básicos, alimentos saludables y agua. La falta de recursos conduce directamente a la disminución de las oportunidades de aprendizaje. En otras palabras, el problema racial es la brecha de oportunidades, como lo llaman los reformistas antirracistas, no la brecha de rendimiento.

DE VUELTA EN el instituto, esos últimos días de 1999 me parecían una eternidad. Allí sentado, me aburría durante el tiempo libre de mi clase de gobierno. Mientras mi mente deambulaba, mis ojos también lo hacían y se fijaron en Angela, sentada detrás de mí. De piel marrón, con pómulos altos y un carácter dulce, Angela parecía estar escribiendo muy concentrada.

—¿Qué haces? —le pregunté.

—Estoy escribiendo mi discurso —dijo con su sonrisa habitual, sin levantar la mirada de su texto.

—¿Un discurso para qué?

—Para el concurso MLK. ¿No lo conoces?

Negué con la cabeza y ella me lo contó todo sobre el concurso de oratoria Martin Luther King Jr. del condado de Prince William. Los participantes de Stonewall Jackson pronunciarían sus discursos dentro de dos días. El ganador de Stonewall iría a la competición del condado. Los tres mejores finalistas hablarían en la Hylton Chapel el día de MLK del año 2000.

Ella me animó a participar. Al principio me negué. Pero para cuando acabó de hablar conmigo, yo ya me había apuntado. El mensaje del concurso era «¿Cuál sería el mensaje del doctor King para el nuevo milenio?» y lo que se me ocurrió fueron todas las ideas racistas sobre el comportamiento de los jóvenes negros que circulaban en la década de 1990 y que, sin darme cuenta, había interiorizado profundamente. Empecé a redactar un mensaje anti-negro que habría llenado a King de indignación —menos parecido al propio King y más a los discursos moralizadores sobre King que escuchaba con tanta frecuencia por parte de los adultos de la generación de mis padres—. Ojalá hubiera pasado más tiempo escuchando a King en lugar de a todos los adultos que decían hablar por él. «Ya no tenemos que avergonzarnos de ser negros», me habría dicho King, como dijo en una concentración de personas negras en 1967. «Mientras la mente esté esclavizada, el cuerpo nunca podrá ser libre».

Mientras la mente piense que un grupo racial tiene algún tipo de problema en su conducta, la mente nunca podrá ser antirracista. Mientras la mente oprima a los oprimidos pensando que su entorno opresivo ha retrasado su comportamiento, la mente nunca podrá ser antirracista. Mientras la mente sea racista, la mente nunca podrá ser libre.

Ser antirracista es pensar que nada es conductualmente incorrecto o correcto —inferior o superior— respecto a un grupo racial. Cada vez que el antirracista ve a los individuos comportarse positiva o negativamente, el antirracista ve exactamente eso: individuos que se comportan positiva o negativamente, no representantes de razas enteras. Ser antirracista es desracializar el comportamiento, eliminar el estereotipo tatuado de cada cuerpo racializado. El comportamiento es algo propio de los humanos, no de las razas.

TERMINÉ UN BORRADOR del discurso aquella noche.

—¡Déjame escucharlo! —me pidió Angela emocionada al día siguiente, antes de nuestra clase de gobierno.

—¿Escuchar qué? —dije con timidez, dándome la vuelta, sabiendo perfectamente a qué se refería.

—¡Tu discurso! —sonrió—. Sé que lo tienes ahí. ¡Déjame escucharlo!

Sintiéndome obligado, recité mi discurso lentamente. Mi confianza crecía a medida que lo iba leyendo. Las ideas racistas sonaban tan bien, tan correctas. Así suele suceder con las ideas racistas. Cuando terminé, Angela estaba extasiada.

—¡Vas a ganar! ¡Vas a ganar! —canturreaba en voz baja cuando la clase empezó. Yo me volteaba y le decía que parara. Angela vio mi sonrisa y no paró.

No dormí mucho aquella noche. Entre afinar mi discurso y calmar mis nervios y miedos, tenía demasiadas cosas en la cabeza. Finalmente caí en un sueño profundo, tan profundo que no oí la alarma. Cuando desperté, me di cuenta de que me había perdido el concurso. Molesto pero también aliviado, fui a la escuela.

Angela estuvo esperándome en el concurso toda la mañana. Después de que el último participante hablara con los jueces de Stonewall, Angela les pidió que se reunieran de nuevo cuando llegara a la escuela y no aceptó un no por respuesta —igual que no había aceptado un no como respuesta de mí—.

Y por supuesto, cuando llegué a la escuela los jueces se volvieron a reunir por mí. Cuando supe todo lo que Angela había hecho, una oleada de gratitud arrasó con mis miedos y mis nervios. Estaba decidido a dar el discurso de mi vida. Y lo hice. Gané, con ideas racistas y todo.

GANAR EMPEZÓ A deshacer la vergüenza que sentía de mí mismo y de mi raza respecto a mis dificultades académicas. El juez negro estaba orgulloso de mí. Estaba más que orgulloso de mí mismo. Pero mi inseguridad racista comenzó a transformarse en una vanidad racista. La transformación ya había comenzado cuando decidí asistir a la Universidad A&M de Florida. «Me parecía lo correcto», le decía a la gente. No le dije a nadie ni a mí mismo por qué esta universidad históricamente negra me parecía lo correcto.

En mi visita durante el verano de 1999, todo el mundo hablaba de la A&M de Florida como la mayor y mejor HBCU —institutos y universidades tradicionalmente negros— de la zona. La revista *Time* y *The Princeton Review* la habían nombrado «College of the Year» en 1997. Por segunda vez en tres años, la A&M de Florida había superado a Harvard en su reclutamiento de *National Achievement Scholars* (los mejores alumnos de institutos negros). El presidente Frederick S. Humphries, casi dos metros de puro carisma, había reclutado personalmente a muchos de esos estudiantes, mientras convertía su universidad en la mayor HBCU del país.

Siempre que decimos que algo nos parece lo correcto o no nos parece bien, estamos evadiendo las ideas más profundas, y tal vez escondidas, que inspiran nuestros sentimientos. Pero en esos lugares escondidos encontramos lo que pensamos de verdad si tuviéramos el valor de enfrentar nuestras propias verdades desnudas. No miré en mi interior para averiguar por qué la A&M de Florida me parecía lo correcto —una razón más allá de mi deseo de rodearme de la excelencia negra—. La verdad es que quería huir de las personas negras con mal comportamiento.

La A&M de Florida se convirtió para mí en la mejor de las negritudes, sí. Nunca podría haber imaginado el cautivador sonido de la negritud en su máxima expresión. Dos semanas después de llegar al campus, lo escuché en todo su esplendor.

COLOR

COLORISMO: Una poderosa colección de políticas racistas que producen desigualdades entre las personas claras y las personas oscuras, basadas en ideas racistas sobre las personas claras y oscuras.

ANTIRRACISMO DE COLOR: Una poderosa colección de políticas antirracistas que producen igualdad entre las personas claras y las personas oscuras, basadas en ideas antirracistas sobre las personas claras y oscuras.

Mi voz chirriaba como una escalera vieja. Mis brazos se agitaban aletargados mientras me encontraba en lo alto de la más alta de las siete colinas de Tallahassee, Florida. No estaba cansado de trepar aquel día de septiembre del año 2000. Llevaba unas pocas semanas en el campus y el espíritu universitario se había apoderado de mí y me había dejado exhausto, al igual que a los miles de personas que tenía a mi alrededor —mis compañeros de los equipos deportivos, los Rattlers (literalmente, «serpientes de cascabel»), de la Universidad A&M de Florida—. Llamábamos a nuestra universidad FAMU, pronunciada como «family», FAM-YOU.

Volví a mirar el marcador de fútbol americano del Bragg Stadium. FAMU 39. MORGAN STATE 7. Pero no tenía tiempo para descansar mis cansados brazos y mis gritos. La media parte se acercaba.

Debería haberme guardado algo de energía, pero como novato, no conocía nada mejor. Nunca había visto una actuación de los *Marching 100*, el gran orgullo de la FAMU, sin duda, la banda de música con más éxito de la historia y, desde luego, la banda de música más imitada sobre la tierra. No estoy siendo objetivo, pero basta con que vean mis recibos. William P. Foster se había jubilado después de cincuenta y dos años de crear lo que el *Sports Illustrated* había llamado «la mejor banda de música universitaria del país». Los miembros de la banda de la FAMU subieron al escenario de los premios *Grammy* en 2006. Pero nada comparado con aquella *Super Bowl* de 2007, cuando alardeaba sin cesar y bailaba de forma espantosa mientras mis amigos y yo veíamos a los Marching 100 tocar para Prince.

De vuelta en el año 2000, sin embargo, los Marching 100 me desconcertaron cuando los vi por primera vez en el primer cuarto. Vestidos de invierno, con uniformes de pantalones gruesos y manga larga en colores naranja, verde y blanco, adornados con capas y sombreros altísimos, sentía calor viéndolos achicharrarse bajo el sol de Florida. Aguantaron el bochorno como se aguantan las sesiones de improvisación entre actuaciones. Pero nada me había preparado para lo que iba a ver en la media parte.

Mi compañero de piso, Clarence, estaba a mi lado. Clarence y yo habíamos llegado a la FAMU desde lugares diferentes, desde senderos distintos que confluyeron en una amistad. Él, un titán académico de Birmingham, Alabama. Yo, un peón académico del norte. Mis ideas, atrevidas y desatadas, complementaban sus análisis metódicos. Mi confusa percepción de mí mismo, al igual que mi confuso sentido de la orientación, abrazaron su lucidez. Clarence consideraba la FAMU una pequeña parada en un recorrido que apuntaba a una buena facultad de Derecho, al derecho corporativo y a la riqueza. Yo consideraba a la FAMU una comuna negra inclusiva para explorar y encontrarme a mí mismo. Mis exploraciones divertían a Clarence. Pero nada le divertía tanto como mis ojos.

La piel color avellana de Clarence combinaba con sus ojos, cuyo color es poco frecuente en cualquier parte del mundo, pero que suele encontrarse más comúnmente en personas con ascendencia del sur y del este de Europa, no en afroamericanos. Cuando vi sus ojos claros por primera vez, asumí que eran de mentira. Resultó que no, que sus genes le habían dado lo que yo tenía que comprar.

Antes de llegar a la FAMU, había empezado a llevar lentillas color «miel», u «ojos naranjas», como las llamaban mis amigos. Mis lentillas de color no pasaban desapercibidas en mí. Las lentillas castañas eran tal vez las lentillas de color más populares entre las personas negras, pero yo escogí un tono aún más claro. Me parecía bien jugar con mi color de ojos. Conocía a algunas personas negras que llevaban lentillas azules o verdes, algo que me parecía lamentable. Me daba la impresión de que estaban intentando parecer blancos —no como yo—.

Por encima de mis ojos naranjas, Clarence no veía un corte de pelo apurado, a veces más corto en la parte de atrás y los lados, aplastando con un cepillo todo el rato los rizos que intentaban resurgir y marcarse con total libertad antes del siguiente corte de pelo tipo *killah*. Empecé a hacerme trenzas africanas en la facultad, retorciéndolas en pequeños mechones, o dejando que los rizos se extendieran, sin apenas preocuparme de que los racistas consideraran estos peinados el poco profesional uniforme de los delincuentes. Mis trenzas manifestaban una idea antirracista. Mis ojos color miel, una claudicación ante la asimilación. Juntos, entrelazaban las ideas asimilacionistas y antirracistas de mi conciencia enfrentada.

¿Creía que mis ojos color miel significaban que estaba intentando ser blanco? En absoluto. Simplemente estaba perfeccionando una versión más bonita de mí mismo, que es la explicación, según distintos estudios, de la mayoría de los compradores de lentillas artificiales y de ciertos tonos de piel o rasgos capilares o faciales. Nunca me hice la pregunta antirracista. ¿Por qué? ¿Por qué pensaba que los ojos más claros eran más atractivos en mí? ¿Qué quería de verdad?

Quería ser negro, pero no quería parecer negro. Admiraba el nuevo ideal de belleza post-racial, producto del antiguo ideal de belleza blanco. Aclarar el color de los ojos. Acabar con los rizos. Aclarar el color de la piel. Afinar o engrosar rasgos faciales. Todo ello para alcanzar un ideal que no considerábamos blanco. Este ideal de belleza post-racial es el blanqueamiento: una raza de piel y ojos más claros, de pelo más liso, de narices más delgadas y de labios y glúteos semigruesos, percibidos como birraciales o racialmente ambiguos.

La conciencia enfrentada del orgullo antirracista en la propia raza y el deseo asimilacionista de ser otra raza provoca este paradójico ideal de belleza post-racial. «Es al mismo tiempo inclusivo, multicultural y nuevo, sin dejar de ser exclusivo, eurocéntrico, y [...] anticuado». Es «belleza blanca con un embalaje nuevo de pelo oscuro», explica la socióloga Margaret Hunter.

No tenía ni idea de que mis ojos claros encarnaban la última forma de «colorismo», un término acuñado por la novelista Alice Walker en 1983. El ideal de belleza post-racial oculta el colorismo, lo esconde con un eufemismo. El colorismo es una forma de racismo. Para reconocer el colorismo, primero debemos reconocer que las personas claras y las personas oscuras son dos grupos racializados distintos moldeados por sus propias historias. Las personas oscuras —el grupo racial no identificado de pieles más oscuras, pelo rizado, narices y labios más gruesos— abarcan muchas razas, etnias y nacionalidades. Las personas claras a veces pasan por blancas y pueden ser aceptadas dentro de la blanquitud para que las personas blancas sigan siendo mayoría en países como Estados Unidos, donde las tendencias demográficas amenazan con relegarlas a la condición de minoría. Algunos reformadores proyectan a la gente clara como la clave birracial para la armonía racial, una encarnación de un futuro post-racial.

El colorismo es una colección de políticas racistas que provocan desigualdades entre las personas claras y las oscuras, y estas desigualdades se fundamentan en ideas racistas sobre las personas claras y las oscuras. El colorismo, como todas las formas de racismo, racionaliza las desigualdades con ideas racistas, alegando que las desigualdades entre la gente oscura y la gente clara no se deben a las políticas racistas, sino que se basan en lo que falla y lo que funciona en cada grupo de personas. Las ideas coloristas también son ideas asimilacionistas, que fomentan la asimilación —o la transformación en algo próximo a ello— en el cuerpo blanco.

Ser antirracista es fijarse tanto en las fronteras de color como en las fronteras raciales, sabiendo que las fronteras de color son especialmente dañinas para las personas oscuras. Cuando los beneficios de una raza multicolor recaen desproporcionadamente en las personas claras y las pérdidas las asumen desproporcionadamente las personas oscuras, las desigualdades entre las razas reflejan las desigualdades dentro de las razas. Pero debido a que las desigualdades entre las razas eclipsan las desigualdades dentro de las razas, la gente oscura a menudo no ve el colorismo porque lo experimentan de forma regular. Por lo tanto, las personas oscuras rara vez protestan por las políticas que benefician a las personas claras, una «paradoja del color de la piel», como lo denominaron las politólogas Jennifer L. Hochschild y Vesla Weaver.

El colorismo anti-oscuro sigue la lógica del racismo conductual, vinculando el comportamiento con el color, como muestran los estudios. Los niños blancos atribuyen la positividad a la piel más clara y la negatividad a la piel oscura, un colorismo que se hace más fuerte a medida que envejecen. Las personas blancas suelen favorecer a los políticos de piel más clara frente a los de piel más oscura. Los afroamericanos oscuros corren un riesgo de hipertensión desproporcionado.

Los estudiantes afroamericanos oscuros presentan unas notas medias significativamente más bajas que los estudiantes claros. Tal vez porque los estadounidenses racistas tienen mayores expectativas para los estudiantes claros, la gente tiende a recordar a los hombres negros educados como de piel clara, incluso cuando su piel es oscura. ¿Es por eso que los empleadores prefieren a los hombres negros claros antes que a los hombres negros oscuros independientemente de las calificaciones? Incluso los hombres filipinos oscuros tienen ingresos más bajos que sus pares más claros en Estados Unidos. Los inmigrantes oscuros en los Estados Unidos, sin importar su lugar de origen, tienden a tener menos riquezas e ingresos que los inmigrantes claros. Cuando llegan, las personas latinoamericanas claras reciben salarios más altos, y las personas latinoamericanas oscuras son más propensas a ser empleadas en sitios de trabajo étnicamente homogéneos.

Los hijos oscuros y las hijas claras reciben una crianza de mayor calidad que los hijos claros y las hijas oscuras. El color de la piel influye en las percepciones de atractivo con mayor frecuencia en el caso de las mujeres negras. Un tono de la piel más claro aumenta los niveles de autoestima entre las mujeres negras, especialmente entre las mujeres negras de ingresos bajos y medios.

Los afroamericanos oscuros reciben las penas de prisión más duras y pasan más tiempo entre rejas. Los delincuentes masculinos blancos con rasgos faciales africanos reciben sentencias más duras que sus pares europeos. Las alumnas oscuras tienen casi el doble de probabilidades de ser suspendidas que las estudiantes blancas, mientras que los investigadores no han observado disparidad entre las alumnas claras y las blancas. Las desigualdades entre los afroamericanos claros y oscuros pueden ser tan amplias como las desigualdades entre los estadounidenses negros y los blancos.

. . .

PASÓ EL SEGUNDO cuarto. Contemplé cómo la serpiente de cascabel más larga y colorida del mundo se desenroscaba. Los Marching 100 tendrían que haberse llamado los Marching 400. Cientos de miembros de la banda se adentraban poco a poco en el campo, uno detrás de otro, en filas de instrumentos, con un paso rítmico. Las filas se colocaron detrás del equipo de la FAMU, en nuestro lado del campo, por el otro lado del campo, detrás del equipo de la Morgan State, y en las zonas de anotación. Los colores de las filas decoraban el campo verde como si fueran pinceladas de pintura en un lienzo. El color de piel no importaba en esta procesión. Nunca debería haber importado.

Observé las diseminadas filas de platillos, trompetas, trombones, saxofones, clarinetes, trompas, flautas y tubas enormes. Los instrumentos se balanceaban rítmicamente al mismo tiempo que los cuerpos. La primera mitad del partido acabó. Los jugadores corrieron a través de las filas de la banda y abandonaron el campo. En vez de salir precipitadamente rumbo a los puestos de comida, la gente se quedó en sus asientos, a la espera.

A algunos estudiantes masculinos no les interesaba ver la primera actuación de la temporada de los Marching 100 y, en vez de eso, merodeaban por el vestíbulo, en la sombra, o fuera del estadio, en busca de alguna amiga nueva, por si conseguían tener algo más de acción que la del partido. Si se parecían a mis amigos, las mujeres claras serían sus favoritas, y se reflejaba en las palabras que soltaban. A las mujeres oscuras las llamaban «negras feas» («Ugly-Black»). «Pelo estropajo» («Nappy-headed»). Pero el pelo liso y largo era «pelo bonito».

«Es graciosa... para ser oscura», era lo mejor que algunos de ellos podían dedicarles a las mujeres de piel oscura. Incluso los hombres gais oscuros lo escuchaban: «No suelo salir con hombres oscuros, pero...».

La primera chica con la que salí en la FAMU era más clara que yo, con una piel casi de color caramelo. El pelo liso le caía por su menudo cuerpo. Me gustaba (¿o tal vez me gustaba porque yo le gustaba?). Pero no me gustaba cómo mis amigos la adulaban e ignoraban a su compañera de cuarto y mejor amiga más oscura. Cuanto más ignoraban o denigraban mis amigos a la chica oscura, peor me sentía por que me gustara la chica clara. Tras unos pocos meses, me harté. Corté de repente con la chica clara. Mis amigos pensaron que me había vuelto loco. Hasta la fecha, consideran a la chica clara la mujer más guapa con quien salí en la FAMU. Después de ella, dicen, fui cuesta abajo hasta caer en el abismo de la oscuridad.

Tienen razón en lo de la oscuridad —si no en el abismo—. Aquella primera novia clara de la universidad acabó siendo la última de la FAMU. Me juré que solo saldría con mujeres oscuras. Mi amigo Terrell, de piel clara, era el único que no pensaba que me había vuelto loco. Él también prefería a las mujeres oscuras. Despreciaba a las demás —y también a todos aquellos que no preferían a las mujeres oscuras—. Apenas era consciente de mi propia hipocresía racista: había revertido la jerarquía de color, pero la jerarquía de color seguía ahí. Las personas oscuras despreciaban y alejaban a las personas claras con nombretes: *light bright*, *high yellow*, *redbone*. «Nunca eres suficientemente negra», le dijo una vez una mujer clara a Oprah acerca de su sensación de rechazo. Las personas claras comunican constantemente su esfuerzo por integrarse con las personas oscuras, por demostrar su negritud ante las personas oscuras, como si las personas oscuras fueran el juez y el estándar de la negritud. La ironía es que muchas personas oscuras —todavía en el año 2000— se creen el juez y el estándar de la negritud, y al mismo tiempo aspiran dócilmente al estándar de la claridad o la blanquitud.

Las personas blancas y las oscuras rechazan y envidian a las personas claras. Las personas blancas han solido guiarse por la regla de una gota —que establece que una sola gota de sangre negra te hace negro— para excluir a las personas claras de la blanquitud pura. Las personas oscuras siguen la regla de las dos gotas, como yo la llamo —dos gotas de sangre blanca te hacen menos negro— para excluir a las personas claras de la negritud pura. Las personas claras siguen la regla de las tres gotas, como yo la llamo —tres gotas de sangre negra significan que eres demasiado oscuro— para excluir a las personas oscuras de la claridad pura. Las reglas de las «gotas» de la pureza racial son espejismos, como las propias razas y la idea de sangre racial. Ningún grupo racial es puro.

Cuando la gente ve mi piel de color chocolate, mi nariz ancha, mis labios gruesos y el pelo largo que trencé durante mi primer año en la FAMU, cuando me quité las lentillas naranjas de una vez por todas, no ven a un hombre birracial. No ven a mi tatarabuelo blanco.

No he heredado nada de este hombre blanco salvo el hecho de que dejó embarazada a mi tatarabuela, que le dio una niña clara llamada Eliza en 1875. En la década de 1890, Eliza se casó con Lewis, de piel oscura, que acababa de llegar a Guyton, Georgia, desde Sylvania, Virginia Occidental. En 1920, tuvieron a mi abuelo Alvin. Eliza, Alvin y mamá, todos ellos de piel clara, todos se casaron con personas de piel oscura.

¿Una atracción ancestral hacia las personas oscuras? Una ilusión para exonerar mi colorismo anti–claro. Tenía intenciones antirracistas, sin tener en cuenta que el carro del racismo nos puede llevar muy lejos con las intenciones correctas. Ser antirracista no es revertir el estándar de belleza. Ser antirracista es eliminar cualquier estándar de belleza basado en el color de la piel y los ojos, la textura del cabello, las características faciales y corporales compartidas por los grupos. Ser antirracista es diversificar nuestros estándares de belleza como nuestros estándares de cultura o inteligencia, ver la belleza por igual en todos los colores de la piel, en las narices anchas y las delgadas, en el pelo liso y el rizado, en los ojos claros y los oscuros. Ser antirracista es construir y vivir en una cultura de belleza que acentúe en lugar de borrar nuestra belleza natural.

• • •

«PORQUE ES BIEN sabido», atestiguaba el misionero anglicano Morgan Godwyn en un panfleto antiesclavista en 1680, «que el negro [...] alberga tan altos pensamientos de sí mismo y de su tez como lo hacen nuestros europeos». Johann Joachim Winckelmann, el llamado «padre» de la historia del arte occidental, se esforzó, como sus compañeros intelectuales de la Ilustración, por derribar los altos pensamientos de mis antepasados. Los africanos deben aceptar la «concepción correcta» de la belleza, exigía Winckelmann en *Historia del arte de la Antigüedad* en 1764. «Un cuerpo hermoso será aún más hermoso cuanto más blanco sea».

La filosofía del esclavista desarrollaba esto aún más: un cuerpo será aún más superior cuanto más blanco sea —un cuerpo esclavizado estará más cerca del esclavista cuanto más blanco sea—. Los grandes propietarios de esclavos solían emplear más a menudo a gente clara en las casas y a gente oscura en los campos, razonando que las personas claras eran adecuadas para las tareas cualificadas y las personas oscuras para las tareas más exigentes físicamente. Un cuerpo será aún más animal cuanto más oscuro sea. Los esclavistas crearon una jerarquía que descendía de las personas blancas fuertes intelectualmente, pasando por las personas claras, luego las oscuras hasta llegar al animal fuerte físicamente. «La ferocidad y la estupidez son las características de aquellas tribus en las que los peculiares rasgos negros se encuentran más desarrollados», decía un escritor.

El padre del colorismo en Estados Unidos es Samuel Stanhope Smith, un teólogo veterano que enseñó en la Universidad de Princeton y luego la presidió en los primeros años de la nación. A principios de 1787, el joven profesor de Princeton pronunció el discurso anual ante el grupo académico más distinguido de la nueva nación, la American Philosophical Society. Habló ante los hombres blancos que habían escrito la Constitución de Estados Unidos aquel año, comprometiéndose a usar «la luz genuina de la verdad». La luz racista de Smith: «los sirvientes domésticos [...] que permanecen cerca de las personas [blancas]» han «avanzado mucho más que los demás en la adquisición de las características regulares y agradables». Dado que los «esclavos del campo» viven «lejos de [...] sus superiores», sus cuerpos «están, en general, mal formados», y su pelo rizado es «el que más alejado está de las leyes ordinarias de la naturaleza». En un libro de 1850, Peter Browne se apoyó en su inigualable colección de cabello humano para clasificar el «pelo» de las personas blancas y la «lana» de las personas negras, para jurar: «El pelo del hombre blanco es más perfecto que el del negro».

Algunos esclavistas consideraban a la gente oscura más perfecta que la llamada mula humana, o persona mulata. El «híbrido» birracial es «una descendencia degenerada y antinatural, condenada por la naturaleza a encontrar su propia destrucción», escribió el médico de Alabama Josiah Nott en el *Boston Medical and Surgical Journal* en 1843.

Las ideas racistas públicas de los esclavistas a veces chocaban con sus ideas racistas privadas, que solían describir a las mujeres claras como más inteligentes, amables, gentiles y bellas que las mujeres oscuras. Los esclavistas pagaban mucho más por las esclavas hembras claras que por sus iguales oscuras. Desde mucho antes de que Estados Unidos existiera hasta mucho después de que la esclavitud fuera abolida en el país, los hombres blancos presentan a estas «muchachas claras» («*yaller gals*») y «Jezabeles» como seductoras, incapaces de admitir los siglos de violaciones, tanto las fallidas como las consumadas.

Algunos abolicionistas definían a la gente clara como «mulatos trágicos», recluidos por su «única gota» de «sangre negra». En el *bestseller* de Harriet Beecher Stowe de 1852, *La cabaña del tío Tom*, los únicos cuatro fugitivos son los únicos cuatro prisioneros birraciales. Stowe contrasta el fugitivo birracial George, «de rasgos europeos finos y un espíritu elevado e indomable», con un dócil «negro completo» llamado Tom. «Los hijos de padres blancos [...] no siempre serán comprados, vendidos o intercambiados», dice el propietario de Tom.

Los hijos liberados de padres blancos siempre serán «más propensos a alistarse bajo las banderas de los blancos», sostenía el editor del *Charleston Times* Edwin Clifford Holland en 1822. Tal vez Holland tenía en mente a la *Brown Fellowship Society*, una organización de ayuda mutua birracial dedicada a la «Pureza Social» en Charleston. O tal vez, preveía las barberías exclusivamente blancas y claras, propiedad de la gente clara en Washington, D.C., antes de la Guerra Civil.

Cuando la emancipación en 1865 le dio la libertad a todas las personas negras, las comunidades blancas construyeron muros más altos de segregación para mantener a las personas negras fuera. Las comunidades claras también construyeron muros más altos de segregación para mantener a la gente oscura fuera. Para mantener el privilegio de la claridad, la gente clara segregada segregaba aún más a sus hermanos y hermanas oscuros, preservando las disparidades raciales previas a la guerra entre las personas claras y las oscuras. Después de la esclavitud, las personas claras eran más ricas que las personas oscuras y más propensas a tener trabajos bien remunerados y obtener una educación.

A finales del siglo XIX, docenas de ciudades tenían sociedades «*Blue Vein*», que excluían a la gente oscura «no lo suficientemente blanca como para mostrar venas azules», como escribió Charles Chesnutt en un cuento de 1898. Las personas claras empleaban la prueba de la bolsa de papel marrón, la prueba del lápiz, la prueba de la puerta y la prueba del peine para alejar a la gente oscura de sus iglesias, negocios, fiestas, organizaciones, escuelas y HBCU.

Pero estos segregadores a su vez eran segregados de la blanquitud. En 1896, el zapatero Homer Plessy —del caso *Plessy v. Ferguson*, que consideraba constitucional «las instalaciones iguales pero separadas»— provenía de una orgullosa comunidad clara en Nueva Orleans. Pero el profesor de Mississippi Charles Carroll consideraba que las relaciones interraciales del humano blanco y la «bestia» negra eran el más diabólico de todos los pecados. Naturalmente, los rebeldes hombres claros estaban violando a las mujeres blancas, lo que llevaba a linchamientos, advertía Carroll en su libro de 1900, *The Negro a Beast*. En 1901, el presidente de la Universidad Estatal de Carolina del Norte, George T. Winston, no estaba de acuerdo, afirmando que la gente oscura cometía «crímenes más horribles». El sociólogo Edward Byron Reuter se sumó a la postura de Winston, declarando que las personas birraciales eran responsables de todos los logros negros, en su libro de 1918, *The Mulatto in the United States*. Reuter convirtió a la gente clara en una especie de clase media racial, por debajo de la gente blanca y por encima de la gente oscura.

Reuter defendía a la gente clara de la ira de los eugenistas que exigían «pureza racial» y de la gente oscura que desafiaba su colorismo. En los últimos días de 1920, el famoso nieto de un hombre birracial estaba harto de los activistas oscuros, sobre todo de Marcus Garvey y su *Universal Negro Improvement Association*, que crecía rápidamente. «Las personas negras estadounidenses no reconocen ninguna frontera de color dentro o fuera de la raza, y acabarán castigando al hombre que intente establecerla», declaraba W. E. B. Du Bois en *The Crisis*. Esto, viniendo de alguien que probablemente había oído la rima que solían hacer los niños negros: «If you're white, you're right / If you're yellow, you're mellow / If you're brown, stick around / If you're black, get back»*. Esto, viniendo de alguien que en su propio ensayo «Talented Tenth» en 1903

---

* N. de la T.: «Si eres blanco, tienes razón / Si eres amarillo, eres un blando / Si eres marrón, quédate cerca / Si eres negro, lárgate», traducción literal.

había enumerado a veintiún líderes negros, a todos menos uno, que era birracial. Esto, viniendo de alguien que había oído a las personas claras decir una y otra vez que las masas oscuras necesitaban «una correcta higiene», como expresó la educadora de Carolina del Norte Charlotte Hawkins Brown, que se enorgullecía de su ascendencia inglesa.

La declaración de Du Bois de unos Estados Unidos negros post-color después de las elecciones presidenciales de Warren G. Harding en 1920 estaba tan desfasada como la declaración de John McWhorter de unos Estados Unidos post-raciales después de las elecciones presidenciales de Barack Obama en 2008. Las políticas racistas o la inferioridad negra explican por qué las personas blancas son más ricas, poderosas y están más sanas que las personas negras de hoy en día. Las políticas racistas o la inferioridad oscura explicaban por qué las personas claras eran más ricas, poderosas y estaban más sanas que la gente oscura en 1920. Du Bois rechazaba la existencia del colorismo, afirmando que había sido «absolutamente repudiado por cada persona negra pensante».

Du Bois había cambiado su forma de pensar en la década de 1930, acercándose al deportado Garvey. Reemplazó a Garvey como el principal crítico antirracista de la NAACP, que inicialmente eludió la defensa de las personas oscuras y los pobres Scottsboro Boys, que habían sido falsamente acusados de violar a dos mujeres blancas de Alabama en 1931. Du Bois no podía soportar al nuevo secretario ejecutivo de la NAACP, Walter White. El hijo rubio de ojos azules de padres birraciales había abogado por la asimilación y al parecer creía que las personas negras «no mezcladas» eran «ahora inferiores, infinitamente inferiores». En *The Crisis* en 1934, meses antes de dejar la NAACP, Du Bois declaró: «Walter White es blanco».

Los empresarios trabajaban duro para encontrar una manera de que las personas negras, cambiando su color y su cabello, pasaran como claras o blancas, como lo había hecho

Walter White en sus primeras investigaciones sobre los linchamientos. La posguerra de la Primera Guerra Mundial trajo la fiebre del *conk* —la forma abreviada del gel alisador llamado *congolene*—, permitiendo que tanto hombres como mujeres negros se alisaran el pelo para ir a la moda. «Me había unido a esa multitud de hombres y mujeres negros en Estados Unidos» tratando de «verme "guapo" según los estándares blancos», recordaba Malcolm X después de llevar su primer *conk* cuando era adolescente. Los productos para aclarar la piel recibieron un impulso después del descubrimiento en 1938 de que el monobencil éter de hidroquinona (HQ) o monobenzona aclaraba la piel oscura.

A principios de la década de 1970, los activistas del Poder negro inspirados por Malcolm X y Angela Davis —incluidos mis padres— estaban liberando sus rizos. Basta ya de cortes *killah*. No más pelo liso para las mujeres negras. Cuanto más alto, mejor. Pocos hombres tenían un afro más alto que mi padre. La gente oscura como mi padre lo decía en voz alta: «Soy oscuro y estoy orgulloso».

ALGUNAS PERSONAS OSCURAS se enorgullecían demasiado de la oscuridad, invirtiendo la jerarquía de color como lo hice yo en la FAMU, desplegando la regla de las dos gotas para negar la negritud de las personas claras, incluso cuando adoraban a personas claras como Malcolm X, Angela Davis, Huey P. Newton y Kathleen Cleaver. Y, finalmente, el ideal claro volvió con una venganza, si es que alguna vez se había ido. En su película de 1988 *School Daze*, Spike Lee satirizaba sus experiencias a finales de la década de 1970 en el tradicionalmente negro Morehouse College como una batalla entre los «*jigaboos*» de piel oscura y los «*wannabes*» de piel clara. Mi padre fue cortando poco a poco su afro a lo largo de los años, y mi madre se había alisado los rizos para cuando yo nací.

En la década de 1980, los niños claros eran adoptados primero, tenían ingresos más altos y eran menos propensos a quedar atrapados en viviendas públicas y prisiones. «Cuanto más clara la piel, más suave la condena» se convirtió en un dicho antirracista popular a medida que comenzaba la época del encarcelamiento masivo en la década de 1990. En 2007, Don Imus, de la MSNBC, comparó a las jugadoras de baloncesto oscuras de los Rutgers —«ahí hay unas cuantas zorras con el pelo de estropajo»— con las jugadoras claras de Tennessee —«todas muy graciosas»— después de un partido en el campeonato femenino de la NCAA. En una convocatoria de casting de 2014 para la película *Straight Outta Compton*, la Agencia Sandi Alesse clasificaba a las extras: «CHICAS A:... Con pelo de verdad... CHICAS B:... Con piel clara... CHICAS C: Chicas afroamericanas, piel de tono medio a claro, con peluca... CHICAS D: Chicas afroamericanas... Piel de tono medio a oscuro. Para papeles muy específicos».

Para entonces, el cantante Michael Jackson había allanado el camino del blanqueamiento de la piel por el que viajaba el rapero Lil' Kim, el jugador de béisbol Sammy Sosa, y muchos más. Los productos para el blanqueamiento de la piel estaban fabricando millones para las empresas estadounidenses. En la India, las cremas «aclarantes» alcanzaron los 200 millones de dólares en 2014. Hoy en día, los aclaradores para la piel son utilizados por el 70% de las mujeres en Nigeria; el 35% en Sudáfrica; el 59% en Togo; y el 40% en China, Malasia, Filipinas y Corea del Sur.

Algunas personas blancas tienen su propia «adicción» con el cuidado de la piel para alcanzar un ideal post-racial: broncearse. En 2016, Estados Unidos eligió al «hombre naranja», como NeNe Leakes llama a Trump, que al parecer usa una cabina de bronceado cada mañana. Paradójicamente, algunas personas blancas bronceadas desprecian el blanqueamiento de las personas negras, como si hubiera alguna diferencia. Las encuestas muestran que las personas consideran que la piel bronceada —una imitación del color de las personas claras—

es más atractiva que la piel pálida por naturaleza y la piel oscura.

EL MEDIO TIEMPO llegó. Las filas de músicos se unieron y bordearon todo el campo de fútbol americano. El rectángulo humano más grande que he visto jamás. De color naranja y verde. No oscuro y claro. Mis ojos se abrieron de par en par, asombrados con el tamaño de la serpiente de cascabel de la FAMU. En la zona más alejada, siete tambores mayores altos y delgados, a unos cinco metros de distancia, se acercaron poco a poco al centro del campo a medida que el locutor Joe Bullard gritaba sus nombres por encima de nuestros gritos. Se detenían cuando llegaban al centro del campo, colocándose frente a nosotros. Lentamente, giraron. La fila de tambores sonó. Los tambores mayores se sentaron y luego se pusieron de pie, sumergiendo a la banda en un movimiento de *twerking*. *Twerk, twerk, twerk, twerk, twerk*. Nos volvimos locos.

—Démosle la bienvenida a la que se ha convertido en la banda de Estados Unidos —dijo Bullard mientras la banda tocaba y caminaba por el campo con aquellos pasos altos, con las rodillas subiendo hasta el pecho con la facilidad de una silla plegable.

—La iiiiin-creíble, la maaaaagnífica, la banda número uno eeeeen el muuuuundo. ¡La faaaaantástica banda de música de la A&M de Florida!

Los miembros de la banda se detuvieron formando filas rectas, colocándose frente a nosotros. Besaron sus instrumentos.

—¡Primero el sonido!

Daaaa… da, da, daaaaaaaa —las trompetas tocaron la atronadora melodía que presenta las películas de la Twentieth Century Fox, casi rompiéndonos los tímpanos—.

Luego el espectáculo. Los miembros de la banda, con sus pasos altos, se organizaron en un montón de formaciones enrevesadas y tocaron estribillos de las Destiny's Child, Carl Thomas y Sisqó, mientras decenas de miles de personas cantaban los coros como el mayor coro del mundo. Las baladas de R&B nos calentaron para el clímax —las canciones de rap—. Haciendo cabriolas, y *twerking*, y girando, saltando y meciéndose, todos al unísono, la banda y los bailarines de apoyo eran uno mientras la multitud rapeaba. Seguí frotándome los ojos, creyendo que estaban engañándome. Yo no era capaz de tocar ningún instrumento y apenas podía bailar. ¿Cómo podían aquellos estudiantes, con toda aquella ropa encima, tocar canciones difíciles y bailar coreografías sofisticadas armoniosamente? Ludacris, Trick Daddy, Three 6 Mafia, Outkast —la banda hizo desfilar a estos raperos sureños antes de sacar al campo el tema principal de *Good Times*, que nos sacó un ensordecedor aplauso—. Completamente eufórico, no sé si he aplaudido y pisoteado jamás con tanta fuerza.

Una vez concluido el medio tiempo, el éxodo que salió de las gradas me dejó perplejo. La gente había ido a ver lo que había ido a ver.

Yo había ido a ver a Clarence. Entré en nuestro apartamento, que estaba fuera del campus, totalmente aturdido, como después de haber visto a los Marching 100 aquella primera vez. El silencio envolvía aquella tarde. Había platos sucios en nuestra cocina abierta. Clarence tenía que estar en su habitación, estudiando.

La puerta estaba abierta; llamé de todas formas, interrumpiéndolo en su mesa. Alzó los ojos con asombro. Llevábamos viviendo juntos casi dos años. Clarence se había acostumbrado a mis interrupciones al mediodía. Se preparó para mi última epifanía.

CAPÍTULO 10

BLANCO

RACISTA ANTIBLANCO: Alguien que clasifica a las personas de ascendencia europea como biológica, cultural o conductualmente inferiores o que confunde a toda la raza de personas blancas con el poder racista.

ESTABA PLANTADO EN el marco de la puerta, algún día de marzo del 2002. Es probable que Clarence sospechase que se avecinaba otra discusión. Estábamos hechos a medida para discutir el uno con el otro. Clarence, profundamente cínico, parecía no creerse nada. Yo, profundamente ingenuo, era susceptible de creerme cualquier cosa, era más un creyente que un pensador. A las ideas racistas les encantan los creyentes, no los pensadores.

—¿Quieres decirme algo? —preguntó Clarence.

—Creo que ya entiendo a las personas blancas —dije.

—¿Qué pasa ahora?

HABÍA LLEGADO A la FAMU intentando entender a las personas negras. «Nunca había visto tantas personas negras juntas con intenciones positivas», escribí en una redacción de Inglés 101 en octubre del año 2000. La frase parecía fuera de lugar, atrapada de forma horrible entre «Nunca había visto actuar a los mundialmente famosos "Marching 100"» y «Este fue mi primer partido de fútbol americano universitario». La idea aún más fuera de lugar. ¿Cómo había pasado por alto a todas las personas negras que se habían unido con intenciones positivas en todos los lugares y espacios durante mi infancia? ¿Cómo me había convertido en el juez negro? Las ideas racistas suspenden la realidad y readaptan la historia, incluyendo nuestras historias individuales.

Las ideas racistas anti-negros cubrían mis ojos de novato como mis lentillas naranjas cuando me mudé por primera vez a Gibbs Hall, en la FAMU. Cuando entrabas en el vestíbulo, a la derecha había una ajetreada oficina de aspecto cansado. Si girabas ligeramente hacia la izquierda, te adentrabas en el pasillo que conducía a mi dormitorio. A la izquierda estaba la sala de la televisión, donde el grupo de aficionados al baloncesto de nuestros dormitorios solía perder unas amargas discusiones frente al ejército de aficionados al fútbol americano respecto a los derechos por la televisión.

No hubo discusiones ni partidos en la sala de la televisión aquella noche del 7 de noviembre del año 2000. Con todo, seguíamos con cara de póquer. Los votantes novatos veíamos cómo se iban desvelando los resultados de las elecciones, esperando que nuestros votos ayudaran a mantener al hermano del gobernador de Florida fuera de la Casa Blanca. Los habitantes negros de Florida no habían olvidado la interrupción por parte de Jeb Bush de los programas de discriminación positiva a principios de año. Habíamos votado para salvar al resto de Estados Unidos de los racistas Bushes.

Se estaba acercando el momento de anunciar el ganador de Florida. Las urnas se cerraron, y en poco tiempo vimos el destello de la cara ganadora de Al Gore en la pantalla. Fin. Nos alegramos. Me uní al feliz éxodo que abandonaba la sala de la televisión. Nos marchamos a nuestros dormitorios como los aficionados que salían del estadio cuando los Marching 100 acabaron su espectáculo del medio tiempo. La gente había ido a ver lo que había ido a ver.

A la mañana siguiente, me desperté y me enteré de que, de alguna manera, George W. Bush había tenido una ligera ventaja en Florida de 1,784 votos. Estaba muy reñido, y los designados de Jeb Bush estaban supervisando el recuento.

La injusticia de todo aquello me abofeteó en noviembre. Mis ideas racistas anti-negras no eran un consuelo. Salí de mi dormitorio aquella mañana repleto de angustia. Durante las semanas siguientes, escuché y volví a escuchar, leí y releí, enfadado, entre lágrimas, historias de primera y segunda mano de los estudiantes de la FAMU y sus familias en casa, que no habían podido votar. Quejas de ciudadanos negros que se habían registrado pero que nunca recibieron sus tarjetas de registro. O cuyo lugar de votación había sido cambiado. O a quienes se les había negado ilegalmente una papeleta por no tener una tarjeta de registro o a quienes se les había ordenado abandonar la larga fila cuando cerraron las urnas. O a quienes se les había dicho que no podían votar por ser delincuentes convictos. A principios de año, Florida había purgado a cincuenta y ocho mil presuntos delincuentes de las listas de votación. Las personas negras eran solo el 11% de los votantes registrados, pero representaban el 44% de la lista de purgas. Y cerca de doce mil de esas personas purgadas no eran delincuentes condenados.

Los reporteros y los funcionarios de la campaña parecían más centrados en los habitantes de Florida cuyos votos no habían sido contados o lo habían sido de manera equivocada. El condado de Palm Beach utilizó papeletas confusas que causaron alrededor de diecinueve mil votos nulos y tal vez tres mil votantes de Gore votaron por error a favor de Pat Buchanan. El condado de Gadsden, junto a Tallahassee, tenía el mayor porcentaje de votantes negros de Florida y la tasa de voto nulo más alta. Las personas negras tenían diez veces más probabilidad que las blancas de que sus votos fueran rechazados. La desigualdad racial no podía explicarse por los ingresos o los niveles educativos o el mal diseño de las papeletas, según un análisis estadístico del *New York Times*. Eso dejaba una explicación, una que al principio yo no podía admitir fácilmente: el racismo. Un total de 179,855 papeletas fueron invalidadas por los oficiales electorales de Florida en una carrera que se ganó al final por 537 votos.

Ted Cruz, de veintinueve años, trabajaba en el equipo legal de Bush que se resistió a los intentos de llevar a cabo recuentos manuales en los condados demócratas que podrían haber dado a Gore decenas de miles de votos mientras presionaba para contar manualmente en los condados republicanos, lo que le consiguió a Bush 185 votos adicionales.

Mientras veía cómo se desarrollaba esa película de terror, retrocedí con miedo durante días después de las elecciones. Pero no algunos de mis compañeros en la FAMU. Reunieron el valor que yo no tenía, que todos los antirracistas deben tener. «El valor no es la ausencia de miedo, sino la fuerza para hacer lo que es justo frente a él», como nos dice el filósofo anónimo. Algunos de nosotros estamos limitados por el temor de lo que podría pasarnos si nos resistimos. En nuestra ingenuidad, tenemos menos miedo de lo que podría pasarnos —o ya nos está pasando— si no nos resistimos.

El 9 de noviembre del año 2000, los valientes líderes del gobierno estudiantil de la FAMU dirigieron una marcha silenciosa de dos mil estudiantes desde el campus hasta la cercana capital de Florida, donde llevaron a cabo una sentada. La sentada duró unas veinticuatro horas, pero la cacería de brujas que iniciamos en el campus duró semanas, si no meses. Cazamos a esos miles de estudiantes de la FAMU que no habían votado. Avergonzamos a esos no votantes con historias de personas que habían marchado para que nosotros pudiéramos votar. Yo participé en esta insensata cacería —que parece repetirse cada vez que se pierde una elección—. La humillación ignora la verdadera fuente de nuestra pérdida y angustia. El hecho era que las personas negras daban suficientes votantes para ganar, pero esos votantes eran enviados a casa o sus votos se consideraban nulos. Las ideas racistas a menudo conducen a esta ridícula inversión psicológica, donde culpamos a la raza victimizada de su propia victimización.

Cuando el 12 de diciembre de 2000 la Corte Suprema de Estados Unidos detuvo el recuento de Florida, ya no veía a Estados Unidos como una democracia. Cuando Gore cedió al día siguiente, cuando los demócratas blancos se hicieron a un lado y dejaron que Bush robara la presidencia sobre la base de los votos negros destruidos, me devolvieron al pensamiento binario de la escuela dominical, donde me habían enseñado sobre el bien y el mal, Dios y el Diablo. Mientras el equipo de Bush navegaba la transición durante aquel invierno, yo me sumía en el odio a las personas blancas.

Se convirtieron en demonios para mí, pero tenía que averiguar cómo habían llegado a ser demonios. Leí «The Making of Devil», un capítulo del libro de Elijah Muhammad *Message to the Blackman in America*, escrito en 1965. Muhammad dirigió la poco ortodoxa Nación del Islam (NOI) desde 1934 hasta su muerte en 1975. Según la teología que defendía, hace más de seis mil años, en un mundo totalmente negro, un malvado científico negro llamado Yakub fue exiliado junto a sus 59,999 seguidores a una isla en el mar Egeo. Yakub planeó su venganza contra sus enemigos: «crear sobre la tierra una raza de diablos».

Yakub estableció un brutal régimen insular de cría selectiva —un combo de eugenesia y colorismo—. Mató a todos los bebés oscuros y obligó a la gente clara a procrear. Cuando Yakub murió, sus seguidores continuaron, creando la raza marrón a partir de la raza negra, la raza roja a partir de la marrón, la raza amarilla a partir de la roja y la raza blanca a partir de la amarilla. Después de seiscientos años, «en la isla de

Patmos no había nada más que estos demonios rubios de piel pálida y de ojos azules fríos —salvajes—».

Las personas blancas invadieron el continente y convirtieron «lo que había sido un pacífico paraíso en la Tierra, en un infierno desgarrado por conflictos y más conflictos». Las autoridades negras encadenaron a los criminales blancos y los enviaron a las cuevas-prisión de Europa. Cuando la Biblia dice: «Moisés levantó la serpiente en el desierto», los teólogos de la NOI dicen que la «serpiente simboliza la diabólica raza blanca que Moisés sacó de las cuevas de Europa, enseñándole la civilización» para que la gobernara durante los siguientes seis mil años.

Aparte del gobierno blanco durante seis mil años, esta historia de las personas blancas sonaba muy similar a la historia de las personas negras que yo había aprendido poco a poco en las escuelas blancas de pensamiento racista. Los racistas blancos representaban a las personas negras viviendo entre los arbustos de África, en vez de en cuevas, hasta que Moisés, en forma de esclavistas y colonizadores blancos, llegó como civilizador. La esclavitud y la colonización terminaron antes de que las personas negras —y África— se civilizaran al estilo de las blancas. Las personas negras descendieron a la criminalidad y terminaron linchadas, segregadas y encarceladas en masa por nobles oficiales de la ley en las naciones blancas «desarrolladas». Las naciones negras «en desarrollo» quedaron plagadas de corrupción, conflictos étnicos e incompetencia, manteniéndolas pobres e inestables, a pesar de recibir todo tipo de «ayuda» de las antiguas madres patrias de Europa. La historia de la NOI de las personas blancas era la historia racista de las personas negras con un rostro blanco.

Según la mitología de la NOI, durante la Primera Guerra Mundial, Dios apareció en la tierra en forma de Wallace Fard Muhammad. En 1931, Fard envió a Elijah Muhammad en la misión divina de salvar a la «perdida y encontrada Nación del

Islam» en Estados Unidos —para redimir a las personas negras con el conocimiento de esta historia verdadera—.

La primera vez que leí esta historia, me quedé sentado en mi dormitorio, sudando, hipnotizado, asustado. Sentía que había trepado y consumido una fruta prohibida. Cada persona blanca que me había maltratado, desde mi profesora de tercer grado, volvió de golpe a mi memoria como una locomotora y su atronadora bocina en medio del bosque. Pero mi atención se centró en todas aquellas personas blancas que habían organizado aquel complot en la elección del año 2000 en Florida. Todos aquellos policías blancos intimidando a los votantes, los oficiales blancos de las urnas rechazando a los votantes, los funcionarios blancos del Estado purgando a los votantes, los abogados y los jueces blancos defendiendo la supresión de votantes. Todos aquellos políticos blancos que se habían hecho eco del llamamiento de Gore para que, «por el bien de nuestra unidad como pueblo y la fuerza de nuestra democracia», concedieran la elección a Bush. ¡Los blancos me habían mostrado que en realidad no les preocupaba la unidad nacional o la democracia, solo la unidad y la democracia para los blancos!

Me acosté en mi dormitorio, mirando al techo, en un silencio furioso con la gente blanca que se alejaba en la espesura para planear la presidencia de Bush.

LA HISTORIA DE la creación blanca de Elijah Muhammad me parecía muy lógica. Medio siglo antes, también se lo había parecido a un joven prisionero negro, calculador, malhablado y loco apodado «Satanás». Un día, en 1948, el hermano de Satanás, Reginald, le susurró durante una visita: «El hombre blanco es el diablo». Cuando regresó a su celda de Massachusetts, una fila de gente blanca apareció ante sus ojos. Vio a las personas blancas linchando a su padre activista, metiendo a su madre activista en un manicomio, dividiendo a sus hermanos, diciéndole que ser abogado «no era un objetivo realista para un negro», degradándolo en los ferrocarriles del este, tendiéndole una trampa para que cayera en manos de la policía, condenándolo a entre ocho y diez años por robo porque su novia era blanca. Sus hermanos y hermanas, con el cuello igualmente estrangulado por la soga del racismo blanco, ya se habían convertido a la Nación del Islam (NOI). En poco tiempo, convirtieron a Satanás en Malcolm Little, y a Malcolm Little en Malcolm X.

Malcolm X salió de prisión en 1952 y rápidamente comenzó a alimentar la Nación del Islam de Elijah Muhammad gracias a sus potentes discursos y a su capacidad de organización. El repentino resurgimiento de la NOI llamó la atención de los medios de comunicación, y en 1959 Louis Lomax y Mike Wallace produjeron un documental televisivo sobre la NOI, *The Hate That Hate Produced*, que se emitió en CBS y convirtió a Malcolm X en un nombre habitual en las casas.

En 1964, después de dejar la Nación del Islam, Malcolm X hizo la peregrinación a La Meca y cambió su nombre de nuevo, a El-Hajj Malik el-Shabazz tras convertirse al Islam ortodoxo. «Nunca he sido testigo de semejante [...] espíritu abrumador de verdadera hermandad como lo practican personas de todos los colores y razas aquí en esta antigua Tierra Santa», escribió el 20 de abril. Días más tarde, comenzó a «dejar de lado algunas de mis conclusiones anteriores [sobre los blancos] [...]. Puede que te sorprendan estas palabras viniendo de mí. Pero [...] siempre he sido un hombre que trata de enfrentar los hechos, y de aceptar la realidad de la vida a medida que la nueva experiencia y el nuevo conocimiento la desarrolla». El 22 de septiembre de 1964, Malcolm no se equivocó con su conversión. «Rechazo totalmente la filosofía racista de Elijah Muhammad, que ha etiquetado como "Islam" solo para engañar y abusar de la gente crédula, como me engañó y abusó de mí», escribió. «Pero solo me culpo a mí mismo y a nadie más por el tonto que era y el daño que mi insensatez evangélica en su nombre le ha hecho a los demás».

Meses antes de ser asesinado, Malcolm X se enfrentó a un hecho que muchos admiradores de Malcolm X todavía se niegan a aceptar: las personas negras pueden ser racistas con las blancas. La idea del diablo blanco de la NOI es un ejemplo clásico. Cada vez que alguien clasifica a las personas de ascendencia europea como biológica, cultural o conductualmente inferiores, cada vez que alguien dice que las personas blancas como grupo tienen algún tipo de fallo, está articulando una idea racista.

El único fallo de las personas blancas es cuando aceptan ideas y políticas racistas y luego niegan que sus ideas y políticas son racistas. Esto no significa ignorar que las personas blancas han masacrado y esclavizado a millones de pueblos indígenas y africanos, colonizado y empobrecido a millones de personas no blancas en todo el mundo a medida que sus naciones se hacían ricas, al mismo tiempo que producían ideas racistas que culpaban a las víctimas. Quiero decir que su historia de saqueo no es resultado de los genes o culturas malvadas de las personas blancas. Los genes blancos no existen. Debemos separar las culturas bélicas, codiciosas, intolerantes e individualistas del imperio moderno y el capitalismo racial (hablaré sobre eso más adelante) de las culturas de las personas blancas. No son la misma cosa, como muestra la resistencia dentro de las naciones blancas, sin duda una resistencia a menudo atemperada por ideas racistas.

Ser antirracista es no confundir nunca la marcha global del racismo blanco con la marcha global del pueblo blanco. Ser antirracista es no confundir nunca el odio antirracista del racismo blanco con el odio racista de las personas blancas. Ser antirracista es no confundir nunca a las personas racistas con las blancas, pues hay personas blancas antirracistas y personas racistas no blancas. Ser antirracista es ver a las personas blancas comunes y corrientes como las victimarias frecuentes de las personas no blancas y las frecuentes víctimas del poder racista. Las políticas económicas de Donald Trump están orientadas a enriquecer el poder masculino blanco —pero a expensas de la mayoría de sus seguidores masculinos blancos, junto con el resto de nosotros—.

Debemos distinguir la diferencia entre el poder racista (políticos racistas) y las personas blancas. Durante décadas, el poder racista ha contribuido a estancar salarios, destruir sindicatos, desregular bancos y corporaciones y dirigir fondos para las escuelas hacia presupuestos carcelarios y militares, políticas que a menudo han despertado una respuesta negativa en algunas personas blancas. La desigualdad económica blanca, por ejemplo, se disparó hasta el punto de que los llamados «99 percenters»* ocuparon Wall Street en 2011, y el senador de Vermont Bernie Sanders llevó a cabo una campaña presidencial popular contra la «clase multimillonaria» en 2016.

Por supuesto, las personas blancas comunes y corrientes se benefician de las políticas racistas, aunque no tanto como el poder racista y no tanto como podrían hacerlo en una sociedad equitativa, en la que el votante blanco promedio podría tener tanto poder como los hombres blancos super ricos para decidir las elecciones y dar forma a la política. En la que las escuelas de clase media de sus hijos podrían parecerse a los colegios privados de primera categoría de los super ricos actuales. En la que la atención médica universal de alta calidad podría salvar millones de vidas blancas. En la que no tuvieran que enfrentarse ya a los compinches del racismo que los atacan: sexismo, etnocentrismo, homofobia y explotación.

El poder racista, que acumula riqueza y recursos, tiene más que perder en la construcción de una sociedad equitativa. Como hemos aprendido, el poder racista produce políticas racistas por interés propio y luego produce ideas racistas para

* N. de la T.: «Somos el 99%».

justificar esas políticas. Pero las ideas racistas también suprimen la resistencia a las políticas que son perjudiciales para las personas blancas, convenciendo a las personas comunes y corrientes de que la desigualdad está arraigada en el «fracaso personal» y no está relacionada con las políticas. El poder racista manipula a esas personas blancas comunes y corrientes para que se resistan a las políticas de igualdad, insistiendo una y otra vez en lo que pueden perder con las políticas de igualdad y cómo esas políticas de igualdad son anti-blancas. En 2017, la mayoría de las personas blancas identificaban la discriminación anti-blanca como un problema grave. «Si solicitas un trabajo, parecen darles a los negros la primera oportunidad», le decía Tim Hershman, de sesenta y ocho años, de Ohio, a un reportero de NPR. Los afroamericanos están recibiendo limosnas injustas, «y los blancos lo estamos pasando peor», decía Hershman. Hershman se quejaba de no haber logrado un ascenso frente a un finalista negro, a pesar de que en realidad era otra persona blanca la que había conseguido el trabajo.

Las afirmaciones de racismo anti-blanco en respuesta al antirracismo son tan antiguas como los derechos civiles. Cuando el Congreso aprobó la (primera) Civil Rights Act (Ley de derechos civiles) de 1866, convirtió a las personas negras en ciudadanas de los Estados Unidos, estipuló sus derechos civiles y declaró que la ley estatal no podía «privar a nadie de ninguno de estos derechos sobre la base de la raza». El presidente Andrew Johnson reenmarcó este proyecto de ley antirracista como una «ley creada para operar en favor de las personas no blancas frente a la raza blanca». Los estadounidenses racistas, un siglo más tarde, catalogaban a los partidarios de la discriminación positiva como «racistas duros de la discriminación inversa», citando al fiscal general de Estados Unidos Robert Bork en *The Wall Street Journal* en 1978. Cuando Alicia Garza escribió «Black Lives Matter» en Facebook en 2013 y esa carta de amor se convirtió en un movimiento en 2015, el ex alcalde de Nueva York Rudy Giuliani calificó el movimiento de «inherentemente racista».

Los racistas blancos no quieren definir la jerarquía racial ni las políticas que producen desigualdades raciales como racistas. Hacerlo sería definir sus ideas y políticas como racistas. En cambio, definen políticas no dirigidas a los blancos como racistas. Las ideas que no se centran en las vidas blancas son racistas. Los racistas blancos atormentados que no pueden imaginar sus vidas sin ser el foco de cualquier movimiento responden al «Black Lives Matter» con «All Lives Matter». Los agentes de policía atormentados que no pueden imaginar perder su derecho a realizar perfiles raciales y emplear la brutalidad responden con «Blue Lives Matter».

Los racistas blancos comunes funcionan como soldados del poder racista. Al tener que lidiar cada día con estas tropas terrestres que se hacen eco de abusos racistas, es difícil para la gente no blanca no odiar a las personas blancas comunes y corrientes. Las ideas racistas anti-blancas suelen ser una reacción al racismo blanco. El racismo anti-blanco es de hecho el odio producido por otro odio, atractivo para las víctimas del racismo blanco.

Y sin embargo, el poder racista prospera en ideas racistas anti-blancas —más odio solo hace que su poder sea mayor—. Cuando las personas negras se alejan del racismo blanco y concentran su odio en las personas blancas comunes, como hice en la universidad el primer año, no están luchando contra el poder racista ni contra los políticos racistas. Al perder el enfoque en el poder racista, no desafían las políticas racistas anti-negras, lo que significa que esas políticas son más propensas a florecer. Ir tras los blancos en lugar del poder racista prolonga las políticas que dañan la vida negra. Al final, las ideas racistas anti-blancas, al quitar parte o toda la atención del poder racista, se convierten en anti-negras. Al final, odiar a las personas blancas se convierte en odiar a las personas negras.

· · ·

AL FINAL, EL odio a las personas negras se convierte en odio a las personas blancas.

El 15 de octubre de 2013, unos trabajadores colocaron una señal de casi cuatro por ocho metros cerca de una carretera principal en Harrison, Arkansas, conocida en esa zona como territorio del Klan. El mismo letrero apareció en vallas publicitarias con vistas a las principales carreteras desde Alabama hasta Oregón. Los conductores que pasaban verían letras negras sobre un fondo amarillo: «ANTI-RACIST IS A CODE WORD FOR ANTI-WHITE» (ANTIRRACISTA ES UNA PALABRA EN CÓDIGO PARA DECIR ANTI-BLANCO).

Robert Whitaker, que se postulaba para vicepresidente de los Estados Unidos en 2016 con la candidatura del American Freedom Party (Partido Estadounidense de la Libertad), popularizó esta declaración en un texto de 2006 llamado «The Mantra». Este mantra se ha convertido en un texto sagrado para la autodenominada «horda» o «plaga» («*swarm*») de supremacistas blancos que odian a la gente no blanca y a los judíos y temen el llamado «programa de genocidio continuo contra mi raza, la raza blanca», como Whitaker afirmaba.

La historia cuenta una versión diferente. Contrariamente al «mantra», los supremacistas blancos son los que apoyan políticas que benefician al poder racista frente a los intereses de la mayoría de las personas blancas. Los supremacistas blancos afirman ser pro-blancos, pero se niegan a reconocer que el cambio climático está teniendo un impacto desastroso en la tierra que habitan las personas blancas. Se oponen a los programas de discriminación positiva, a pesar de que las mujeres blancas son sus principales beneficiarias. Los supremacistas blancos rabian contra el *Obamacare*, incluso cuando el 43% de las personas que obtuvieron un seguro de salud que les salvó la vida entre 2010 y 2015 eran blancas. Alaban a los nazis de Adolf Hitler, a pesar de que fueron los nazis quienes iniciaron una guerra mundial que destruyó la vida de más de cuarenta millones de personas blancas y arruinó Europa. Ondean banderas confederadas y defienden monumentos confederados, a pesar de que la Confederación comenzó una guerra civil que terminó con más de quinientas mil vidas estadounidenses blancas perdidas —más que todas las otras guerras estadounidenses combinadas—. A los supremacistas blancos les encanta lo que Estados Unidos era en el pasado, a pesar de que Estados Unidos estaba —y todavía está— lleno de millones de blancos pasándolo mal. Los supremacistas blancos culpan a las personas no blancas de los problemas de las blancas, cuando cualquier análisis objetivo de su difícil situación implica principalmente a los Trumps ricos y blancos a los que apoyan.

El supremacista blanco es una palabra en código para decir anti-blanco, y la supremacía blanca es nada menos que un programa de genocidio continuo contra la raza blanca. De hecho, es más que eso: el supremacista blanco es una palabra en código para decir anti-humano, una ideología nuclear que plantea una amenaza existencial para la existencia humana.

LLEGUÉ CON MI odio anti-blanco a mi segundo año, ya que el odio anti-musulmán y antiárabe llenaba la atmósfera estadounidense como una nube de tormenta después del 11-S. Muchos estadounidenses no veían ningún problema con su creciente odio a las personas musulmanas en la primavera de 2002. Y yo no veía ningún problema en mi creciente odio hacia las personas blancas. Las mismas justificaciones. «Son malhechores violentos». «Odian nuestras libertades».

Seguí leyendo, tratando de encontrar la fuente del mal blanco. Encontré más respuestas en la teoría de las dos cunas del erudito senegalés Cheikh Anta Diop, mucho antes de conocer su trabajo antirracista sobre la ascendencia africana de los antiguos egipcios. La teoría de las dos cunas de Diop sugería que el clima duro y la falta de recursos en la cuna del norte alimentaba comportamientos bárbaros, individualistas, materialistas y bélicos en los europeos, que trajeron la destrucción al mundo. El clima agradable y la abundancia de recursos en la cuna del sur nutrían los comportamientos africanos de comunidad, espiritualidad, ecuanimidad y paz, que trajeron la civilización al mundo.

Mezclé el determinismo ambiental de Diop con la versión que ofrecía de él Michael Bradley, su teoría en *The Iceman Inheritance* de que la crueldad de la raza blanca es el producto de su educación en la Edad de Hielo. Pero seguía con sed de teorías biológicas. La forma en que enmarcamos el problema —y a quién enmarcamos como el problema— da forma a las respuestas que encontramos. Estaba buscando una teoría biológica de por qué los blancos son malvados. Lo encontré en *The Isis Papers* de la psiquiatra Frances Cress Welsing.

El «profundo sentido de inferioridad numérica y de inferioridad de color» de la minoría blanca global causa su «incontrolable sensación de hostilidad y agresión», escribió Welsing. Los blancos se defienden contra su propia aniquilación genética. «El color [de la densidad de melanina] siempre "aniquila" [...] el no color, el blanco». Irónicamente, la teoría de Welsing refleja unos temores de aniquilación genética que los supremacistas blancos de todo el mundo occidental han estado expresando últimamente en su miedo al «genocidio blanco», una idea con una historia profunda, como en la obra de eugenistas como Lothrop Stoddard y su *bestseller* de 1920, *The Rising Tide of Color Against White World-Supremacy*.

Devoré a Welsing, pero más tarde, cuando supe que la melanina no me daba ningún super poder negro, me sentí desinflado. Resulta que es la regla racista de una sola gota la que hacía dominante la identidad negra en las personas birraciales, no cualquier distinción genética o superpotencia de melanina. Mi búsqueda continuó.

· · ·

ESE DÍA NO llamé a la puerta de Clarence para hablar de la «teoría de la confrontación de color» de Welsing. O la teoría de dos cunas de Diop. Se había burlado de esas teorías muchas veces. Vine a compartir otra teoría, la que finalmente explicaba cómo eran los blancos.

—Son extraterrestres —le dije a Clarence, confiado, apoyado en el marco de la puerta, con los brazos cruzados—. Acabo de ver un documental que expone las pruebas de ello. Por eso están tan obsesionados con la supremacía blanca. Por eso parecen no tener conciencia. Son extraterrestres.

Clarence me escuchaba, inexpresivo.

—No puedes decirlo en serio.

—Lo digo muy en serio. Esto explica la esclavitud y la colonización. Explica por qué la familia Bush es tan mala. Explica por qué a los blancos no les importa nada una mierda. Explica por qué nos odian tanto. ¡Son extraterrestres!

Había dejado de apoyarme en el marco de la puerta y estaba totalmente en modo discutidor.

—Así que lo dices muy en serio —dijo Clarence con una sonrisita—. Pues si lo dices en serio, ¡entonces tiene que ser la cosa más estúpida que he oído en toda mi vida! Mira, de verdad, no me puedo creer que seas tan ingenuo.

La sonrisita se convirtió en una mueca.

—¿Por qué pasas tanto tiempo intentando descifrar a las personas blancas? —me preguntó después de una pausa larga.

Clarence me había hecho esta pregunta antes. Yo siempre le respondía lo mismo.

—¡Porque descifrarlos es la clave! ¡Las personas negras necesitamos saber con quién estamos tratando!

—Si tú lo dices... Pero respóndeme a esto: si los blancos son extraterrestres, ¿por qué los blancos y los negros pueden reproducirse? Los seres humanos no se pueden reproducir con los animales del planeta, ¿pero las personas negras sí pueden reproducirse con extraterrestres de otro planeta? Vamos, hombre, sea realista.

—Estoy siendo realista —respondí.

Pero no tenía una respuesta. Enderecé la espalda y me di la vuelta con torpeza, caminé hasta mi habitación, me dejé caer en la cama y volví a contemplar el techo. Tal vez las personas blancas no eran extraterrestres. Tal vez se habían vuelto así en la Tierra. Tal vez tenía que leer más a Frances Cress Welsing. Miré mi ejemplar de *The Isis Papers* en la mesilla de noche.

PARA EL OTOÑO de 2003, Clarence se había graduado y yo decidí compartir mis ideas con el mundo. Empecé mi carrera de escritor sobre temas de raza con una columna en el periódico estudiantil de la FAMU, *The Famuan*. El 9 de septiembre de 2003, escribí un artículo aconsejando a las personas negras que dejaran de odiar a las blancas por ser ellas mismas. En realidad, me estaba aconsejando a mí mismo. «Desde luego, entiendo a las personas negras que se han visto envueltas en un tornado de odio porque no podían escapar de los vientos de la verdad que nos rodean sobre la destructiva mano del hombre blanco». Envuelto en este tornado, yo no podía escapar de la errónea idea de que «los europeos son simplemente una raza distinta de seres humanos», como escribí, basándome en ideas de *The Isis Papers*. Los blancos «representan solo el 10% de la población mundial» y «tienen genes recesivos. Por lo tanto, se enfrentan a la extinción». Por eso, tratan de «destruir a mi pueblo», concluí. «Los europeos están tratando de sobrevivir y no puedo odiarlos por eso».

El texto circuló ampliamente por Tallahassee, alarmando a los lectores blancos. Sus amenazas golpearon cerca de casa. Mis nuevos compañeros de piso, Devan, Brandon y Jean, me instaron, medio en broma medio en serio, a cuidarme las espaldas del Klan. El nuevo presidente de la FAMU, Fred Gainous, me llamó a su oficina para regañarme. Lo regañé de vuelta, diciéndole que era el niñito de Jeb.

El editor del *Tallahassee Democrat* también me convocó a su oficina. Necesitaba completar esas prácticas obligatorias para graduarme y conseguir mi título de periodismo. Entré en su oficina con miedo. Sentí que me adentraba en el fin, en el fin de mi futuro. Y, de hecho, algo acabaría aquel día.

NEGRO

DEFENSA DE LAS PERSONAS SIN PODER: La idea ilusoria y racista que encubre y desempodera, de que las personas negras no pueden ser racistas porque no tienen poder.

Entré en su oficina. Cada vez que miraba a Mizell Stewart, el editor del *Tallahassee Democrat*, en el otoño de 2003, veía al actor alto, delgado y de piel clara Christopher Duncan. Su tensa energía me recordaba a Braxton, el personaje de Duncan en *The Jamie Foxx Show*.

Me senté. Se giró hacia mí con su silla.

—Hablemos de este texto —dijo.

Saltaba de crítica en crítica, sorprendido ante mis defensas. Yo podía debatir sin enfadarme. Y él también. Las personas negras me resultaban problemáticas, pero se dio cuenta de que el demonio blanco estaba dolorosamente presente en mi cabeza.

Se quedó callado, meditando sobre algo, sin duda. Yo no quería enfrentarme a él, solo defenderme de la forma más respetuosa posible. Mi graduación estaba en sus manos.

—Mira, tengo un carro bueno —dijo despacio— y no soporto cuando me paran y me tratan como a uno de esos negros.

Respiré hondo sin que se me oyera, coloqué los labios hacia dentro, me los humedecí y me obligué a no decir nada. «Esos negros» flotaba en el aire, entre nuestras miradas de tanteo. Él esperaba mi respuesta. Yo me quedé en silencio.

Quise levantarme, señalarlo y gritarle: «Pero ¿quién coño te crees que eres?». Habría interrumpido su respuesta: «¡Claro, tú no te consideras un negro! ¿Qué es lo que los convierte a ellos en "esos negros" y a ti no? ¿Soy yo uno de "esos negros"?». Mis frases golpeaban el aire que flotaba sobre su cabeza.

Él se distinguía de «esos negros», los racializaba, los menospreciaba. Dirigía su desprecio no hacia los agentes de policía que hacían perfiles raciales con él, que lo maltrataban, sino hacia «esos negros».

NADIE POPULARIZÓ EL constructo racial de «esos negros» tanto como el cómico Chris Rock en su especial de 1996 de HBO, *Bring the Pain*. Rock comenzó el programa con una nota antirracista, burlándose de las reacciones de la gente blanca al veredicto de O. J. Simpson. Entonces empezó a hablar de las personas negras y de «nuestra guerra civil personal». Eligió un bando: «Adoro a las personas negras, pero odio a los negros». Era una expresión que me resultaba familiar: mi propia conciencia enfrentada había establecido la misma fórmula con mucha frecuencia, añadiendo después de las elecciones del 2000: «Adoro a las personas negras, pero odio a los negros y a las personas blancas».

Aunque los artistas del hip-hop reformularon «*nigga*» como un término simpático, «*nigger*» (traducido aquí como «negro») siguió siendo un término despectivo fuera y dentro de las bocas negras. Rock ayudó a que las personas negras reconstruyeran el grupo racial «negros» y le asignaran una serie de cualidades, como todos los fabricantes de razas habían hecho. Los «negros» nunca dejaban que las personas negras se lo pasaran bien, decía Rock. Los negros son demasiado ruidosos. Los negros están siempre hablando, pidiendo reconocimiento por cuidar de sus hijos y estar fuera de la cárcel. «Lo peor de los negros es que les encanta no saber nada», se burlaba Rock. «Los libros son como kryptonita para un negro». Rechazaba la afirmación antirracista de que «los medios han distorsionado nuestra imagen para hacernos parecer malos». ¡Olvidadlo! Era culpa de los negros. Cuando iba a sacar dinero, «no miro por encima del hombro por si tengo a los medios detrás. Miro por si hay negros detrás».

Nos reíamos mientras Chris Rock compartía la gran verdad de que el negro es diferente del hombre negro (un *remix* de «la gran verdad de que el negro es diferente del hombre blanco», expresada por el vicepresidente confederado Alexander Stephens en 1861). Los blancos racistas nos habían enseñado bien a generalizar las características individuales que vemos en una persona negra concreta. No estábamos viendo y tratando a la gente negra como personas, algunas de las cuales hacen cosas malas: creamos una identidad de grupo, los negros, que a su vez creaba una jerarquía, como lo hace toda fabricación de una raza. A eso, le añadimos la hipócrita osadía de enfadarnos cuando las personas blancas nos llamaban negros a todos (Chris Rock dejó de hacerlo cuando vio que la gente blanca se reía demasiado).

No colocamos a las personas ruidosas que resultaban ser negras en un grupo interracial de personas ruidosas —como antirracistas—. Racializamos el comportamiento negativo y atribuimos el ruido a los negros, como los racistas blancos, como racistas negros. No colocamos a los padres negros negligentes en un grupo interracial de padres negligentes —como antirracistas—. Racializamos el comportamiento negativo y atribuimos la paternidad negligente a los negros, como los racistas blancos, como racistas negros. No colocamos a los criminales negros en un grupo interracial de criminales —como antirracistas—. Racializamos el comportamiento negativo y atribuimos la criminalidad a los negros, como los racistas blancos, como racistas negros. No colocamos a los negros perezosos en un grupo interracial de gente perezosa —como antirracistas—. Racializamos el comportamiento negativo y atribuimos pereza a los negros, como los racistas blancos, como racistas negros.

Y después de todo eso, nos autoidentificamos como «no racistas», como racistas blancos, como racistas negros.

Chris Rock pilló a las personas negras estadounidenses donde muchos, demasiados de nosotros, nos encontrábamos al comienzo del nuevo milenio, apostados en la conciencia enfrentada de ideas asimilacionistas y antirracistas, distinguiéndonos de esos negros como los racistas blancos se distinguían de nosotros, las personas negras. Sentíamos un tremendo orgullo antirracista de la excelencia negra y una vergüenza tremendamente racista por estar conectados con esos negros. Reconocíamos la política racista a la que nos enfrentábamos e ignorábamos la política racista a la que se enfrentaban esos negros. Considerábamos a esos negros los delincuentes de la raza, cuando nuestras ideas racistas anti-negros eran el verdadero crimen entre personas negras.

En 2003, mientras estaba sentado en la oficina del editor negro, el 53% de las personas negras encuestadas ofrecía una explicación distinta del racismo exponiendo en su mayoría por qué las personas negras tenían peores empleos, ingresos y vivienda que las blancas, frente al 48% una década antes. Solo el 40% de los encuestados negros describían el racismo como la fuente de estas desigualdades en 2003. En 2013, en plena presidencia de Obama, solo el 37% de las personas negras apuntaban a «principalmente el racismo» como la causa de las desigualdades raciales. Un impresionante 60% de personas negras se habían sumado al 83% de personas blancas ese año que encontraban explicaciones distintas del racismo a las desigualdades raciales persistentes. Es probable que la razón fuera la internalización de las ideas racistas.

Las mentes negras despertaron a la realidad continua del racismo con la serie de asesinatos policiales televisados y pobres exoneraciones que sucedieron a las elecciones de Obama, el *Movement for Black Lives* y el eventual ascenso racista de Donald Trump. Para 2017, el 59% de las personas negras expresaban la postura antirracista de que el racismo es la razón principal por la que estas no pueden salir adelante (en comparación con el 35% de las personas blancas y el 45% de las latinoamericanas). Pero incluso entonces, alrededor de un tercio de las personas negras todavía expresaba la postura racista de que las personas negras con problemas son en su mayoría responsables de su propia condición, en comparación con el 54% de las personas blancas, el 48% de las latinoamericanas y el 75% de las republicanas.

Claramente, un gran porcentaje de las personas negras tiene ideas racistas anti-negras. Pero todavía quería creer que el comentario de Stewart, el «esos negros», no era habitual. Con todo, la verdad es que Stewart había puesto un espejo. Tuve que enfrentarlo. Odiaba lo que veía. Él había dicho lo que yo llevaba años pensando. Tuvo el valor de decirlo. Lo odiaba por eso.

¿En qué se diferenciaban sus críticas a las personas negras de mis críticas a las personas negras cuando las culpábamos por sus propios votos robados o las acusábamos de letargo y autosabotaje? ¿En qué se diferenciaban nuestras críticas a las personas negras de las críticas anti-negras de los racistas blancos? Ese día aprendí, en esa oficina, que cada vez que digo que las personas negras tienen algún tipo de problema, me estoy separando de ellas, diciendo prácticamente «esos negros». Cuando hago esto, estoy siendo racista.

PENSABA QUE SOLO las personas blancas podían ser racistas, que las negras no podían serlo porque no tenían poder. Pensaba que las personas latinoamericanas, las asiáticas, las de

Oriente Medio y las nativas americanas no podían ser racistas porque no tenían poder. No tenía ni idea de la historia reaccionaria que había detrás de esta construcción, de su carga racista.

Esa defensa de las personas sin poder, como yo la llamo, surgió a raíz de que los blancos racistas desestimaran las políticas e ideas antirracistas como racistas a finales de la década de 1960. Durante las décadas siguientes, las voces negras críticas con el racismo blanco se defendieron de estos cargos diciendo: «Las personas negras no pueden ser racistas porque no tienen poder».

Silenciosamente, sin embargo, esa defensa protege a las personas no blancas en posiciones de poder y les ahorra el trabajo del antirracismo, ya que se supone que carecen de ese poder, pues los blancos lo han acaparado todo. Esto significa que las personas no blancas no pueden revertir las políticas racistas y las cercanas desigualdades raciales incluso en sus propias esferas de influencia, los lugares donde sí tienen cierto poder para llevar a cabo el cambio. La defensa de las personas sin poder protege a las personas no blancas de las acusaciones de racismo incluso cuando están reproduciendo políticas racistas y justificándolas con las mismas ideas racistas que las personas blancas a las que llaman racistas. La defensa de las personas sin poder protege a sus creyentes y les ahorra la historia de las personas blancas que han empoderado a personas no blancas para así oprimirlas, de forma que usan su limitado poder para oprimir a sus iguales para su propio beneficio personal.

Como cualquier otra idea racista, la defensa de las personas sin poder subestima a las personas negras y sobreestima a las blancas. Borra la pequeña cantidad de poder negro y amplía el alcance ya expansivo del poder blanco.

La defensa de las personas sin poder no tiene en cuenta a las personas en todos los niveles de poder, desde legisladores como los políticos y ejecutivos que tienen el poder de instituir y eliminar las políticas racistas y antirracistas, hasta los gerentes de políticas como los funcionarios y los mandos medios facultados para ejecutar o retener políticas racistas y antirracistas. Cada persona tiene el poder de protestar por las políticas racistas y antirracistas, de promoverlas o, de alguna manera, de detenerlas. Los estados-nación, los sectores, las comunidades y las instituciones están dirigidos por legisladores, políticas y gerentes de políticas. «Poder institucional» o «poder sistémico» o «poder estructural» es la formulación de políticas y el poder de gestión de las personas, en grupos o individualmente. Cuando alguien dice que las personas negras no pueden ser racistas porque no tienen «poder institucional», están ignorando la realidad.

La defensa de las personas sin poder despoja a los políticos y gerentes negros de este. La defensa de las personas sin poder dice que los más de 154 afroamericanos que han servido en el Congreso desde 1870 hasta 2018 no tenían poder legislativo. Dice que ninguno de los miles de políticos negros estatales y locales tienen poder legislativo. Dice que el juez Clarence Thomas de la Corte Suprema de los Estados Unidos nunca tuvo el poder de someter su voto a propósitos antirracistas. La defensa de las personas sin poder dice que los más de setecientos jueces negros en los tribunales estatales y los más de doscientos jueces negros en tribunales federales no han tenido poder durante los juicios y procesos de sentencias que construyeron nuestro sistema de encarcelamiento masivo. Dice que los más de cincuenta y siete mil policías negros no tienen el poder de brutalizar y matar al cuerpo negro. Dice que los tres mil jefes de policía negros, subjefes y comandantes no tienen poder sobre los agentes bajo su mando. La defensa de las personas sin poder dice que los más de cuarenta mil profesores negros a tiempo completo en las universidades y colegios de Estados Unidos en 2016 no tenían el poder de aprobar y suspender a los estudiantes negros, contratar y mantener a profesores negros, o moldear las mentes de las personas negras. Dice que los once multimillonarios negros del mundo y las 380,000 familias millonarias negras en los Estados Unidos no tienen poder económico para usarlo de manera racista o antirracista. Dice que los dieciséis CEOs negros que dirigen compañías Fortune 500 desde 1999 no tenían poder para diversificar sus plantillas. Cuando un hombre negro entró en la oficina más poderosa del mundo en 2009, sus políticas fueron a menudo excusadas por apologistas que decían que no tenía poder ejecutivo. Como si ninguna de sus órdenes ejecutivas se cumpliera, como si ninguno de sus fiscales generales negros tuviera ningún poder para revertir el encarcelamiento masivo, o como si su asesor de seguridad nacional negro no tuviera poder. La verdad es que las personas negras sí pueden ser racistas porque tienen poder, aunque sea limitado.

Tengan en cuenta que digo poder negro *limitado* en vez de ningún poder. El poder blanco controla los Estados Unidos. Pero no del todo. El poder absoluto requiere un control completo sobre todos los niveles de poder. Todas las políticas. Todos los gerentes de políticas. Todas las mentes. Irónicamente, la única manera en la que el poder blanco puede obtener el control total es convencernos de que las personas blancas ya tienen todo el poder. Si aceptamos la idea de que no tenemos poder, estamos cayendo bajo el tipo de control mental que, de hecho, nos robará toda la capacidad para resistir. Como el padre del Mes de la Historia Negra Carter G. Woodson escribió una vez: «Cuando controlas el pensamiento de un hombre no tienes que preocuparte por sus acciones. No tienes que decirle que no se quede aquí ni que vaya allá. Encontrará su "lugar apropiado" y se quedará en él».

Las ideas racistas se producen constantemente para enjaular el poder de las personas para resistir. Las ideas racistas hacen creer a las personas negras que las blancas tienen todo el poder, elevándolas a los dioses. Y así, los segregacionistas negros arremeten contra estos dioses todopoderosos como demonios caídos, como lo hice yo en la universidad, mientras los asimilacionistas negros adoran a sus todopoderosos ángeles blancos, se esfuerzan por convertirse en ellos, por ganarse su favor, reproducir sus ideas racistas y defender sus políticas racistas.

Aparte de los muchos veredictos asesinos del magistrado Clarence Thomas en juicios anti-negros a lo largo de los años, tal vez el más atroz de los crímenes entre personas negras en la historia reciente de Estados Unidos fue el que decidió las elecciones presidenciales de 2004. George W. Bush ganó por poco la reelección cuando tomó Ohio con la ayuda crucial del ambicioso secretario de Estado negro de Ohio, Ken Blackwell, que operó simultáneamente como copresidente de la campaña de Bush en Ohio.

Blackwell dirigió comisiones del condado para limitar el acceso de los electores a las papeletas provisionales que aseguraban que cualquier persona indebidamente purgada de las listas del censo pudiera emitir su voto. Ordenó que los formularios de registro electoral se aceptaran solo en papel, un caro papel de 220 miligramos, una taimada técnica para excluir a los votantes recién registrados (que casi con toda seguridad sabía que era muy probable que fueran negros). Bajo la supervisión de Blackwell, las comisiones del condado les decían falsamente a los ex convictos que no podían votar. Las comisiones del condado asignaron menos máquinas de votación a las ciudades con un gran voto demócrata. Los votantes negros de Ohio, de media, esperaron cincuenta y dos minutos para votar, treinta y cuatro minutos más que los votantes blancos, según un estudio postelectoral. Las largas colas hicieron que el 3% de los votantes de Ohio se fuera antes de votar, lo que significa que cerca de 174,000 votos potenciales se perdieron, más que el margen de victoria de Bush de 118,000. «Blackwell hizo que Katherine Harris pareciera una magdalena», dijo el representante John Conyers después de investigar la supresión de votantes de Ohio, refiriéndose a la secretaria de Estado de Florida que certificó a Bush como ganador de las elecciones en 2000. Pero según la teoría de que las personas negras no pueden ser racistas porque carecen de poder, Blackwell no tenía el poder de suprimir los votos negros. Recuerden que todos somos racistas o antirracistas. ¿Cómo puede Katherine Harris, de Florida, ser racista en el 2000 y Blackwell ser antirracista en 2004?

Después de postularse sin éxito para gobernador de Ohio en 2006 y para presidente del Comité Nacional Republicano en 2009, Blackwell se unió a la Presidential Advisory Commission on Election Integrity (Comisión Asesora Presidencial de Integridad Electoral) de Trump en mayo de 2017. Sin duda, y aunque Trump nunca lo admitiría, la comisión se había creado para encontrar nuevas formas de suprimir el poder de voto de los oponentes de Trump, sobre todo los votantes más leales del Partido Demócrata: las personas negras. Claramente, al cabo de trece años, los funcionarios de Trump no habían olvidado el trabajo racista de vanguardia de Blackwell suprimiendo los votos negros para la reelección de Bush.

Con la popularidad de la defensa de las personas sin poder, los criminales negros que actuaban contra su propia gente como Blackwell se libraban de su racismo. Los negros los llaman «tíos Tom», «vendidos», «Oreos», «marionetas» —todo menos lo correcto: racistas—. Las personas negras necesitan hacer algo más que revocar su «carta negra», como la llamamos. Tenemos que pegar esa carta racista en sus frentes para que todo el mundo la vea.

La expresión «las personas negras no pueden ser racistas» reproduce la falsa dualidad de racistas y no racistas promovida por los racistas blancos para negar su racismo. Fusiona a las personas negras con los votantes blancos de Trump que están enfadados por ser llamados racistas, pero que quieren expresar opiniones racistas y apoyar sus políticas racistas mientras son identificados como no racistas, sin importar lo que digan o hagan. Según esta teoría, las personas negras pueden odiar a esos negros, valorar a la gente clara sobre la oscura, apoyar las políticas de inmigración anti-latinoamericanas, defender a las mascotas del equipo anti nativos americanos, respaldar las prohibiciones contra los musulmanes del Oriente Medio y seguir librándose de los cargos de racismo. Según esta teoría, las personas latinoamericanas, las asiáticas y las nativas americanas pueden temer a los cuerpos negros desconocidos, apoyar políticas de encarcelamiento masivo y seguir librándose de los cargos de racismo. Según esta teoría, puedo ver a las personas blancas como demonios y extraterrestres y aun así librarme de los cargos de racismo.

Cuando dejemos de negar la dualidad de racistas y antirracistas, podremos hacer un recuento preciso de las ideas y políticas raciales que apoyamos. Durante la mayor parte de mi vida he mantenido ideas racistas y antirracistas, he apoyado políticas racistas y antirracistas; he sido antirracista durante un rato, y racista el resto del tiempo. Decir que las personas negras no pueden ser racistas es decir que todas las personas negras son antirracistas en todo momento. Mi propia historia me dice que eso no es cierto. La historia también.

LA HISTORIA REGISTRADA de las personas negras racistas comienza en 1526 con *Della descrittione dell'Africa* (*Descripción general de África*), escrita por un marroquí que fue secuestrado después de visitar el África subsahariana. Sus esclavistas lo presentaron al Papa León X, que lo convirtió al cristianismo, lo liberó y lo renombró León el Africano. *Descripción general de África* fue traducida a múltiples idiomas europeos y surgió como el libro más influyente de ideas racistas anti-negras en el siglo XVI, cuando los británicos, franceses y holandeses estaban sumergidos en el comercio de esclavos. «Las personas negras [...] llevan una vida bestial, son completamente indigentes en el uso de la razón, en las destrezas del ingenio y en todas las artes», escribía el Africano. «Se comportan así, como si hubieran vivido continuamente en un bosque entre bestias salvajes». El Africano pudo haberse inventado sus viajes al África subsahariana para obtener el favor de la corte italiana.

El inglés Richard Ligon pudo haberse inventado las historias de *A True and Exact History of the Island of Barbadoes*, publicadas en 1657. Dirigidos por Sambo, un grupo de esclavos revela un complot para una revuelta de esclavos. Rechazan las recompensas de su amo. El amo, confundido, pregunta por qué, cuenta Ligon. No era «sino un acto de justicia», dice Sambo, según Ligon. Su deber. El propio «acto» era una recompensa «suficiente».

La esclavitud estaba justificada en la narrativa de Sambo porque algunas personas negras creían que debían ser esclavizadas. Se da el mismo caso con Ukawsaw Gronniosaw, autor de la primera historia de esclavos conocida, que data de 1772. Nacido en la realeza nigeriana, Gronniosaw fue esclavizado a los quince años por un comerciante de marfil, que lo vendió a un capitán holandés. «Mi amo se encariñó mucho conmigo, y yo lo amaba en extremo» y «me esforcé por convencerlo, con cada acción, de que mi único placer era servirle bien». El barco llegó a Barbados. Un neoyorquino compró a Gronniosaw y se lo llevó a su casa, donde llegó a creer que había «un hombre negro llamado el Diablo que vivía en el infierno». Gronniosaw fue vendido de nuevo a un pastor, que lo transformó de «un pobre pagano» a un cristiano esclavizado. Al parecer estaba feliz de escapar del Diablo Negro.

Los esclavistas acogieron con beneplácito a los pastores que predicaban el evangelio de la eterna esclavitud negra, derivada de la lectura de la Biblia, donde todos los negros eran los descendientes malditos de Cam. Un carpintero negro libre de cincuenta años tuvo que deshacer por primera vez estas ideas racistas en 1818 cuando comenzó a reclutar a miles de personas negras esclavizadas para unirse a su revuelta de esclavos alrededor de Charleston, Carolina del Sur. Denmark Vesey fijó la fecha de la revuelta para el 14 de julio de 1822, el aniversario de la toma de la Bastilla durante la Revolución

Francesa. El objetivo de la revuelta era acabar con la esclavitud, como en la exitosa revolución haitiana de 1804 que inspiró a Vesey.

Pero la revuelta tenía que mantenerse en secreto, incluso para algunos esclavos. No había que mencionárselo «a aquellos hombres que reciben abrigos viejos como presentes de sus amos», les dijeron los principales lugartenientes de Vesey a los reclutadores. «Nos traicionarán». Un reclutador no hizo caso y se lo dijo al esclavo doméstico Peter Prioleau, que rápidamente se lo contó a su amo en mayo. A finales de junio de 1822, los esclavistas de Carolina del Sur habían destruido el ejército de Vesey, que se estimaba que contaba con nueve mil personas. Vesey, ahorcado el 2 de julio de 1822, se mantuvo desafiante hasta el final.

La legislatura de Carolina del Sur emancipó a Peter Prioleau el día de Navidad de 1822 y le otorgó una pensión anual de por vida. En 1840, había adquirido siete esclavos propios y vivía cómodamente en la comunidad clara libre de Charleston. Incluso cuando era un esclavo, este hombre negro no tenía ningún deseo de deshacerse de su amo. Usó su poder para arruinar una de las revueltas de esclavos más organizadas de la historia de Estados Unidos. Usó su poder para asumir plenamente las cualidades de su amo, para convertirse en él: esclavos, ideas racistas, y todo lo demás.

PETER PRIOLEAU SE parecía a William Hannibal Thomas, un hombre negro del siglo XIX que quería ser aceptado por las personas blancas como si fuera una de ellas. Pero a medida que Jim Crow se extendía en la década de 1890, a Thomas lo hundían cada vez más en la negritud. Finalmente desplegó la táctica que las personas negras racistas interesadas en sí mismas han usado desde el principio para asegurar el patrocinio blanco: atacar a las personas negras como inferiores. Cuando el libro *The American Negro* de Thomas apareció semanas antes del *Up from Slavery* de Booker T. Washington en 1901, *The New York Times* nombró a Thomas «junto al señor Booker T. Washington, la mejor autoridad estadounidense sobre la cuestión negra».

Las personas negras son un «tipo intrínsecamente inferior de humanidad», escribió Thomas. La historia negra es un «registro de la existencia sin ley». Las personas negras son unos salvajes, retrasados a nivel mental e inmorales, «incapaces prácticamente de discernir entre el bien y el mal», dijo Thomas. El noventa por ciento de las mujeres negras son «cautivas del placer físico». La «degradación social de nuestras mujeres liberadas no tiene parangón en la civilización moderna». Al final, la «lista [de Thomas] de cualidades negativas de las personas negras parecía ilimitada», como concluyó su biógrafo.

Thomas creía estar entre una minoría de personas claras que habían superado su herencia biológica inferior. Pero este «vestigio salvador» era «ignorado por sus prójimos blancos». Thomas rogaba a las personas blancas, asegurándoles que «la redención del negro es [...] posible y está garantizada a través de una profunda asimilación del pensamiento y los ideales de la civilización estadounidense». Para acelerar esta «asimilación nacional», Thomas aconsejó restringir los derechos de voto de las personas negras corruptas, vigilar de cerca a los criminales negros naturales y asignar tutores blancos a todos los niños negros.

Las personas negras bautizaron a William Hannibal Thomas como el «Judas negro». Los críticos negros arruinaron su credibilidad y pronto los racistas blancos ya no pudieron usarlo, así que se deshicieron de él como si fuera un plato desechable, como los racistas blancos han hecho con tantos negros racistas desechables a lo largo de los años. Thomas encontró trabajo como conserje, antes de morir en la oscuridad en 1935.

Las personas negras serían traicionadas por criminales negros que atacaban a su propia gente una y otra vez en el siglo xx. En la década de 1960, la diversificación de las fuerzas policiales de Estados Unidos debía aliviar el flagelo de la brutalidad policial contra las víctimas negras. Fruto de décadas de activismo antirracista, se esperaba que una nueva cosecha de agentes negros tratara a los ciudadanos negros mejor que sus homólogos blancos. Pero enseguida surgieron informes en la década de 1960 de que los agentes negros eran tan abusivos como los blancos. Un informe señaló que «en algunos lugares, las personas negras de bajos ingresos prefieren a los policías blancos debido a la conducta severa de los agentes negros». Un estudio de 1966 observó que los agentes negros no eran tan propensos a ser racistas como los blancos, pero una minoría significativa expresaba ideas racistas anti-negras como: «Te digo que estas personas son salvajes. Y están muy sucios». O el agente negro que dijo: «Siempre ha habido trabajos para las personas negras, pero la gente es demasiado estúpida para salir afuera y conseguir una educación. Todos quieren la salida fácil».

Colorear el racismo policial de blanco con el pretexto de que solo las personas blancas pueden ser racistas es ignorar la historia del agente no blanco que hace perfiles raciales y mata a «esos negros». Es ignorar que el policía que asesinó en 2012 a Shantel Davis en Brooklyn era negro, que tres de los seis agentes involucrados en la muerte de Freddie Gray en 2015 eran negros, que el policía que asesinó en 2016 a Keith Lamont Scott en Charlotte era negro, y que uno de los policías que asesinó en 2018 a Stephon Clark en Sacramento era negro. ¿Cómo pueden los agentes blancos involucrados en las muertes de Terence Crutcher, Sandra Bland, Walter L. Scott, Michael Brown, Laquan McDonald y Decynthia Clements ser racistas y sus homólogos negros ser antirracistas?

Para ser justos, una encuesta a casi ocho mil agentes jurados en 2017 deja sorprendentemente claro que los agentes blancos tienen más probabilidad de ser racistas que los agentes negros hoy en día. Casi todos los agentes blancos encuestados (92%) estaban de acuerdo con la idea post-racial de que «nuestro país ha hecho los cambios necesarios para dar a las personas negras los mismos derechos que a las blancas». Solo el 6% de los agentes blancos avalaba la idea antirracista de que «nuestro país necesita seguir haciendo cambios para dar a las personas negras los mismos derechos que a las blancas», en comparación con el 69% de los agentes negros. Pero la disparidad se reduce con respecto a los encuentros policiales mortales. Los agentes negros (57%) tienen solo el doble de probabilidad que los agentes blancos (27%) de decir que «las muertes de personas negras durante los encuentros con la policía en los últimos años son señal de un problema más grande».

La nueva cosecha de políticos, jueces, jefes de policía y agentes negros en la década de 1960 y durante las décadas posteriores, ayudó a crear un nuevo problema. El aumento de los niveles de delincuencia violenta devoró los barrios empobrecidos. Los residentes negros bombardeaban a sus políticos y a los luchadores contra el crimen con sus miedos racistas a los criminales *negros*, no a los criminales sin más. Ni los residentes, ni los políticos, ni los luchadores contra el crimen vieron el problema de la heroína y el crack como una crisis de salud pública, o el problema de la delincuencia violenta en los barrios pobres donde las personas negras vivían como un problema de pobreza. Las personas negras parecían estar más preocupadas por otras personas negras que las estaban matando por miles cada año en guerras de drogas o en robos que por el cáncer, las enfermedades del corazón y las enfermedades respiratorias que las mataban por cientos de miles cada año. Esas enfermedades no se mencionaban, pero «el crimen de las personas negras contra su propia gente ha alcanzado un nivel crítico que amenaza nuestra existencia como pueblo», escribía el editor de *Ebony* John H. Johnson, en un número especial de 1979 sobre el tema. El racismo interiorizado, el verdadero crimen de las personas negras contra su propia gente, había alcanzado un nivel crítico —este nuevo enfoque con las personas negras como cómplices en la crisis del «crimen negro» ayudó a alimentar el crecimiento del movimiento a favor del encarcelamiento masivo que arruinaría a una generación—.

El auge del encarcelamiento masivo fue en parte alimentado por las personas negras que, aun cuando adoptaron ideas racistas, lo hicieron ostensiblemente para tratar de salvar a la comunidad negra en la década de 1970. Pero la década de 1980 trajo una forma más premeditada de racismo, como se canaliza a través de los administradores negros que Ronald Reagan nombró para su gabinete. Bajo la dirección de Clarence Thomas de 1980 a 1986, la Equal Employment Opportunity Commission (Comisión de Igualdad de Oportunidades en el Empleo) duplicó el número de casos de discriminación desestimados como «sin causa». Samuel Pierce, secretario de Reagan del Departamento de Vivienda y Desarrollo Urbano (HUD), reorientó miles de millones de dólares en fondos federales asignados para viviendas para personas de bajos ingresos, hacia intereses corporativos y donantes republicanos. Bajo la supervisión de Pierce en la primera mitad de la década de 1980, el número de unidades de vivienda pública en vecindarios no blancos disminuyó severamente. Las personas negras pobres se enfrentaron a una crisis de vivienda en la década de 1980 que Pierce empeoró, a pesar de que tenía el poder de aliviarla, preparando el escenario para los futuros secretarios de HUD como la persona designada por Trump, Ben Carson. Fueron hombres que usaron el poder que se les había dado —por muy limitado y condicional que fuera— de maneras indudablemente racistas.

MIENTRAS EL EDITOR y yo mirábamos hacia abajo, tuve una acalorada conversación —y conversión— en mi mente. Al final, el silencio se rompió y el editor me pidió que me retirara de su oficina. Recibí un ultimátum antes del final de la jornada laboral: dejar mi columna racial para *The Famuan* o dejar mis prácticas en el *Tallahassee Democrat*. Dejé mi columna con una absoluta amargura, sintiendo como si abandonara una parte de mí mismo.

Y es verdad que empecé a abandonar una parte de mí mismo —para mejor—. Comencé a silenciar una mitad de la guerra que libraba en mi interior, el duelo entre el antirracismo y la asimilación a la que W. E. B. Du Bois había dado voz, y comencé a abrazar la lucha hacia una sola conciencia, la del antirracismo. Escogí una segunda especialidad, los estudios afroamericanos.

Tomé mi primer curso de historia negra ese otoño de 2003, el primero de los cuatro cursos de historia africana y afroamericana que tomaría durante tres semestres con el profesor de la FAMU David Jackson. Sus clases, precisas, detalladas e interesantes, pero también divertidas a su manera, me llevaron automáticamente a través de la historia por primera vez. Había imaginado la historia como una batalla: por un lado las personas negras, por el otro un equipo con «esos negros» y personas blancas. Empecé a ver por primera vez que era una batalla entre racistas y antirracistas.

Poner fin a una confusión dio inicio a otra: qué hacer con mi vida. Como estudiante de último año en el otoño de 2004, descubrí que el periodismo deportivo ya no me decía nada. Al menos no tanto como esta nueva y emocionante historia que estaba descubriendo. Acabé abandonando la tribuna de prensa por una que, según los estadounidenses, era la tribuna más «peligrosa» de todas.

CLASE

Emocionado por comenzar en la escuela de posgrado con Estudios Afroamericanos en la Universidad de Temple, me mudé al norte de Filadelfia en los primeros días de agosto de 2005. A Hunting Park para ser exactos, a unos pasos de la Allegheny Avenue y del vecindario de Allegheny West. Mi apartamento, en un segundo piso y con un dormitorio, daba a la North Broad Street: personas blancas pasando con el carro, personas negras pasando a pie, personas latinoamericanas girando hacia la derecha en Allegheny. Nadie que estuviera fuera de mi edificio, un anodino bloque color chocolate junto a una gasolinera de Exxon, podría decir que, unas ventanas más arriba del vacío escaparate de su planta baja, estaba el hogar de una vida humana real. Sus ventanas cubiertas parecían ojos cerrados en un ataúd.

Al parecer, la muerte también residía allí. A mis nuevos vecinos negros les habían dicho durante años que Hunting Park y Allegheny West eran dos de los vecindarios más peligrosos de Filadelfia —los más pobres, con las tasas más altas de delitos violentos—.

Aterricé en el «gueto», como la gente llamaba frívolamente a mi nuevo vecindario. El gueto se había expandido en el siglo XX cuando engulló a millones de personas negras que emigraron del sur a ciudades occidentales y norteñas como Filadelfia. Luego las personas blancas alzaron el vuelo. La combinación de ayudas del gobierno —en forma de subsidios, construcción de carreteras y garantías de préstamos— junto con promotores, a menudo racistas, abrió nuevas casas urbanas y en las afueras donde crear riquezas para los blancos que huían, mientras confinaban en gran medida a personas negras nativas y a nuevos inmigrantes negros en los denominados guetos, ahora hacinados y diseñados para extraer la riqueza de sus residentes. Pero la palabra «gueto», que se instaló en la arteria principal del vocabulario estadounidense, no conjuraba una serie de políticas racistas que permitieron el vuelo de los blancos y el abandono negro —en cambio, «gueto» comenzó a describir el comportamiento poco respetable de las personas negras en las North Broad Streets del país—.

«El gueto oscuro es una patología institucionalizada, es una patología crónica y que se perpetúa a sí misma y es el intento inútil de quienes tienen poder de confinar esa patología para evitar la propagación de su contagio a la "comunidad en general"», escribió el psicólogo Kenneth Clark en su libro de 1965, *Dark Ghetto*. «Patología», es decir, una desviación de la norma. ¿Las personas negras pobres del «gueto» son patológicas, anormales? ¿Anormales comparados con quién? ¿Qué grupo es la norma? ¿Las élites blancas? ¿Las élites negras? ¿Las personas blancas pobres? ¿Las personas latinoamericanas pobres? ¿Las élites asiáticas? ¿Las personas nativas americanas pobres?

Todos estos grupos —como el grupo «personas negras pobres»— son distintas clases raciales, grupos raciales en la intersección de raza y clase. Las personas pobres son una clase, las personas negras una raza. Las personas negras pobres son una clase racial. Cuando decimos que la gente pobre es perezosa, estamos expresando una idea elitista. Cuando decimos que las personas negras son perezosas, estamos expresando una idea racista. Cuando decimos que las personas negras pobres son más perezosas que las blancas pobres, las élites blancas y las élites negras, estamos hablando en la intersección de ideas elitistas y racistas —una intersección ideológica que forma el racismo de clase—. Cuando Dinesh D'Souza escribe, «el comportamiento de la clase baja afroamericana [...] viola y escandaliza flagrantemente los códigos básicos de responsabilidad, decencia y civismo», está desplegando el racismo de clase.

Cuando una política explota a la gente pobre, es una política elitista. Cuando una política explota a las personas negras, es una política racista. Cuando una política explota a las personas negras pobres, la política explota en la intersección de políticas elitistas y racistas —una intersección política del racismo de clase—. Cuando racializamos las clases, apoyamos políticas racistas contra esas clases raciales y las justificamos con ideas racistas, nos estamos involucrando en el racismo de clase. Ser antirracista es igualar las clases raciales. Ser antirracista es atribuir a las políticas las disparidades económicas entre las clases raciales iguales, no a las personas.

El racismo de clase está tan maduro entre los estadounidenses blancos —que tratan a las personas blancas pobres como «basura blanca»— como en los Estados Unidos negros, donde las personas negras racistas degradan a las personas negras pobres como «esos negros» que viven en el gueto. Las construcciones de «negros del gueto» (y «basura blanca») son las formas ideológicas más obvias del racismo de clase. Las personas patológicas hicieron que el gueto fuera patológico, dicen los segregacionistas. El gueto patológico hizo que la gente fuera patológica, dicen los asimilacionistas. Ser antirracista es decir que lo patológico son las condiciones políticas y económicas de los barrios negros pobres, y no las personas. Las condiciones patológicas están haciendo que los residentes enfermen más y sean más pobres mientras se esfuerzan por sobrevivir y prosperar, mientras inventan y reinventan culturas y comportamientos que pueden ser diferentes, pero nunca inferiores a los de los residentes en vecindarios más ricos. Pero si las clases raciales elitistas juzgan a las clases raciales pobres por sus propias normas culturales y de comportamiento, entonces los pobres parecen inferiores. Quien crea la norma crea la jerarquía y coloca su propia clase racial en la parte superior de la jerarquía.

DARK GHETTO FUE un estudio innovador sobre las personas negras pobres durante la guerra del presidente Johnson contra la pobreza en la década de 1960, cuando los estudios sobre la pobreza estaban en auge, como el trabajo del antropólogo Oscar Lewis. Lewis argumentaba que los hijos de las personas empobrecidas, a saber, las personas no blancas pobres, se habían criado con comportamientos que impedían su salida de la pobreza, perpetuando generaciones de pobreza. Introdujo el término «cultura de la pobreza» en una etnografía de 1959 de familias mexicanas. A diferencia de otros economistas que exploraban el papel de la política en el «ciclo de la pobreza» —la explotación depredadora que se mueve a la vez con escasos ingresos y oportunidades, que mantiene incluso a las personas más trabajadoras en la pobreza y convierte la pobreza en algo caro—, Lewis reprodujo la idea elitista de que los comportamientos pobres mantienen en la pobreza a la gente pobre. «Las personas con una cultura de la pobreza», escribió Lewis, «son un pueblo marginal que solo conoce sus propios problemas, sus propias condiciones locales, su propio vecindario, su propia forma de vida».

Los racistas blancos todavía hablan de la cultura de la

pobreza. «Tenemos una espiral de cultura en el interior de nuestras ciudades, en particular entre hombres que no trabajan, y generaciones de hombres que ni siquiera piensan en trabajar, y sin aprender el valor y la cultura del trabajo», dijo el representante de Wisconsin Paul Ryan en 2015. «Así que hay un verdadero problema cultural aquí que tiene que ser tratado».

A diferencia de Lewis y Ryan, Kenneth Clark presentaba la mano oculta del racismo, activando la cultura de la pobreza, o lo que él llamaba «patología». En el trabajo de Clark, la conciencia enfrentada de la tesis de opresión-inferioridad resurgió. Primero la esclavitud, luego la segregación, ahora la pobreza y la vida en el «gueto», hicieron que las personas negras fueran inferiores, según esta última actualización de la tesis. La pobreza se convirtió quizás en la injusticia más duradera y popular para encajar en la tesis de opresión-inferioridad.

Algo estaba haciendo pobre a la gente pobre, según esta idea. Y eran las ayudas sociales. Las ayudas «transforman al individuo de un ser espiritual digno, industrioso y autosuficiente en una criatura animal dependiente sin que él lo sepa», escribió el senador estadounidense Barry Goldwater en *The Conscience of the Conservative* en 1960. Goldwater y sus descendientes ideológicos decían poco o nada sobre las personas blancas ricas que dependían de las ayudas de las herencias, los recortes de impuestos, los contratos gubernamentales, las conexiones y los rescates. Decían poco o nada sobre la clase media blanca que dependía de las ayudas del New Deal, la GI Bill, los suburbios subvencionados y las exclusivas redes sociales blancas. Las ayudas de las personas de ingresos medios y altos se mantenían fuera del discurso sobre las «limosnas», ya que las ayudas de las personas negras pobres se habían convertido en el verdadero opresor en la versión conservadora de la tesis de opresión-inferioridad. «La evidencia de este fracaso está a nuestro alrededor», escribió Kay Coles James, presidenta de la Heritage Foundation en 2018. «Como negra e hija de un ex receptor de ayudas sociales, conozco de primera mano el daño involuntario que han causado las ayudas».

Kenneth Clark era un cronista implacable de las políticas racistas que conformaban «el gueto oscuro», pero al mismo tiempo reforzaba la jerarquía de la clase racial. Posicionaba a las personas negras pobres como inferiores a las élites negras a las que pertenecía, que también habían vivido durante mucho tiempo «dentro de los muros del gueto», tratando desesperadamente de «escapar de su insidiosa maldición». Clark consideraba a las personas negras pobres menos estables que las blancas. «Las personas blancas pobres y los habitantes de los barrios marginales tienen la ventaja de [...] creer que pueden levantarse económicamente y escapar de los barrios bajos», escribió. «Las personas negras se sienten confinadas en el bajo estatus generalizado del gueto». Obama expresó algo similar durante su discurso de campaña sobre la raza en 2008. «Entre todos aquellos que han luchado con uñas y dientes para conseguir un pedazo del sueño americano, hubo muchos que no lo lograron —aquellos que al final fueron vencidos, de una manera u otra, por la discriminación—. Ese legado de derrota se transmitió a las generaciones futuras —esos hombres jóvenes y mujeres cada vez más jóvenes que vemos parados en las esquinas de las calles o languideciendo en nuestras prisiones, sin esperanza ni perspectivas para el futuro—». Este estereotipo de las personas negras pobres desesperadas, derrotadas y desmotivadas no tiene fundamento. Investigaciones recientes muestran, de hecho, que las personas negras pobres son más optimistas sobre sus perspectivas que las blancas pobres.

Durante mucho tiempo, las personas blancas pobres racistas han enriquecido su concepto de sí mismas en la escalera de las ideas racistas, lo que W. E. B. Du Bois llamaba el «salario» de la blancura. Puede que no sea rico, pero al menos no soy negro. Las élites negras racistas, por su parte, mejoraron su concepto de sí mismas en la escalera de las ideas racistas, en lo que podemos llamar el salario del elitismo negro. Puede que no sea blanco, pero al menos no soy uno de esos negros.

Las élites negras racistas tenían el mismo concepto de las personas negras de bajos ingresos que los racistas no negros de las personas negras. Creíamos que teníamos algo más que ingresos más altos. Creíamos que éramos superiores. Nos veíamos a nosotros mismos como los «*Talented Tenth*», como denominó Du Bois a las élites negras desde lo alto de su racismo de clase en 1903. «La raza negra, como todas las razas, será salvada por sus hombres excepcionales», proyectó Du Bois. «¿Hubo alguna vez una nación en la tierra justa de Dios civilizada desde abajo hacia arriba? Nunca; la cultura siempre, antes, ahora y en el futuro, se filtra desde arriba hacia abajo».

Había recorrido un largo camino en 2005. También lo hicieron los Talented Tenth y el término «gueto» en el vocabulario racial de Estados Unidos. En los cuarenta años transcurridos desde el *Dark Ghetto* de Clark, la oscuridad se había casado con el gueto en la capilla de la inferioridad, y había tomado su nombre como propio —el gueto era ahora tan definitivamente oscuro, que llamarlo «gueto oscuro» sería redundante—. El gueto también se convirtió en un adjetivo —cultura del gueto, gente del gueto— como un sustantivo cargado de ideas racistas, desatando todo tipo de crímenes de personas negras contra sus iguales en las comunidades negras pobres.

EN MI NUEVO hogar de Filadelfia, no me importaba lo que la gente pensara de las personas negras pobres de mi vecindario. Llámalo gueto si quieres. Huye si quieres. Yo quería estar allí. ¡Vivir los efectos del racismo de primera mano!

Veía a las personas negras pobres como productos del racismo y no del capitalismo, en gran parte porque pensaba que conocía el racismo, pero sabía que no conocía el capitalismo. Pero es imposible conocer el racismo sin entender su intersección con el capitalismo. Como dijo Martin Luther King en su crítica al capitalismo en 1967, «significa finalmente llegar a ver que el problema del racismo, el problema de la explotación económica y el problema de la guerra están todos unidos. Estos son los tres demonios que están interrelacionados».

El capitalismo surgió durante lo que los teóricos de los sistemas mundiales denominaron el «largo siglo XVI», un período de incubación que comienza alrededor de 1450 con Portugal y España navegando hacia el Atlántico desconocido. El Portugal del príncipe Enrique dio a luz gemelos unidos —capitalismo y racismo— cuando inició el comercio transatlántico de esclavos del pueblo africano. Estos recién nacidos miraban con ojos tiernos a sus antiguos hermanos: sexismo, imperialismo, etnocentrismo y homofobia. Los gemelos unidos desarrollaron diferentes personalidades a través de la nueva clase y las formaciones raciales del mundo moderno. Como principales clientes de los comerciantes de esclavos portugueses, primero en su país de origen y luego en sus colonias americanas, España adoptó y crio a los niños pequeños mientras cometía el genocidio de los nativos americanos y establecía los seminarios y cementerios fundacionales en los que el imperio atlántico de Europa occidental creció en el siglo XVI. Holanda, Francia e Inglaterra se superaron mutuamente como potencias hegemónicas del comercio de esclavos, llevando a los gemelos unidos a su vigorosa adolescencia en los siglos XVII y XVIII. Los gemelos unidos entraron en la edad adulta a través de la esclavitud nativa, negra, asiática y el trabajo forzoso en las Américas, impulsando revoluciones industriales de Boston a Londres que financiaron imperios aún mayores en los siglos XVIII y XIX. Las guerras frías y calientes del siglo XX en torno a recursos y mercados, derechos y potencias, debilitaron a los gemelos unidos —pero con el tiempo se fortalecerían bajo la guía de los Estados Unidos, la Unión Europea, China y las naciones satélite en deuda con ellos, colonias en todo menos en el nombre—. Los gemelos unidos están luchando de nuevo para mantenerse vivos y prosperar mientras su propia descendencia —desigualdad, guerra y cambio climático— amenaza con matarlos, y a todos nosotros.

En el siglo XXI, las persistentes desigualdades raciales en cuanto a pobreza, desempleo y riqueza muestran la obra de una vida de los gemelos unidos. La tasa de pobreza negra en 2017 alcanzaba el 20%, casi el triple de la tasa de pobreza blanca. La tasa de desempleo de las personas negras ha sido al menos el doble que la tasa de desempleo de las blancas durante los últimos cincuenta años. La brecha salarial entre personas negras y blancas es la más grande en cuarenta años. La media del patrimonio neto de las familias blancas es unas diez veces mayor que la de las familias negras. Según un pronóstico, se espera que los hogares blancos posean ochenta y seis veces más riqueza que los hogares negros para 2020, y sesenta y ocho veces más que los hogares latinoamericanos. La disparidad solo empeorará si las políticas de vivienda racistas, las políticas fiscales que benefician a los ricos y el encarcelamiento masivo continúan sin cesar, según los pronosticadores. Para 2053, se espera que la media de riqueza de los hogares negros se acerque a 0 dólares, y los hogares latinoamericanos alcanzarán ese punto dos décadas después.

Las desigualdades provocadas por el racismo y el capitalismo no se limitan a Estados Unidos. El crecimiento capitalista sin precedentes de África en las últimas dos décadas ha enriquecido a los inversores extranjeros y a un puñado de africanos, mientras que el número de personas que viven en la pobreza extrema está creciendo en el África subsahariana. Con la pobreza extrema cayendo rápidamente en otros lugares, los pronosticadores proyectan que casi nueve de cada diez personas extremadamente pobres vivirán en el África subsahariana para 2030. En América Latina, las personas de ascendencia africana siguen siendo desproporcionadamente pobres. La brecha global entre las regiones más ricas (y más blancas) del mundo y las regiones más pobres (y más negras) del mundo se ha triplicado en tamaño desde la década de 1960, al mismo tiempo que la clase media mundial no blanca ha crecido.

La movilidad hacia arriba es mayor para las personas blancas, y la movilidad hacia abajo es mayor para las personas negras. Y la igualdad es inexistente en la escalera de clases raciales en los Estados Unidos. En el quintil de ingresos más altos, la riqueza media de las personas blancas es de aproximadamente 444,500 dólares, alrededor de 300,000 dólares más que para las personas latinoamericanas y negras de ingresos altos. Los hogares negros de ingresos medios tienen menos riqueza que los hogares de ingresos medios blancos, cuyas casas tienen un valor más alto. La pobreza blanca no es tan angustiosa como la pobreza negra. Las personas negras pobres tienden mucho más a vivir en barrios donde otras familias son pobres, creando una pobreza de recursos y oportunidades. Los sociólogos se refieren a esto como la «doble carga». Las personas negras pobres del área metropolitana de Chicago tienen diez veces más probabilidades que las blancas pobres de vivir en zonas de alta pobreza. Con la pobreza negra concentrada y la pobreza blanca dispersa, la pobreza negra es visible y rodea a sus víctimas; la pobreza blanca pasa desapercibida.

Atribuir estas desigualdades únicamente al capitalismo es tan erróneo como atribuirlas únicamente al racismo. Creer que estas desigualdades desaparecerán eliminando el capitalismo es tan erróneo como creer que estas desigualdades desaparecerán eliminando el racismo. Revertir el racismo en un país capitalista puede eliminar las desigualdades entre las personas pobres blancas y negras, las personas latinoamericanas y asiáticas de ingresos medios y las personas ricas blancas y nativas americanas. Las políticas antirracistas en las décadas de 1960 y 1970 redujeron estas desigualdades con algunas medidas. Pero las políticas antirracistas por sí solas no pueden eliminar las desigualdades entre las personas asiáticas ricas y las pobres o entre las personas blancas ricas y la «basura blanca» —las desigualdades entre las clases raciales—. A medida que las disparidades raciales dentro de las clases se reducían en las últimas décadas, las desigualdades económicas dentro de las razas se han ampliado, al igual que las ideas de clase racistas que justifican esas desigualdades.

Las políticas antirracistas no pueden eliminar el racismo de clase sin la ayuda de políticas anticapitalistas. El anticapitalismo no puede eliminar el racismo de clase sin el antirracismo. Por ejemplo, el persistente racismo al que se enfrentaron los afrocubanos en la Cuba socialista después de que los revolucionarios eliminaran el capitalismo en 1959, como lo relató la historiadora Devyn Spence Benson. Los revolucionarios exigieron a los afrocubanos asimilarse a una Cuba post-racial imaginada —«No negros, sino ciudadanos»— construida sobre las normas sociales cubanas blancas y las ideas racistas después de una campaña de tres años contra el racismo que terminó abruptamente en 1961.

Los espacios socialistas y comunistas no son automáticamente antirracistas. Algunos socialistas y comunistas han impulsado un programa segregacionista o post-racial para no alienar a los trabajadores blancos racistas. Por ejemplo, los delegados en la reunión fundacional del Partido Socialista de América (SPA) en 1901 se negaron a adoptar una petición contra el linchamiento. Los líderes asimilacionistas de algunas organizaciones socialistas y comunistas han pedido a la gente no blanca que deje sus identidades raciales y sus planes de batalla antirracistas en la puerta, denunciando las «políticas de identidad». Puede que algunos de estos socialistas y comunistas no estén familiarizados con los escritos de su guía ideológico sobre la raza. «El descubrimiento de oro y plata en Estados Unidos», escribió una vez Karl Marx, «la extirpación, la esclavitud y el sepultamiento en las minas de la población aborigen, el comienzo de la conquista y el saqueo de las Indias Orientales, la conversión de África en una madriguera para la caza comercial de pieles negras, marcó el albor de la era de la producción capitalista». Marx reconocía el nacimiento de los gemelos unidos.

En la década de 1920, W. E. B. Du Bois comenzó a leer a Karl Marx. Después de que la Gran Depresión hundiera más a las personas negras pobres que a las blancas pobres, y viendo en el New Deal el mismo viejo negocio de racismo gubernamental para los trabajadores negros, Du Bois concibió un anticapitalismo antirracista. El economista de la Universidad Howard Abram Harris, inmerso en un marxismo post-racial que ignoraba la frontera de color tan obstinadamente como cualquier racista daltónico, suplicó a Du Bois que reconsiderara su intersección del anticapitalismo y el antirracismo. Pero la realidad de lo que los expertos ahora llaman capitalismo racial —el nombre singular de los gemelos unidos— hizo que Du Bois se decidiera.

«El grado más bajo y mortal» de «sufrimiento [de los trabajadores negros] no proviene de los capitalistas, sino de otros trabajadores blancos», afirmó Du Bois. «El trabajo blanco [...] priva a la persona negra de su derecho a votar, le niega la educación, le niega la afiliación a los sindicatos, lo expulsa de casas y barrios decentes, y amontona sobre él los insultos públicos de la discriminación abierta en función del color». Estados Unidos tiene una «aristocracia de clase trabajadora» blanca, concluyó Du Bois. «En lugar de una división horizontal de clases, había una fisura vertical, una separación completa de las clases por raza, cortando en perpendicular a través de las capas económicas». ¿El cuchillo de corte vertical? El racismo, afilado a través de los siglos. «Este hecho definitivo e indiscutible, que el comunismo ruso importado ha ignorado, no ha sido discutido».

Pero Du Bois lo discutió. Un anticapitalismo antirracista podría sellar las fisuras horizontales de clase y las fisuras verticales de raza —y, lo que es más importante, sus intersecciones— con políticas raciales y económicas igualadoras. En 1948, abandonó oficialmente la idea de una vanguardia Talented Tenth de personas negras de élite y alentó un «*Guiding One Hundredth*». Du Bois ayudó a criar una nueva cosecha de anticapitalistas antirracistas antes de que fueran metidos bajo tierra o en prisión por los terrores rojos de la década de 1950, antes de su resurgimiento en la década de 1960. Están resurgiendo de nuevo en el siglo XXI a raíz de la Gran Recesión, el movimiento *Occupy*, el *Movement for Black Lives* y las campañas de los socialdemócratas, reconociendo que «hay un vínculo inextricable entre el racismo y el capitalismo», citando al académico de Princeton Keeanga-Yamahtta Taylor. Están ganando elecciones, corriendo a los brazos de organizaciones anticapitalistas y exponiendo los mitos del capitalismo.

Sigo usando el término «anticapitalista» en lugar de socialista o comunista para incluir a las personas que cuestionan o aborrecen pública o privadamente el capitalismo pero no se identifican como socialistas o comunistas. Utilizo «anticapitalista» porque los defensores conservadores del capitalismo suelen decir que sus oponentes liberales y socialistas están en contra del capitalismo. Dicen que los esfuerzos por proporcionar una red de seguridad para todas las personas son «anticapitalistas». Dicen que los intentos de prevenir los monopolios son «anticapitalistas». Dicen que los esfuerzos que fortalecen los sindicatos débiles y debilitan a los propietarios explotadores son «anticapitalistas». Dicen que los planes para normalizar la propiedad de los trabajadores y las regulaciones que protegen a los consumidores, los trabajadores y los entornos de las grandes empresas son «anticapitalistas». Dicen que las leyes que gravan a los más ricos más que a la clase media, redistribuyen la riqueza robada y garantizan los ingresos básicos son «anticapitalistas». Dicen que las guerras para acabar con la pobreza son «anticapitalistas». Dicen que las campañas para eliminar el ánimo de lucro de sectores esenciales como la educación, la salud, los servicios públicos, los medios de comunicación y las prisiones son «anticapitalistas».

Con ello, estos defensores conservadores están definiendo el capitalismo. Definen el capitalismo como la libertad de explotar a las personas hasta la ruina económica; la libertad de eliminar los sindicatos; la libertad de aprovecharse de los consumidores, los trabajadores y el medioambiente; la libertad de valorar los beneficios trimestrales por encima del cambio climático; la libertad de socavar a las pequeñas empresas y a las que funcionan con el colchón de sus pequeños accionistas; la libertad de la competencia; la libertad de no pagar impuestos; la libertad de aumentar la carga fiscal sobre las clases medias y bajas; la libertad de mercantilizarlo todo y a todos; la libertad de mantener a la gente pobre, pobre, y a las personas de ingresos medios luchando por mantener sus ingresos medios, y hacer más ricos a los ricos. La historia del capitalismo —de la guerra mundial, las clases, el comercio de esclavos, la esclavitud, la colonización, la caída de los salarios y la expropiación de la tierra, el trabajo, los recursos y los derechos— avala la definición conservadora del capitalismo.

Los liberales que son «capitalistas hasta la médula», como se define la senadora estadounidense Elizabeth Warren, presentan una definición diferente del capitalismo. «Creo en los mercados y en los beneficios que pueden producir cuando funcionan», dijo Warren cuando se le preguntó qué significaba esa identidad para ella. «Me encanta la competición que implica un mercado que tiene reglas decentes. [...] El problema es cuando las reglas no se aplican, cuando los mercados no están en igualdad de condiciones, toda esa riqueza es arrastrada en una dirección», lo que lleva al engaño y al robo. «El robo no es capitalismo», dijo Warren. Ha propuesto una serie de regulaciones y reformas que sus oponentes conservadores clasifican como «anticapitalistas». Dicen que otros países que tienen estas reglas no son capitalistas. Warren debe ser aplaudida por sus esfuerzos para establecer y hacer cumplir las reglas que terminan con el robo y nivelar el campo de juego para, con suerte, todas las clases raciales, no solo la clase media blanca. Pero si Warren tiene éxito, entonces el nuevo sistema económico funcionará de una manera completamente diferente a lo que ha operado antes en la historia de Estados Unidos. O el nuevo sistema económico no será capitalista o el viejo sistema que reemplazará no era capitalista. Ambos no pueden ser capitalistas.

Cuando la senadora Warren y otros definen el capitalismo de esta manera —como los mercados y las reglas del mercado y la competencia y los beneficios cuando se gana— están separando el capitalismo del robo y el racismo y el sexismo y el imperialismo. Si ese es su capitalismo, entiendo cómo pueden seguir siendo capitalistas hasta la médula. Sin embargo, la historia no reconoce esa definición de capitalismo. Los mercados y las reglas del mercado y la competencia y los beneficios de ganar existían mucho antes del auge del capitalismo en el mundo moderno. Lo que el capitalismo introdujo en esta mezcla fue el robo global, unos campos de juego racialmente desiguales, una riqueza unidireccional que se precipita hacia arriba en cantidades sin precedentes. Desde los albores del capitalismo racial, ¿cuándo ha habido igualdad de condiciones en los mercados? ¿Cuándo han podido los trabajadores competir de igual a igual contra los capitalistas? ¿Cuándo han podido las personas negras competir de igual a igual contra las blancas? ¿Cuándo han podido las naciones africanas competir de igual a igual contra las europeas? ¿Cuándo no han beneficiado las reglas a las naciones ricas y blancas? La humanidad necesita definiciones honestas del capitalismo y el racismo basadas en la historia real de los gemelos unidos.

El 1% más rico posee actualmente alrededor de la mitad de la riqueza mundial, frente al 42,5% en el apogeo de la Gran Recesión en 2008. Los 3,500 millones de adultos más pobres del mundo, que comprenden el 70% de la población mundial en edad de trabajar, poseen el 2,7% de la riqueza mundial. La mayoría de estos adultos pobres viven en países no blancos que fueron sometidos a siglos de comercio de esclavos, colonización y despojos de recursos, lo que creó la riqueza moderna de Occidente. La extracción de riqueza continúa hoy a través de empresas extranjeras que poseen o controlan recursos naturales clave en el sur global, tomadas a través de la fuerza con la amenaza de «sanciones económicas» otorgadas por políticos «democráticamente elegidos». El capitalismo racial hace que países como la República Democrática del Congo sea uno de los más ricos del mundo y, al mismo tiempo, uno de los más pobres.

Amar el capitalismo es acabar amando el racismo. Amar el racismo es terminar amando el capitalismo. Los gemelos unidos son dos lados del mismo cuerpo destructivo. La idea de que el capitalismo es meramente libre mercado, competencia, libre comercio, suministro y demanda, y la propiedad privada de los medios de producción que operan con fines de lucro, es tan caprichosa y ahistórica como la idea de los blancos-supremacistas de que llamar algo racista es la forma principal de racismo. Las definiciones populares del capitalismo, como las ideas racistas populares, no viven en la realidad histórica o material. El capitalismo es esencialmente racista; el racismo es esencialmente capitalista. Nacieron juntos por las mismas causas antinaturales y algún día morirán juntos por causas antinaturales. O el capitalismo racial vivirá otra época de robo e injusticia voraz, especialmente si los activistas luchan ingenuamente contra los gemelos unidos de forma independiente, como si no fueran lo mismo.

MIS PADRES ESTABAN preocupados. Yo me sentí vivo cuando me mudé a este vecindario negro. Sentía que necesitaba vivir entre personas negras para estudiar y elevar a las personas negras. Pero no cualquier grupo negro: las personas negras pobres. Las consideraba las representantes más auténticas de las personas negras. Convertí la pobreza urbana en una entrada a la casa supuestamente empobrecida y plagada de delincuencia de la auténtica negritud.

A Lerone Bennett Jr., el veterano editor ejecutivo de la revista *Ebony*, mi identificación de la pobreza, el trapicheo, la criminalidad, el sexo y el juego en el mundo urbano con el mundo negro más auténtico probablemente le habría recordado las películas de *blaxploitation* de finales de los años 60 y principios de los 70. El movimiento Poder negro de la época, que rompía con el estándar blanco de ideas asimilacionistas, envió a los creativos negros en una misión para erigir los estándares negros, una nueva estética negra. Las películas de *blaxploitation* llegaron justo a tiempo, con elencos negros, entornos urbanos y héroes y heroínas negros: proxenetas, gánsteres, prostitutas y violadores.

Mis padres vieron *Shaft* (1971) y *Super Fly* (1972) en cuanto salieron. Pero su teología cristiana, incluso en su forma liberadora, les impidió ver *Sweet Sweetback's Baadasssss Song* en 1971. Era una película sobre un trabajador de burdel masculino que es brutalizado por agentes de la policía de Los Ángeles, pero luego les pega una paliza en represalia, elude una persecución policial en comunidades empobrecidas, utiliza su destreza sexual para asegurarse la ayuda de las mujeres y alcanza la libertad en México. «Hice esta película por la estética negra», dijo Melvin Van Peebles. «Los críticos blancos no están acostumbrados a eso. La película es vida negra, sin complacencia».

Quería experimentar la vida negra, sin complacencia. Me había mudado al norte de Filadelfia en 2005 cargando con una negritud enfrentada: «Black is Beautiful» y «Black is Misery», usando la frase que Lerone Bennett Jr. presentó en su crítica en *Ebony* de *Sweet Sweetback's Baadasssss Song*. Bennett criticó a Van Peebles por su oda cinematográfica al «culto de la pobreza» negra, por imaginar la pobreza «como la incubadora de sabiduría y alma», por identificar «tontamente» «la estética negra con estómagos vacíos y prostitutas de culo grande [...] Romantizar las lágrimas y la agonía de la gente», escribió Bennett, «es una forma muy vulgar de representarlos como seres humanos».

Pensé que era tan real, tan negro, cuando elegí este apartamento en este vecindario... En realidad, estaba siendo racista. Estaba estereotipando vulgarmente a las personas negras pobres. Mientras otros habían huido de las personas negras pobres por el miedo racista a su peligrosa inferioridad, yo huía hacia ellas con la promesa racista de la superioridad que me confería su peligro, su autenticidad superior. Yo era el gentrificador negro, una criatura distinta del gentrificador blanco. Si el gentrificador blanco se muda al barrio negro pobre para desarrollarlo, el gentrificador negro se muda de vuelta al barrio negro pobre para desarrollarse.

Ser antirracista no es reconocer ni a las personas negras pobres ni a las personas negras de la élite como las representantes más verdaderas de las personas negras. Pero en ese momento creía que la cultura se filtraba hacia arriba, que las élites negras, en todo nuestro materialismo, individualismo y asimilacionismo, necesitábamos viajar hasta «lo más bajo» para ser civilizadas. Concebía a las personas negras pobres como lo más bajo y, a la vez, los cimientos de la negritud. Quería que su autenticidad se me pegara, a mí, un hombre negro de ingresos medios echado a perder —en ambos sentidos—. La música rap creada por la gente de «lo más bajo» ya no era suficiente para mantenerme pegado a su realidad.

Estaba totalmente de acuerdo con *Black Bourgeoisie* de E. Franklin Frazier, publicado en 1957. Situando a las élites blancas como la norma, Frazier consideraba a las élites negras inferiores: traicionaban a su raza con más facilidad, eran consumidores más ostentosos, más corruptos políticamente, más explotadores, más irracionales por admirar a la gente que los oprimía. Este racismo de clase invertido sobre las inferiores élites negras rápidamente se convirtió en una creencia religiosa, uniéndose a la creencia religiosa de que las masas negras son más patológicas. En el *bestseller Beyond the Melting Pot*, escrito con Daniel Patrick Moynihan en 1963, el sociólogo Nathan Glazer argumentaba que, a diferencia de las otras clases medias, «la clase media negra aporta muy poco [...] a la solución de los programas sociales negros». Sin ningún dato de apoyo, Glazer posicionaba a la burguesía negra como inferior, en la escala de la responsabilidad social, respecto a otras burguesías. Estas ideas racistas estaban equivocadas, por supuesto —una década antes, Martin Luther King Jr. y una generación de jóvenes negros de élite de la burguesía negra comenzaron la épica lucha por los derechos civiles, la justicia económica y la desegregación—. Mi generación de jóvenes negros de la élite se adentró en nuestra propia lucha —en los estudios negros, un espacio negro—.

CAPÍTULO 13

ESPACIO

RACISMO ESPACIAL: Una poderosa colección de políticas racistas que conducen a la desigualdad de recursos entre los espacios racializados o a la eliminación de ciertos espacios racializados, que están sustentadas en ideas racistas sobre los espacios racializados.

ANTIRRACISMO ESPACIAL: Una poderosa colección de políticas antirracistas que conducen a la igualdad racial entre los espacios racializados, integrados y protegidos, que están sustentadas en ideas antirracistas sobre los espacios racializados.

LAMÁBAMOS A NUESTROS estudios afroamericanos un espacio negro —estaba, después de todo, gobernado principalmente por cuerpos negros, pensamientos negros, culturas negras e historias negras—. Por supuesto, los espacios de la Universidad de Temple gobernados principalmente por cuerpos blancos, los pensamientos blancos, las culturas blancas y las historias blancas no eran etiquetados como blancos. Escondían la blancura de sus espacios detrás del velo de daltonismo.

La persona más importante en nuestro espacio negro en Temple había estado perforando este velo tácito desde 1970, cuando imprimió por primera vez el *Journal of Black Studies*. Molefi Kete Asante, que en 1980 publicaría la influyente obra *Afrocentricity*, se opuso a las ideas asimilacionistas y convocó a las personas negras afrocéntricas. Había múltiples maneras de ver el mundo, argumentó. Pero demasiados negros estaban «mirando» el mundo desde un «centro» europeo, que se tomaba como el único punto desde el que ver el mundo —a través de las culturas europeas haciéndose pasar por culturas mundiales, religiones europeas disfrazadas de religiones mundiales, historia europea disfrazada de historia mundial—. Los sujetos europeos hacían resplandecer las teorías disfrazadas de teorías universales. «El rechazo del particularismo europeo como universal es la primera etapa de nuestra próxima lucha intelectual», escribió el profesor Asante. En 1987, estableció el primer programa de doctorado de estudios afroamericanos del país en Temple para librar la lucha, el programa en el que entré yo veinte años más tarde.

La mano derecha de Asante en nuestro departamento era la profesora Ama Mazama. Procedente de Guadalupe y con un doctorado en lingüística de La Sorbona en París, la profesora Mazama podría haber sido más conocida fuera de los Estados Unidos. Aquello no parecía importarle, y disfrutaba haberse escapado a América para hablar sobre su investigación acerca del paradigma afrocéntrico, la religión africana, la cultura e idiomas del Caribe y la educación en casa afroamericana. Amaba las tradiciones africanas desde lo profundo de su alma. Esa misma alma no soportaba ver a los africanos adorando las tradiciones europeas. «Negros esclavos» («*Negroes*»), los llamaba con disgusto.

La profesora Mazama hablaba con la misma suavidad que desprendía el atuendo africano que cubría su pequeño cuerpo. La recuerdo debatiendo públicamente con un animado Maulana Karenga, el creador del Kwanza, con la misma tranquilidad con la que hablaba después con sus hijos educados en casa. Ella me enseñó que el poder de la palabra hablada reside en el poder de las palabras que se eligen y se pronuncian.

La profesora Mazama ofrecía críticas de la misma forma en que las recibía: de manera imperturbable. Acogía casi con beneplácito la divergencia ideológica de las personas a las que apreciaba. No estábamos de acuerdo en todo, pero compartimos un profundo amor por los africanos y el debate académico. La profesora Mazama era tan intelectualmente segura, intrépida y clara como nadie que hubiera conocido. Le pedí que fuera mi asesora de la tesis y ella accedió. Esperaba que al menos algunas de sus cualidades intelectuales se me pegaran.

En mi primer curso con Mazama, daba conferencias sobre la afirmación de Asante de que la objetividad era realmente una «subjetividad colectiva». «Es imposible ser objetivo», concluyó.

Fue el tipo de idea simple que cambió mi visión del mundo de inmediato. Tenía mucho sentido para mí, ya que recordaba las decisiones subjetivas que había tomado como aspirante a periodista e investigador. Pero si la objetividad estaba muerta, necesitaba un repuesto. Levanté la mano como un estudiante de octavo grado.

—¿Sí?

—Si no podemos ser objetivos, entonces ¿qué deberíamos intentar hacer?

Me miró mientras reunía las palabras. No era una mujer de muchas palabras, así que no tardó mucho.

—Simplemente di la verdad. Eso es lo que deberíamos intentar hacer. Decir la verdad.

LOS ESTUDIOS AFROAMERICANOS ocupaban parte del octavo piso del Gladfelter Hall de la Universidad de Temple, que, con gesto estoico, estaba frente a frente a su igualmente imponente gemelo, el Anderson Hall. Los dos rascacielos llenos de profesores blancos de ingresos medios y estudiantes, se cernían sobre los bloques del norte de Filadelfia repletos de personas negras de bajos ingresos. Los guardias de seguridad mal pagados de Temple exigían que cualquiera que entrara en el Gladfelter Hall u otros edificios del campus mostrara sus identificaciones universitarias para evitar que esos dos mundos se encontraran. Las personas blancas racistas veían peligro en el «gueto» que caminaba por el campus. Les preocupaba proteger su espacio blanco dentro del espacio negro del norte de Filadelfia. Pero no podían entender por qué nos preocupábamos por salvaguardar nuestro espacio negro dentro del espacio blanco de Temple. Marcaron los estudios negros como un «gueto», como mi barrio en el norte de Filadelfia, pero insistían en que era un gueto que habíamos creado nosotros mismos.

El carácter definitorio del «gueto oscuro» de Harlem, donde Kenneth Clark vivió y estudió durante la década de 1960, y del norte de Filadelfia, donde viví y estudié cuatro décadas después, era una «insidiosa maldición», según Clark, «delincuencia juvenil» y «violencia generalizada» —características que existen en diferentes formas en todos los espacios racializados—. La idea del peligroso barrio negro es la idea racista más peligrosa. Y es poderosamente engañosa. Por ejemplo, la gente se aleja y estigmatiza los barrios negros como calles llenas de crimen donde podrían robarte la cartera. Pero aspiran a mudarse a barrios blancos de lujo, hogar de criminales de cuello blanco y «banksters» («banqueros-gánsteres»), como Thom Hartmann los llama, que podrían robar sus ahorros de toda la vida. Los estadounidenses perdieron billones durante la Gran Recesión, que fue provocada en gran medida por crímenes financieros de asombrosa magnitud. Según el FBI, se cree que las pérdidas estimadas por crímenes de cuello blanco oscilan entre los 300 y 600 mil millones de dólares al año. En comparación, cerca del apogeo de los crímenes violentos en 1995, el FBI informó que los costos combinados de los robos con allanamiento y los robos comunes fueron de 4 mil millones de dólares.

Los estadounidenses racistas estigmatizan barrios negros

enteros como lugares de homicidio y violencia mortal, pero no conectan de manera similar a los barrios blancos con el número desproporcionado de hombres blancos que llevan a cabo tiroteos masivos. Y ni siquiera ven la violencia diaria que se desarrolla en las carreteras que lleva a sus hogares a la mayoría de las personas blancas que viven en las afueras. En 1986, durante la violenta epidemia de crack, 3,380 estadounidenses más murieron por accidentes de tráfico relacionados con el alcohol que por homicidios. Nada de esto significa que los espacios blancos o los espacios negros sean más o menos violentos —no se trata de crear una jerarquía—. La cuestión es que cuando nos liberamos del racismo espacial que desracializa, normaliza y eleva los espacios blancos de élite, mientras hacemos lo contrario con los espacios negros, encontraremos lo bueno y lo malo, la violencia y la no violencia, en todos los espacios; no importa cuán pobres o ricos sean, negros o no negros. No importa el efecto de los gemelos unidos.

Así como el poder racista racializa a la gente, el poder racista racializa el espacio. El gueto. Las zonas marginales. El tercer mundo. Un espacio se racializa cuando se sabe que un grupo racial gobierna el espacio o que forma una mayoría clara en un espacio. Un espacio negro, por ejemplo, es un espacio dirigido públicamente por personas negras o un espacio donde las personas negras están en mayoría. Las políticas de racismo espacial asignan muchos más recursos a los espacios blancos que a los espacios no blancos. Las ideas del racismo espacial justifican la desigualdad de los recursos mediante la creación de una jerarquía racial del espacio, elevando los espacios blancos hacia el cielo, degradando al infierno los espacios no blancos. «Tenemos una situación en la que nuestras zonas marginales, con personas afroamericanas y latinoamericanas, viven en un infierno, porque es muy peligroso», dijo el candidato Donald Trump durante un debate presidencial en 2016. En una reunión del Despacho Oval en 2018 sobre inmigrantes negros y latinoamericanos, el presidente Trump preguntó: «¿Por qué vamos a hacer que toda esta gente de países de mierda venga aquí?».

A LA SALIDA del ascensor en la octava planta del Gladfelter era imposible no fijarse en el aula acristalada conocida como la pecera. Dentro de las paredes de vidrio a menudo se sentaba, en un círculo, un grupo variopinto de peces en su mayoría negros —muchos de los cuales habían nadado hasta Filadelfia desde institutos y universidades tradicionalmente negras y todavía estaban impregnados del orgullo por sus instituciones—. Un día, antes de clase, un exalumno de la Jackson State tuvo el valor de decir que el Sonic Boom era la mejor banda de música del país. Me miró. Yo me eché a reír, una risa profunda, larga y creciente que decía todo lo que tenía que decir. Casi todos nosotros hablábamos de nuestras bandas, nuestras proezas académicas, nuestros regresos, nuestras historias y los antiguos alumnos. Incluso Ali de la Universidad de Fisk. «Hay más doctorados», declaró Ali un día, «ahí afuera, que asistieron a Fisk para sacarse una licenciatura, que en cualquier otra HBCU». Todos sabíamos que Fisk había sido ilustre, pero ahora las HBCU pequeñas y privadas como Fisk estaban perdiendo a sus estudiantes como en una hemorragia, y también los ingresos, las donaciones y el respeto. «¡Esto es 2006, no 1906!», soltó alguien. «Todos los doctorados de Fisk podrían caber fácilmente en esta pecera», gritó alguien. «¿Qué tienen, doscientos estudiantes en este momento?».

Bromas aparte, respetaba el orgullo de Ali por Fisk y el orgullo de mis compañeros de clase por las HBCU, no importaba lo extravagantes que sonaran a veces. No sentía respeto por los que odiaban sus HBCU. Y nadie odiaba tanto su HBCU como la única otra alumna de la FAMU de nuestro programa de posgrado.

Cada vez que mencionaba los ejemplos de excelencia

negra de la FAMU, Nashay los atacaba. Se quejaba de la incompetencia que acechaba en el campus de la FAMU, de la misma manera en que los estudiantes de Temple se quejaban de los peligros que acechaban fuera del campus. Un día, mientras esperábamos empezar la clase en la pecera, me harté.

—¿Por qué te metes siempre con la FAMU?

—A ti qué más te da.

Me empeñé. Ella se resistió. Al final, confesó.

—¡La FAMU la cagó con mi expediente!

—¿Cómo? —pregunté, confuso.

—Les envié mi expediente académico y la liaron. ¿Cómo pueden tener a gente tan incompetente trabajando en el departamento de expedientes?

Y se quedó en silencio. La clase comenzó, pero yo no podía dejarlo pasar. ¿Cómo podía basarse en un error desafortunado de una persona de un departamento para condenar a toda la universidad —mi universidad—? Pero yo había dicho todo aquello, lo había escuchado antes. Lo oía y culpaba a los administradores de las HBCU por la escasez de recursos. Oía a los alumnos y los profesores negros de las universidades e instituciones tradicionalmente blancos (HWCU) decir que nunca irían a una HBCU, aquellos guetos tan mal gestionados. Oía a los profesores y al personal de las HBCU hablar sobre escapar de los guetos oscuros y trasladarse a las HWCU.

Escuchaba a mi tío decir, como a Aisha Tyler, exalumna de Dartmouth, que las HBCU no representan «el mundo real». El argumento: los estudiantes negros se ven más beneficiados si asisten a una universidad mayoritariamente blanca, ya que aprenden a funcionar en un país mayoritariamente blanco. La realidad: un gran porcentaje de las personas negras estadounidenses —tal vez la mayoría— viven en barrios mayoritariamente negros, trabajan en sitios mayoritariamente negros, organizan asociaciones mayoritariamente negras, socializan en espacios mayoritariamente negros, asisten a iglesias mayoritariamente negras y envían a sus hijos a escuelas mayoritariamente negras. Cuando la gente sostiene que los espacios negros no representan la realidad, están hablando desde la cosmovisión blanca de las personas negras en minoría. Están conceptualizando el mundo estadounidense real como blanco. Ser antirracista es reconocer que no existe el «mundo real», solo mundos reales, múltiples cosmovisiones.

Escuchaba a la gente decir: «Incluso los mejores colegios y universidades negros no se acercan a los estándares de calidad de las instituciones respetables», como escribió el economista Thomas Sowell en 1974. La «descripción de Sowell sigue siendo correcta», escribió Jason Riley en *The Wall Street Journal* el 28 de septiembre de 2010. Las HBCU selectas son inferiores a las «instituciones estatales aceptables como la Universidad de Texas en Austin, no digamos Stanford o Yale».

Riley había sacado el arma conocida por salvaguardar el racismo espacial y amenazar los espacios negros: comparando injustamente los espacios negros con espacios blancos sustancialmente más ricos. El capital de la HBCU más rica, Howard, era cinco veces menor que el de la Universidad de Texas en Austin en 2016, y treinta y seis veces menor que el de Stanford o Yale. La brecha de riqueza racial produce una brecha en la dotación. En el caso de las HBCU públicas, la brecha se extiende a la de financiación del estado, ya que las políticas racistas dirigen más fondos a las HWCU, como los modelos estatales actuales «basados en el rendimiento».

Los recursos definen un espacio, unos recursos que los gemelos unidos dividen. La gente crea espacios a partir de recursos. Comparar espacios entre las clases raciales es como emparejar a luchadores de diferentes clases de peso, algo que los deportes de lucha consideran injusto. Los barrios negros pobres deben ser comparados con vecindarios blancos igualmente pobres, no con vecindarios blancos mucho más ricos. Las empresas negras pequeñas deben compararse con empresas blancas igualmente pequeñas, no con corporaciones blancas adineradas. De hecho, cuando los investigadores comparan a

las HBCU con las HWCU de medios y composición similares, las HBCU suelen tener unas tasas más altas de graduación de personas negras. Por no mencionar que los graduados
negros de las HBCU tienen, en promedio, más probabilidades que sus iguales negros de las HWCU de prosperar a nivel
financiero, social y físico.

NASHAY ME OBLIGÓ a enfrentarme a mi propio racismo espacial, pero descubriría que había más cosas que contar en su
historia.

Un funcionario de asistencia financiera le había robado
miles de dólares cuando había matriculado en una universidad blanca, pero seguía teniendo una buena opinión de esa
universidad. Una sola gestión fallida del expediente y había
condenado a su universidad negra. Qué hipocresía. En ese
momento, no podía estar enfadado con ella sin estar enfadado conmigo mismo. ¿Cuántas veces había individualizado
el error en espacios blancos, culpando al individuo y no al
espacio blanco? ¿Cuántas veces había generalizado el error
en espacios negros —en la iglesia negra o en una reunión
negra— y había culpado al espacio negro en lugar de al individuo? ¿Cuántas veces había tenido una mala experiencia en
un negocio negro y luego me había ido quejándome no de
las personas involucradas, sino de los negocios negros en su
conjunto?

Los bancos siguen teniendo el doble de probabilidad de
ofrecer préstamos a empresarios blancos que a empresarios
negros. Los clientes evitan los negocios negros como si fueran
el «gueto», porque «el hielo del hombre blanco es más frío»,
como han bromeado los antirracistas durante años. Esto ya
lo sabía entonces. Pero mi conciencia enfrentada todavía me
llevaba a pensar como un joven escritor negro escribió en
Blavity en 2017: «A nivel intelectual, sé que a las personas
negras se les ha negado el mismo acceso al capital, la forma-

ción y el espacio físico. Pero ¿ese trato desigual excusa un mal servicio?». ¿No suele costar más dinero un buen servicio, como cualquier otra mercancía? ¿Cómo podemos reconocer las nubes del racismo sobre los espacios negros y sorprendernos cuando llueve sobre nuestras cabezas?

Creía en el «Black is beautiful», pero ¿los espacios negros no lo eran? Casi todo lo que soy se lo debo al espacio negro. Vecindario negro. Iglesia negra. Universidad negra. Estudios negros. Era como una planta devaluando el suelo que la había nutrido.

LA HISTORIA DEL racismo espacial es larga. Es una historia estadounidense que comienza con la solución de Thomas Jefferson al «problema negro». Civilizar y emancipar a la persona negra. Enviar a las personas negras a África para «llevar de vuelta al país de origen las semillas de la civilización», como Jefferson propuso en una carta en 1811. Pero las personas negras no solían querer participar en el regreso y el rescate de África «de la ignorancia y la barbarie». No queremos ir a las «tierras salvajes de África», decidieron los habitantes negros y libres de Filadelfia en 1817. Mientras tanto, los esclavistas denunciaban la salvaje naturaleza de las personas negras libres. Un escritor de la sureña *De Bow's Review* buscó en todo el mundo, a través de una serie de artículos publicados en 1859 y 1860, «una comunidad moral, feliz y voluntariamente industriosa de personas negras libres», pero concluyó que «no existe tal comunidad sobre la faz de la tierra».

El 12 de enero de 1865, en medio de la Guerra Civil, el general William T. Sherman y el secretario de guerra de los Estados Unidos, Edwin M. Stanton, se reunieron con veinte líderes negros en Savannah, Georgia. Después de que su portavoz, Garrison Frazier, dijo que necesitaban que la tierra fuera libre para que «pudiéramos cosechar el fruto de nuestra obra, cuidar de nosotros mismos», Stanton preguntó si preferían «vivir [...] mezclados con las personas blancas o en colonias, por su cuenta?».

—Por nuestra cuenta —respondió Frazier—, pues hay un prejuicio contra nosotros en el sur que tardará años en superarse.

Cuatro días más tarde, William Sherman emitió la *Special Field Order No. 15* (Orden Especial de Campo No. 15) para castigar a los terratenientes confederados y liberar sus cuarteles militares de fugitivos. Las personas negras recibieron una mula del ejército y «no más de cuarenta acres» en las llanuras costeras de Carolina del Sur y Georgia. «La gestión única y exclusiva de los asuntos quedará en poder del propio pueblo liberado», ordenó Sherman.

Horace Greeley, el editor de periódicos más eminente de la época, pensó que la orden de Sherman privaba a las personas negras «de la ventaja de los maestros y vecinos blancos, que los llevarían a un entendimiento y disfrute de esa civilización superior de la que hasta ahora han sido privados como esclavos». Las personas negras sureñas liberadas «como sus compañeros en el norte» recibirán la «ayuda del contacto con la civilización blanca», escribió Greeley en su *New-York Tribune* del 30 de enero de 1865.

Las personas negras rechazaban la estrategia integracionista de Greeley. En junio de 1865, unas cuarenta mil personas negras se habían asentado en cuatrocientos mil acres de tierra antes de que los terratenientes confederados, ayudados por la nueva administración Johnson, comenzaran a recuperar «sus» tierras.

Se cree que la estrategia integracionista —la colocación de cuerpos blancos y no blancos en los mismos espacios— cultiva la barbarie de las personas no blancas y el racismo de las blancas. La estrategia integracionista espera que los cuerpos negros sanen cerca de los blancos, que aún no han dejado de luchar contra ellos. Después de soportar la violencia de la esclavitud, Frazier y sus hermanos se habían hartado. Deseaban separarse no de las personas blancas, sino del racismo blanco. La separación no siempre es segregación. El deseo antirracista de separarse de los racistas es diferente del deseo segregacionista de separarse de los negros «inferiores».

Cada vez que las personas negras se reúnen por voluntad propia, los integracionistas no ven espacios de solidaridad negra creados para separar a las personas negras del racismo. Ven espacios de odio al blanco. No ven espacios de solidaridad cultural, de solidaridad contra el racismo. Ven espacios de segregación contra las personas blancas. Los integracionistas no ven estos espacios como el acercamiento de las personas negras hacia las personas negras. Los integracionistas lo conciben como un movimiento para alejarse de las personas blancas. Luego equiparan ese movimiento para alejarse de las personas blancas con el movimiento segregacionista blanco que se aleja de las personas negras. Los integracionistas equiparan los espacios para la supervivencia de los cuerpos negros con los espacios para la supervivencia de la supremacía blanca.

Cuando los integracionistas usan la segregación y la separación indistintamente, están usando el vocabulario de Jim Crow. Los segregacionistas difuminaron las líneas entre la segregación y la separación, proyectando sus políticas de forma que «respaldaban instalaciones iguales para cada raza pero separadas», citando al editor del periódico de Atlanta, Henry W. Grady, en 1885. La Corte Suprema de los Estados Unidos sancionó este velo explícito con la decisión de 1896 *Plessy v. Ferguson*. La idea de «separados pero iguales» encubría las políticas segregacionistas que desviaban los recursos hacia espacios exclusivamente blancos. En 1930, la segregacionista Alabama gastó 37 dólares por cada estudiante blanco, y solo 7 dólares por cada estudiante negro; Georgia, 32 y 7 dólares; y Carolina del Sur, 53 y 5 dólares. La escuela secundaria no estaba disponible para mis abuelos maternos en ese momento en Georgia.

«Iguales», que se concibió como el lado bueno de la sentencia «separados pero iguales», acabó siendo un formidable enemigo de los activistas pro derechos civiles —era casi imposible obtener los mismos recursos para las instituciones negras—. El *Legal Defense Fund* (Fondo para la defensa legal) de la NAACP cambió de táctica para acabar con el «separados». Los abogados revivieron la vieja «suposición de que la separación forzada de las dos razas le imprime a la raza no blanca una insignia de inferioridad», que el juez asociado Henry Billings Brown denominó una «falacia» en su decisión de *Plessy v. Ferguson*.

En el histórico caso *Brown v. Board of Education* en 1954, el abogado de la NAACP Thurgood Marshall intentó probar la suposición utilizando la nueva ciencia social integracionista. Marshall pidió a los psicólogos Kenneth y Mamie Clark que repitieran sus famosas pruebas de muñecas para el caso. Tras presentarles muñecas con diferentes colores de piel, la mayoría de los niños negros preferían muñecas blancas, algo que los Clark interpretaron como una prueba del daño psicológico que produce la segregación. Los científicos sociales blancos argumentaban que el daño podía ser permanente. En la Corte Suprema de los Estados Unidos hubo un acuerdo unánime. «Separar [a los niños no blancos] de otras personas de edad y cualificaciones similares únicamente debido a su raza genera una sensación de inferioridad en cuanto a su estatus en la comunidad que puede afectar sus corazones y mentes de una manera que es improbable que se pueda revertir», escribió el presidente de la Corte Suprema Earl Warren.

El magistrado Warren no creía que las escuelas blancas tuvieran un efecto perjudicial sobre los niños blancos. Escribió que la «segregación de niños blancos y no blancos en las escuelas públicas tiene un efecto perjudicial sobre los niños no blancos». Retrasa su «educación y desarrollo mental», explicaba Warren. «Concluimos que, en el campo de la educación pública, la doctrina de "separados pero iguales" no tiene cabida. Las instalaciones educativas separadas son intrínsecamente desiguales».

Lo que hacía de verdad que las escuelas fueran desiguales eran los recursos dramáticamente desiguales que se les proporcionaban, no el mero hecho de la separación racial. Los magistrados de la Corte Suprema que decidieron *Plessy* y *Brown* afirmaban la mentira segregacionista de que las «personas negras y las escuelas blancas involucradas han sido igualadas, o están siéndolo», citando al magistrado Warren. En 1973, cuando las desigualdades de recursos entre las escuelas públicas se habían vuelto demasiado obvias para negarlas, la Corte Suprema dictaminó, en *San Antonio Independent School District v. Rodriguez*, que las asignaciones de impuestos sobre la propiedad que producen desigualdades en las escuelas públicas no violaban la cláusula de igualdad de la Constitución de los Estados Unidos.

EL FALLO DE la Corte Suprema de 1973 materializó la única solución que emanaba de la decisión de *Brown* en 1954: trasladar los cuerpos negros de espacios negros nocivos a espacios blancos que merecieran la pena. Dado que «hay escuelas negras adecuadas e instructores e instrucciones preparadas, entonces no hay nada diferente excepto la presencia de blancos», escribió una insultada Zora Neale Hurston en el *Orlando Sentinel* en 1955. A puerta cerrada, Martin Luther King Jr. también discrepaba. «Estoy a favor de la integración en los autobuses y en todas las áreas de alojamiento público y viajes. [...] Creo que la integración en nuestras escuelas públicas es diferente», dijo King a dos maestros negros en Montgomery, Alabama, en 1959. «Las personas blancas consideran inferiores a las negras. [...] A las personas con un concepto tan bajo de la raza negra no se les puede dar rienda suelta y ponerlas a cargo del cuidado intelectual y el desarrollo de nuestros niños y niñas».

King tuvo una pesadilla que se hizo realidad. Los estudiantes no blancos ocupan la mayoría de los asientos en las aulas de la escuela pública de hoy en día, pero son enseñados por una fuerza docente en un 80% blanca, que a menudo tiene, aunque sea inconscientemente, unas expectativas más bajas para los estudiantes no blancos. Cuando los maestros blancos y negros se enfrentan a un estudiante negro, los maestros blancos tienen aproximadamente un 40% menos de probabilidad de creer que el estudiante terminará la escuela secundaria. Los estudiantes negros de bajos ingresos que tienen al menos un maestro negro en la escuela primaria tienen un 29% menos de probabilidad de abandonar la escuela, cifra que asciende al 39% entre los chicos negros de muy bajos ingresos.

La pesadilla de King es producto de la enfrentada decisión de *Brown*. El tribunal socavó con razón la legitimidad de los espacios blancos segregados que acaparan recursos públicos, excluyen a todos los no blancos y están totalmente dominados por los pueblos y culturas blancas. Pero el tribunal reforzó también la legitimidad de los espacios blancos integrados que acaparan recursos públicos, incluyendo algunos no blancos y, en general, aunque no totalmente, dominados por personas y culturas blancas. Las mayorías blancas, el poder blanco y la cultura blanca dominan tanto la segregada como la integrada, haciendo ambas blancas. Pero el velo tácito afirma que no existe tal cosa como espacios blancos integrados, o para el caso, espacios negros integrados que están mal financiados, incluyendo algunos no negros, y en general, aunque no totalmente, dominados por personas y culturas negras. El tribunal dictaminó que los espacios negros, segregados o integrados, eran inherentemente desiguales e inferiores.

Después de *Brown*, el espacio blanco integrado llegó a definir el espacio integrado ideal donde se podían desarrollar los cuerpos no blancos inferiores. El espacio negro integrado se convirtió en un espacio segregado *de facto* donde los cuerpos negros inferiores se quedaban atrás. La integración se había convertido en «una calle de un solo sentido», observó un joven abogado de Chicago en 1995. «La minoría se asimiló a la cultura dominante, no al revés», escribió Barack Obama. «Solo la cultura blanca podía ser neutral y objetiva. Solo la cultura blanca podía ser no racial». La integración (en la blancura) se convirtió en el progreso racial.

«LA EXPERIENCIA DE una educación integrada marcaba la diferencia en la vida de los niños negros», escribió el profesor de Cal Berkeley David L. Kirp en *The New York Times* en 2016, hablando desde la parte baja, de nuevo, de la montaña rusa que es la historia de la integración. El porcentaje de estudiantes negros del sur que asistían a escuelas blancas integradas saltó de cero en 1954 a un 23% en 1969, y al 44% en 1989 antes de volver a caer al 23% en 2011. La «brecha de rendimiento académico» experimentó una montaña rusa similar, cerrándose con la integración de las escuelas blancas, antes de abrirse de nuevo, demostrando que «a los estudiantes afroamericanos que asistían a escuelas integradas les iba mejor académicamente que a los que se habían quedado atrás en escuelas segregadas», argumentaba Kirp. Las pruebas estandarizadas «demostraban» que los estudiantes blancos y los espacios blancos eran mejores. Pero ¿y si la brecha de puntuación se cerraba porque, a medida que los estudiantes negros integraban las escuelas blancas, más estudiantes recibían la misma educación y preparación para las pruebas?

Los integracionistas están molestos con el aumento de lo que llaman escuelas segregadas. «Como muchas personas blancas que crecieron en las décadas de 1960 y 1970, siempre había pensado que el objetivo final de unas mejores relaciones raciales era la integración», escribía Tamar Jacoby, miembro del Instituto Manhattan, en 1998. «La propia palabra tenía una especie de magia», pero ahora «pocos de nosotros hablamos de ello». No perseguimos el «sueño daltónico» de Martin

Luther King de «unos Estados Unidos más o menos neutrales respecto a la raza».

La transformación integracionista de King en daltónico y neutral a nivel racial borra al King real. No luchó para integrar a las personas y los espacios negros en el olvido blanco. Si lo hizo, ¿por qué construyó apartamentos con rentas bajas en Atlanta «recurriendo a obreros negros, arquitectos negros, abogados negros e instituciones financieras negras en todo», como informó con orgullo en 1967? ¿Por qué instó a las personas negras a dejar de sentirse «avergonzadas por ser negras», a invertir en sus propios espacios? Formado en un barrio, una iglesia, una universidad y una organización negros, luchó para asegurar la igualdad de acceso a los alojamientos públicos y la igualdad de recursos para todos los espacios racializados, una estrategia antirracista que protegía la cultura tanto como su no violencia protegía los cuerpos.

A través del linchamiento de los cuerpos negros, los segregacionistas son, al final, más dañinos para los cuerpos negros que los integracionistas. A través del linchamiento de las culturas negras, los integracionistas son, al final, más dañinos para la negritud que los segregacionistas. Pensemos en la conclusión lógica de la estrategia integracionista: cada raza representada en cada espacio de Estados Unidos de acuerdo con su porcentaje en la población nacional. Una persona negra (12,7%) no vería a otra de su color hasta después de haber visto al menos ocho no negros. Una persona latinoamericana (17,8%) no vería a otra hasta después de ver unas siete no latinoamericanas. Una persona asiática (4,8%) no vería a otra hasta después de ver a diecinueve no asiáticos. Una persona nativa americana (0,9%) no vería a otra hasta después de ver noventa y nueve no nativos americanos. Los estadounidenses blancos (61,3%) siempre verían más gente blanca que no blancos. Siempre saldrían ganando, desde la expansión de los espacios blancos integrados hasta la gentrificación blanca de todas las instituciones, asociaciones y barrios no blancos. No

más regazos espaciales para las culturas no blancas. Solo regazos espaciales blancos de asimilación. Todos seríamos «solo
hombres blancos» con diferentes «pieles», citando al historiador Kenneth Stampp en 1956.

Los estadounidenses han visto las consecuencias de la
estrategia segregacionista, desde la esclavitud hasta Jim Crow,
el encarcelamiento masivo y los muros fronterizos. El resultado de la estrategia antirracista es el acceso libre e igualitario
a todas las instalaciones públicas, el acceso libre a todos los
espacios blancos integrados, a los espacios de Oriente Medio
integrados, a los espacios negros integrados, a los espacios latinoamericanos integrados y a los espacios asiáticos integrados,
que están bien financiados y son diferentes a nivel cultural.
Todos estos espacios colindan con espacios cívicos de poder
político, económico y cultural, desde una Cámara de Representantes a un consejo escolar hasta un consejo editorial de
periódicos donde no predomina ninguna raza, donde predomina el poder antirracista compartido. Esto es diversidad,
algo que los integracionistas valoran solo de palabra.

La estrategia antirracista fusiona la segregación con una
forma de integración y solidaridad racial. Desegregación: eliminación de todas las barreras a todos los espacios racializados. Ser antirracista es apoyar la integración voluntaria de los
cuerpos atraídos por la diferencia cultural, una humanidad
compartida. Integración: recursos en lugar de cuerpos. Ser
antirracista es defender la igualdad de los recursos desafiando
las políticas racistas que producen la desigualdad de los recursos. Solidaridad racial: identificación, apoyo y protección
abierta de los espacios raciales integrados. Ser antirracista es
equiparar y nutrir la diferencia entre los grupos raciales.

Pero la estrategia antirracista va más allá de la concepción
integracionista de que los espacios negros nunca podrían ser
iguales a los espacios blancos, que cree que los espacios negros
tienen un «efecto perjudicial» sobre las personas negras,

citando al presidente de la Corte Suprema Warren en *Brown*. Se suponía que mi espacio de estudios negros tendría un efecto perjudicial en mí. Todo lo contrario. Mis profesores se encargaron de ello, al igual que dos alumnas negras, que respondieron preguntas que nunca se me había ocurrido hacer.

CAPÍTULO 14

GÉNERO

RACISMO DE GÉNERO: Una poderosa colección de políticas racistas que conducen a la desigualdad entre los géneros raciales y están fundamentadas en ideas racistas sobre los géneros raciales.

ANTIRRACISMO DE GÉNERO: Una poderosa colección de políticas antirracistas que conducen a la igualdad entre los géneros raciales y están fundamentadas en ideas antirracistas sobre los géneros raciales.

NADIE PODÍA IGNORAR la magnitud de su intelecto, que era incluso más evidente inmediatamente que su alta y gran complexión y su llamativo maquillaje. Kaila no pasaba desapercibida para nadie. No escondía un solo aspecto de sí misma cuando la conocí en Temple. Sin autocensura. Sin meter en el armario su feminismo lésbico en un espacio negro que podía estar enemistado con el lesbianismo y el feminismo. Sin ambigüedad que diera lugar a malentendidos. Una mujer que sacaba partido a su poder sexual, como las «chickenheads» del ensayo de Joan Morgan*, y a la que todo

---

* N. de la T.: El término «chickenhead», que en un principio tenía connotaciones despectivas hacia las mujeres que practicaban sexo oral a hombres, fue reconquistado a finales de los noventa por el hip hop feminista. La periodista Joan Morgan dedicó un ensayo a este tema, en el que animaba a las mujeres a reivindicar y utilizar su poder sexual. Ver *When Chickenheads Come Home to Roost: A Hip-Hop Feminist Breaks It Down*, Nueva York, Simon & Schuster, 2000.

le importaba una mierda. Una poeta guerrera sin ninguna manía, como su ídolo, Audre Lorde. Kaila era totalmente ella misma, y su intelecto de Laila Ali aspiraba a que todo el mundo expresara los problemas que había en lo que veían.

Kaila no se cortaba cuando te hablaba de ti mismo. Sus legendarias imitaciones de estudiantes y profesores de estudios afroamericanos eran tan divertidas como precisas. Siempre quise que hiciera una imitación de mí, pero me sentía demasiado asustado e inseguro para ver lo que ella veía.

Kaila nos juzgaba a todos junto a Yaba, cuya rugiente risa, que se apoderaba de todo su cuerpo, a menudo llenaba la estancia. Su tira y afloja de bromas era tan malo para las víctimas como los partidos de Venus y Serena Williams eran malos para las pelotas de tenis. Cuando me sentaba para una larga charla —o, mejor dicho, para escuchar y aprender— mi boca parecía estar siempre abierta, riendo con sus chistes o asombrada con sus ideas. Eran como la corte real de los estudiantes de posgrado de Estudios Afroamericanos. Todo el mundo les temía, les respetaba o se enfrentaba a ellas. Yo les temía y les respetaba, sentía demasiado miedo y asombro para enfrentarme a ellas.

La incontenible negritud de Yaba gobernaba nuestro espacio, una negritud más negra que ninguna. Más negra que ninguna, no por sus rasgos ghaneses, su aire sureño de Nueva Orleans o sus mezclas de atuendos africanos y moda afroamericana. No porque bailara cómodamente tanto al son de las culturas caribeñas como al ritmo de la suya. Parecía tener un conocimiento enciclopédico del pueblo negro: era la persona más étnicamente antirracista de mi nuevo mundo. Tan actualizada sobre la cultura popular negra como sobre la política africana, tan equipada para debatir las complejidades del ascenso de Beyoncé como el tercer ascenso del feminismo negro, tan cómoda explicando los orígenes del criollo haitiano como los conflictos entre los yoruba e igbo de Nigeria. Siempre me sentí muy ignorante a su lado.

· · ·

LLEGUÉ A TEMPLE siendo un homófobo racista y sexista. No era precisamente la clase de persona de la que estas dos mujeres se harían amigas. Pero vieron un potencial en mí que yo mismo no había visto.

Mis ideas sobre género y sexualidad reflejaban las de mis padres. Ellos no me enseñaron a ser homófobo. Rara vez hablaban de gais y lesbianas. Las ideas solían bailar *a cappella*. Su silencio borraba la existencia *queer* tan a fondo como los integracionistas borraron la realidad de los espacios blancos integrados.

En cuanto al género, la percepción de papá de la fortaleza masculina no derivaba de la debilidad percibida en las mujeres. Tal vez porque mamá nunca ocultó su fuerza. Ella había levantado peso desde que tengo memoria. Llevaba bolsas pesadas a la casa, haciendo saber a los tres armarios de metro ochenta con los que vivía que incluso midiendo un metro sesenta y pesando 54 kilos, no era nada floja físicamente. Papá siempre había sido más emocional y cariñoso que mamá. Papá consolaba a mi hermano y a mí cuando nos hacían daño. Mamá nos decía que nos aguantáramos, como la vez que entré llorando cuando me rompí la muñeca. Me ordenó volver afuera para terminar el partido de baloncesto.

Papá a menudo bromeaba en la iglesia con que mamá era el director financiero de la familia. Mientras que otros hombres patriarcales se reían, papá hablaba en serio. Lo era. En otras ocasiones, las ideas sexistas de papá exigían que él mandase y las ideas sexistas de mamá que ella se sometiera. Ella lo consideraba entonces el cabeza de familia. Él aceptaba el título.

Mis padres no me enseñaron estrictamente a ser una persona negra patriarcal. Me convertí en una persona negra patriarcal porque mis padres, y el mundo que me rodeaba, no me criaron estrictamente para ser una persona negra feminista. Ni mis padres ni yo nacimos en una época propicia para enseñar feminismo negro a un niño negro, si es que alguna vez ha existido tal época. Parecía haber una guerra de baja intensidad entre los géneros, tal vez más claramente articulada en nuestra cultura popular. Nací el año de *El color púrpura* de Alice Walker, una influyente obra del arte feminista negro, pero que muchos críticos masculinos negros vieron como un gran trabajo sobre la masculinidad negra. Entré en la adolescencia el año que las mujeres negras estaban presentes en los teatros en una gira catártica sobre el maltrato masculino negro, *Waiting to Exhale*. Pero el último conflicto tenía raíces más profundas, tal vez germinado durante el verano de 1965, cuando los medios de comunicación se apoderaron de «The Negro Family: The Case for National Action», un informe del gobierno escrito por el subsecretario de trabajo del presidente Johnson, Daniel Patrick Moynihan.

Casi una cuarta parte de las familias negras estaban encabezadas por mujeres, el doble de la tasa de las familias blancas, advertía Moynihan, mientras los medios de comunicación se llevaban las manos a la cabeza con la «fractura» de la familia negra. «La comunidad negra se ha visto obligada a una estructura matriarcal que [...] impone una carga aplastante al macho negro», produciendo una «maraña de patología», afirmaba Moynihan. Moynihan pidió una acción nacional para emplear y empoderar a los hombres negros, que habían sido emasculados por la discriminación y las mujeres negras matriarcales. «Mantener al negro "en su lugar" se puede traducir como mantener al hombre negro en su lugar: la hembra no era una amenaza para nadie», escribió Moynihan.

«Las reverberaciones» del informe Moynihan «fueron desastrosas», escribió la historiadora Deborah Gray White. Los racistas patriarcales, desde sociólogos blancos hasta maridos negros, exigían la sumisión de las mujeres negras para elevar la raza. Un mandato de la revista *Ebony* se hizo popular: El «objetivo inmediato de la mujer negra hoy en día debe ser el establecimiento de una unidad familiar fuerte en la que el padre sea la persona dominante». Una década más tarde, las personas negras patriarcales y los sociólogos blancos seguían promocionando la idea de que los hombres negros lo tenían peor que las mujeres negras. «Sin duda», el racismo se había «centrado en gran medida» en el hombre negro, argumentaba el sociólogo Charles Herbert Stember en su libro de 1976, *Sexual Racism: The Emotional Barrier to an Integrated Society*. No se habían logrado unos Estados Unidos con espacios integrados (blancos) porque en el núcleo del racismo estaba el «rechazo sexual de la minoría racial, el intento consciente por parte de la mayoría de evitar la convivencia interracial», escribió. Los celos sexuales del hombre blanco hacia el hombre negro eran la clave.

Para demasiados hombres negros, el movimiento Poder negro que surgió después del informe Moynihan, se convirtió en una lucha contra los hombres blancos por el poder negro sobre las mujeres negras. Papá fue testigo de esta lucha de poder, después de ser criado por una madre negra soltera que nunca lo llamó a él o a su hermano jefes de la casa, como lo hacían otras madres solteras patriarcales. Un día de 1969, papá había estado cantando en una pequeña iglesia, salió a tomar el aire y se enfrentó a un pantera negra que estaba agrediendo a su novia. Otro día, en el verano de 1971, papá y una novia que tuvo antes de mamá se aventuraron en el templo de la Nación del Islam que había en Harlem. La Nación había despertado el interés de papá. Estaban comiendo con uno de los pastores. La novia de papá dijo algo. El ministro la golpeó y soltó: «Las mujeres no deben hablar en presencia de los hombres». Papá se levantó de su silla de un brinco, tuvieron que sujetarlo y acabaron obligándolo a marcharse del templo.

A pesar de todo, papá y mamá no pudieron evitar unirse a la fuerza interracial que vigilaba la sexualidad de las jóvenes madres negras. Eran dos de los millones de liberales y conservadores horrorizados por el creciente porcentaje de niños negros que nacían en hogares monoparentales en las décadas de 1970 y 1980 —horrorizados a pesar de que mi padre salió bien—. El pánico en torno al número reportado de hogares monoparentales se basaba en una serie de premisas defectuosas o no probadas: que dos padres malos serían mejores que uno bueno, que la presencia de un padre negro abusivo es mejor para el niño que su ausencia, que tener un segundo ingreso para un niño supera todos los demás factores, que todos los padres solteros eran mujeres negras, que ninguno de estos padres ausentes estaban en prisión o en la tumba, que las madres negras nunca escondían la presencia de padres negros en su hogar para recibir ayuda social por el niño.

A tiempo para las elecciones de mitad de legislatura en 1994, el politólogo Charles Murray se aseguró de que los estadounidenses supieran que el porcentaje de niños negros nacidos en hogares monoparentales «había alcanzado el 68%». Murray culpaba al «sistema de prestaciones sociales». Mis padres y otros liberales culpaban a la irresponsabilidad sexual, a un vergonzoso desprecio por las oportunidades nacidas del activismo de los años 60, a la patologización de la pobreza y a la desconexión de la abstinencia prematrimonial de Cristo. Todos se equivocaban a muchos niveles. El porcentaje cada vez mayor de bebés negros nacidos en hogares monoparentales no se debía a que las madres negras solteras tuvieran más hijos, sino a que las mujeres negras casadas tenían menos hijos a lo largo del siglo XX. Mamá podía ver ese declive en su familia. La abuela paterna de mamá había tenido dieciséis hijos de su esposo entre las décadas de 1910 y 1920. La madre de mamá había tenido seis hijos de su esposo entre las décadas de 1940 y 1950. Mi madre tuvo dos hijos a principios de la década de 1980, al igual que dos de sus tres hermanas casadas.

Mamá y papá y un sinnúmero de estadounidenses estaban desconectados de la realidad racial y saltaron a demonizar esta clase de madres solteras. Solo las feministas negras como Dorothy Roberts y Angela Davis las defendieron.

• • •

EN OTROS TEMAS mamá a veces presentaba una defensa feminista. A principios de agosto de 1976, el martes antes del sábado en que mis padres tenían previsto casarse, mientras repasaban la ceremonia, el pastor Wilfred Quinby recitó los votos nupciales cristianos para mis padres. «Esposos, amen a sus esposas, y esposas, obedezcan a sus maridos».

—¡No pienso obedecerle! —interrumpió mamá.

—¿Cómo? —dijo el pastor Quinby en shock, girándose para mirar a mi padre.

—¿Qué? —dijo mi padre, girándose para mirar a mi madre.

—El único hombre al que obedecí era a mi padre, cuando era niña —casi gritó, mirando a los ojos muy abiertos de papá—. ¡Tú no eres mi padre y yo no soy una niña!

El reloj seguía corriendo. ¿Papá sacaría los versículos bíblicos sobre la sumisión de las mujeres y lucharía por la idea sexista? ¿Se arrastraría a otro lugar y buscaría a otra mujer que se sometiera? Papá eligió una opción diferente: la única opción que podía dar lugar a su matrimonio de más de cuatro décadas. Recogió poco a poco su mandíbula del suelo, se volvió a colocar los ojos en las cuencas y le ofreció a mamá una solución equitativa.

—¿Qué te parece: «Están dispuestos a someterse el uno al otro»? —preguntó.

Mamá asintió con la cabeza. Le gustaba cómo sonaba lo de «el uno al otro», integrando el concepto Cristiano de sumisión con la igualdad feminista. Mis padres escribieron sus propios votos de boda. El pastor Quinby los casó como estaba previsto.

PAPÁ NO DEBERÍA haberse sorprendido por la resistencia de mamá. Durante algún tiempo, mamá había estado repensando el sexismo cristiano. Después de casarse, mamá asistió a «conferencias de concienciación» para mujeres cristianas en Queens. Lo que Kimberly Springer llama el «movimiento feminista negro» finalmente había irrumpido en los diques sexistas de las iglesias cristianas. Las feministas negras rechazaban la idea patriarcal negra prevaleciente de que el papel activista principal de las mujeres negras era someterse a sus maridos y producir más bebés negros para la «nación negra». A través de grupos como la Alianza de Mujeres Negras (1970) y la Organización Nacional Feminista Negra (1973), a través de los comités de mujeres negras en el Poder negro y los grupos de liberación de mujeres, las feministas negras luchaban contra el sexismo en los espacios negros y el racismo en los espacios de las mujeres. Desarrollaron sus propios espacios y una conciencia feminista negra para la liberación de las mujeres negras, para la liberación de la humanidad.

Los activistas *queer* negros también habían sido marginados después de haber iniciado el movimiento de liberación gay con la revuelta de Stonewall en Manhattan en 1969. Luchando contra la homofobia en los espacios negros y el racismo en los espacios *queer*, los antirracistas *queer* crearon sus propios espacios. Tal vez el espacio más antirracista de la época también haya sido el espacio feminista más antirracista de la época. En el verano de 1974, un grupo de mujeres negras de Boston se separó de la Organización Feminista Negra Nacional (NBFO) para formar el Colectivo del Río Combahee (CRC), llamado así por la incursión de esclavos del río Combahee en 1863 dirigida por Harriet Tubman. Revivieron la política de la libertad sin adulterar de la general Tubman. En 1977, compartieron sus puntos de vista en una declaración redactada por Barbara Smith, Demita Frazier y Beverly Smith. La Declaración Colectiva del Río Combahee encarnaba la liberación, el feminismo y el antirracismo como tal vez no lo haya hecho ninguna otra declaración pública en la historia de Estados Unidos. No querían que las mujeres negras fueran vistas como inferiores o superiores a cualquier otro grupo. «Con ser reconocida como ser humano es suficiente».

«Nuestra política surgió inicialmente de la creencia compartida de que las mujeres negras son intrínsecamente valiosas», escribieron. «Ningún otro movimiento ostensiblemente progresista ha considerado nuestra opresión específica una prioridad. [...] Nos damos cuenta de que las únicas personas que se preocupan lo suficiente por nosotras para trabajar constantemente para nuestra liberación somos nosotras». Maria Stewart, la primera feminista de Estados Unidos conocida por dar un discurso público a una audiencia mixta, consideraba y priorizaba la opresión específica de las mujeres negras en sus atrevidos discursos a principios de la década de 1830 en Boston. También Sojourner Truth y Frances Harper, antes y después de la Guerra Civil. También Ida B. Wells y Anna Julia Cooper, a principios de 1900. También lo hizo Frances Beal, que proclamaba audazmente en 1968: «La mujer negra en Estados Unidos puede ser justamente descrita como una "esclava de un esclavo"», víctima del «doble peligro» del racismo y el sexismo. Este documento de posición se unió a una antología de textos en 1970 de mujeres como Nikki Giovanni, Audre Lorde y una joven prodigio de Mississippi llamada Alice Walker. La editora Toni Cade Bambara, una académica de literatura de Rutgers, aseguraba que *The Black Woman* reflejaba mejor «las preocupaciones de la mujer negra contemporánea en este país», incluyendo el establecimiento del «récord directamente sobre la matriarca y la malvada mujer negra».

Pero 1991 —el año en que Anita Hill acusó a Clarence Thomas, nominado a la Corte Suprema de Estados Unidos, de acoso sexual— resultó ser el año crucial de las expertas feministas negras. Construyeron una terminología para nombrar la opresión específica a la que se enfrentaban las mujeres negras, que las feministas negras desde Maria Stewart hasta

Anna Julia Cooper y Angela Davis habían estado identificando durante más de un siglo. Más allá de las escenas de
lo que Thomas llamó alucinantemente un «linchamiento de
alta tecnología» y la defensa de primera línea de las feministas negras de Hill, la académica afro-holandesa Philomena
Essed trabajó en un proyecto que ayudaría a definir lo que
estaba sucediendo. Publicó sus reflexiones sobre entrevistas
en profundidad que había realizado con mujeres negras en los
Estados Unidos y los Países Bajos en *Understanding Everyday
Racism*. «Cuando se discuten las experiencias de las mujeres
negras, ¿es sexismo o es racismo?», preguntaba Essed. «Estos
dos conceptos se entrelazan y combinan en ciertas condiciones en un fenómeno híbrido. Por lo tanto, es útil hablar de
racismo de género».

En 1991, la teórica de crítica racial de la UCLA Kimberlé
Williams Crenshaw exploró aún más esta noción de «interseccionalidad». Ese año publicó «Mapping the Margins: Intersectionality, Identity Politics, and Violence Against Women
of Color» en la *Stanford Law Review*, basado en su discurso
de la Third National Conference on Women of Color and
the Law en 1990. «Los esfuerzos feministas para politizar las
experiencias de las mujeres y los esfuerzos antirracistas para
politizar las experiencias de las personas no blancas han pro-
cedido con frecuencia como si los problemas y experiencias
que cada una detalla se produjeran en terrenos mutuamente
excluyentes», teorizaba Crenshaw. «Aunque el racismo y el
sexismo se cruzan fácilmente en la vida de las personas reales,
rara vez lo hacen en las prácticas feministas y antirracistas».

El poder racista (y sexista) distingue géneros raciales,
grupos raciales (de género) en la intersección de la raza y el
género. Las mujeres son un género. Las personas negras son
una raza. Cuando identificamos a las mujeres negras, estamos identificando un género racial. Una política sexista produce desigualdades entre mujeres y hombres. Una política
racista produce desigualdades entre grupos raciales. Cuando

una política produce desigualdades entre los géneros raciales, estamos ante un racismo con género, o dicho de otra forma, un racismo de género.

Ser antirracista es rechazar no solo la jerarquía de las razas, sino también los géneros raciales. Ser feminista es rechazar no solo la jerarquía de géneros sino también la de los géneros raciales. Ser verdaderamente antirracista es ser feminista. Ser verdaderamente feminista es ser antirracista. Ser antirracista (y feminista) es nivelar los diferentes géneros raciales, es asociar las desigualdades entre los géneros raciales iguales con políticas de racismo de género.

El racismo de género estuvo detrás del creciente número de esterilizaciones involuntarias de mujeres negras por parte de médicos eugenistas —doscientos mil casos en 1970, alcanzando los setecientos mil en 1980—. El racismo de género ha producido la situación actual en la que las mujeres negras con algo de formación universitaria ganan menos que las mujeres blancas que solo tienen el bachiller; las mujeres negras tienen que conseguir posgrados para poder ganar más que las mujeres blancas con licenciaturas; y la riqueza media de las mujeres blancas solteras siendo de 42,000 dólares en comparación con los 100 dólares de las mujeres solteras negras. Las mujeres nativas americanas y las mujeres negras experimentan la pobreza con una mayor intensidad que cualquier otro grupo de género racial. Las mujeres negras y las latinoamericanas siguen siendo las que menos ganan, mientras que los hombres blancos y los asiáticos son los que ganan más. Las mujeres negras tienen entre tres y cuatro veces más probabilidad de morir por causas relacionadas con el embarazo que las mujeres blancas. Una mujer negra con un posgrado es más propensa a perder a su bebé que una mujer blanca con una educación que no llega a octavo grado. Las mujeres negras siguen teniendo el doble de probabilidad de ser encarceladas que las mujeres blancas.

El racismo de género afecta a las mujeres blancas y a los

grupos masculinos no blancos, lo vean o no. La resistencia de las mujeres blancas al feminismo negro y a la teoría interseccional ha sido autodestructiva, impidiendo que las opositoras entiendan su propia opresión. La intersección del racismo y el sexismo, en algunos casos, oprime a las mujeres blancas. Por ejemplo, las nociones sexistas de «mujeres reales» como débiles y las nociones racistas de las mujeres blancas como la mujer idealizada, se cruzan para producir la idea racista de género de que el pináculo de la feminidad es la débil mujer blanca. Este es el racismo de género que hizo que millones de hombres y mujeres odiaran a la fuerte mujer blanca que se postulaba para presidenta en 2016, Hillary Clinton. O, por poner otro ejemplo, lo contrario del racismo de género de la hipersexual y poco virtuosa mujer negra es la virtuosa mujer blanca asexual, una construcción racial que ha limitado y controlado la sexualidad de la mujer blanca (al mismo tiempo que marcaba la sexualidad de la mujer negra como no violable). El interés del hombre blanco en linchar a los violadores negros de mujeres blancas tenía tanto que ver con controlar la sexualidad de las mujeres blancas como con controlar la sexualidad de los hombres negros. Los racistas blancos patriarcales estaban recreando la época de los esclavos, haciendo ilícito para las mujeres blancas cohabitar con los hombres negros al mismo tiempo que los hombres blancos (y negros) racistas violaban a las mujeres negras. Y la época de los esclavos perdura, entre los gritos huecos del orgullo de la raza que ahogan los gritos de las personas que han sufrido abusos sexuales. El racismo de género está detrás de la idea de que cuando uno defiende a los abusadores masculinos blancos como Trump y Brett Kavanaugh uno está defendiendo al pueblo blanco; cuando uno defiende a los abusadores masculinos negros como Bill Cosby y R. Kelly uno está defendiendo a los negros.

La resistencia masculina al feminismo negro y la teoría interseccional ha sido igualmente autodestructiva, impidiendo que los que se oponen entiendan nuestra opresión específica. La intersección del racismo y el sexismo, en algunos casos, oprime a los hombres no blancos. Los hombres negros refuerzan los tropos opresivos reforzando ciertas ideas sexistas. Por ejemplo, las nociones sexistas de «hombres reales» como fuertes y las nociones racistas de los hombres negros como hombres que no son de verdad, se cruzan para producir el racismo de género del hombre negro débil, inferior a la cima de la hombría, el hombre blanco fuerte.

Las nociones sexistas de que los hombres son más peligrosos por naturaleza que las mujeres (ya que las mujeres se consideran frágiles por naturaleza y necesitan protección) y las nociones racistas de que las personas negras son más peligrosas que las blancas, se cruzan para producir el racismo de género del hiperpeligroso hombre negro, más peligroso que el hombre blanco, la mujer negra y (el pináculo de la fragilidad inocente) la mujer blanca. Ninguna defensa es más fuerte que las frágiles lágrimas de la inocente feminidad blanca. Ninguna acusación es más fuerte que el caso de la hombría negra intrínsecamente culpable. Estas ideas de racismo de género transforman a cada hombre negro inocente en un criminal y a cada criminal blanco en Casey Anthony, la mujer blanca exonerada en 2011 por un jurado de Florida, contra todas las pruebas, por matar a su hijo de tres años. Las mujeres blancas salen impunes de un asesinato y los hombres negros pasan años en prisiones por condenas injustas. Después de que el encarcelamiento de hombres negros cayera un 24% entre 2000 y 2015, los hombres negros todavía tenían casi seis veces más probabilidad que los hombres blancos, veinticinco veces más probabilidad que las mujeres negras, y cincuenta veces más que las mujeres blancas de ser encarcelados. Los hombres negros que pertenecen al 1% de los millonarios tienen la misma probabilidad de ser encarcelados que los hombres blancos criados en hogares con una renta de 36,000.

· · ·

«LOS DISCURSOS FEMINISTAS y antirracistas contemporáneos no han considerado las identidades interseccionales de las mujeres no blancas», escribió Kimberlé Crenshaw en 1991. Todos los grupos raciales son una colección de identidades interseccionales diferenciadas por género, sexualidad, clase, etnia, color de piel, nacionalidad y cultura, entre una serie de otros identificadores. Las mujeres negras reconocieron por primera vez su propia identidad interseccional. Las feministas negras teorizaron primero la intersección de dos formas de intolerancia: el sexismo y el racismo. La teoría interseccional ahora da a toda la humanidad la capacidad de entender la opresión interseccional de sus identidades, desde personas latinoamericanas pobres, a hombres negros, a mujeres blancas, a lesbianas nativas americanas, a personas asiáticas trans. Una teoría para las mujeres negras es una teoría para la humanidad. No es de extrañar que las feministas negras hayan estado diciendo desde el principio que cuando la humanidad se toma en serio la libertad de las mujeres negras, la humanidad se toma en serio la libertad de la humanidad.

Las identidades negras interseccionales están sujetas a lo que Crenshaw describió como la intersección del racismo y otras formas de intolerancia, como el etnocentrismo, el colorismo, el sexismo, la homofobia y la transfobia. En mi viaje hacia el antirracismo primero reconocí la interseccionalidad de mi racismo étnico, y luego mi racismo corporal, y luego mi racismo cultural, y luego mi racismo de color, y luego mi racismo de clase, y, cuando entré en la escuela de posgrado, mi racismo de género y mi racismo *queer*.

CAPÍTULO 15

SEXUALIDAD

RACISMO *QUEER*: Una poderosa colección de políticas racistas que conducen a la desigualdad entre las sexualidades raciales y están fundamentadas en ideas racistas sobre las sexualidades raciales.

ANTIRRACISMO *QUEER*: Una poderosa colección de políticas antirracistas que conducen a la igualdad entre las sexualidades raciales y están fundamentadas en ideas antirracistas sobre las sexualidades raciales.

EL PODER RACISTA (y homófobo) distingue las sexualidades raciales, grupos raciales (o de sexualidad) en la intersección de la raza y la sexualidad. Las personas homosexuales son una sexualidad. Las personas latinoamericanas son una raza. Las personas homosexuales latinoamericanas son una sexualidad racial. Una política homófoba produce desigualdades entre heterosexuales y homosexuales. Una política racista produce desigualdades entre grupos raciales. El racismo *queer* produce desigualdades entre las sexualidades raciales. El racismo *queer* produce una situación en la que el 32% de los niños criados por parejas masculinas negras del mismo sexo viven en la pobreza, en comparación con el 14% de los niños criados por parejas masculinas blancas del mismo sexo, el 13% de los niños criados por heterosexuales negros y el 7% de los niños criados por heterosexuales blancos. En cuanto a los niños criados por parejas femeninas del mismo sexo que viven en la pobreza, la disparidad racial es casi tan amplia. Los hijos de parejas *queer* negras son más propensos a vivir en la pobreza porque sus padres son más propensos a ser pobres que las parejas heterosexuales negras y las blancas *queer*.

La homofobia no puede separarse del racismo. Se han entrecruzado durante siglos. El médico británico Havelock Ellis es conocido por popularizar el término «homosexual». En su primer tratado médico sobre la homosexualidad, *Studies in the Psychology of Sex* (1897), escribió sobre «la cuestión del sexo —con las cuestiones raciales relacionadas con ello—». Consideraba la homosexualidad como una anormalidad fisiológica congénita, tal como él consideraba la criminalidad en ese momento. Ellis adoraba al padre de la criminología, el médico italiano Cesare Lombroso, que afirmaba que los criminales nacen, no se hacen, y que las personas no blancas son por naturaleza criminales. En 1890, Ellis publicó un popular resumen de los escritos de Lombroso.

Ellis pasó muchos años enfrentándose a la criminalización de la homosexualidad blanca. Siguiendo la estela de los académicos racistas, Ellis utilizaba la anatomía comparativa de los cuerpos de las mujeres para evidenciar las diferencias biológicas entre las sexualidades. «En cuanto a los órganos sexuales, parece posible», escribió Ellis, «hablar más definitivamente de las mujeres invertidas que de los hombres invertidos». En ese momento, los médicos racistas estaban contrastando el clítoris «unido» de «mujeres estadounidenses arias» que «corresponde a la civilización superior» y el clítoris «libre» «en negras» que corresponde a «animales altamente domesticados». Los médicos homófobos suponían que las lesbianas «invertidas» «revelarán en casi todos los casos un clítoris anormalmente prominente», escribió Perry M. Lichtenstein, médico de la prisión de la ciudad de Nueva York. Las ideas racistas que sugieren que las personas negras son más hipersexuales que las blancas y las ideas homófobas que sugieren que las personas *queer* son más hipersexuales que los heterosexuales se cruzan para producir el racismo *queer* de la sexualidad racial más hipersexual, la persona *queer* negra. Su sello biológico imaginado: el clítoris anormalmente prominente, que «es así sobre todo en las mujeres no blancas», agregó Lichtenstein.

WECKEA ERA MI mejor amigo en Temple. Ambos éramos de tez oscura, llevábamos trenzas y proveníamos de orgullosas HBCU. Solía hacerme amigo de gente relajada y tranquila como él. Él solía hacerse amigo de gente atrevida y tonta como yo. Los dos éramos curiosos por naturaleza, pero Weckea era la persona más curiosa que había conocido. Quería saberlo todo y estaba muy cerca de conseguirlo. Lo único que parecía amar tanto como una buena idea era una buena risa. Era unos años mayor que yo, y no tardé mucho tiempo en admirarlo intelectualmente, de la forma en que admiraba a Kaila y Yaba.

Llegamos a Temple en la misma cohorte —Weckea, yo y otra estudiante, Raena—. Y nos unimos.

Uno de esos días raros en los que Raena y yo comíamos juntos sin Weckea, estábamos sentados fuera, cerca del campus, disfrutando tal vez de la suave llegada de la primavera, tal vez allá por 2006. Los dos teníamos la comida delante. Primero cotilleamos un poco, tonterías, y luego, de repente:

—Sabes que Weckea es gay, ¿no?

Apenas me miró cuando lo dijo. Sus ojos se centraron en la comida que engullía.

—No, no lo sabía —dije con la voz rota.

—Bueno, no es para tanto que no te lo haya dicho, ¿no?

—No.

Miré hacia otro lado. Los carros pitaban. La gente paseaba. Venía una ambulancia. ¿A por mí?

Miré de nuevo a Raena, la barbilla hacia abajo, comiendo. Me preguntaba por qué me había dicho aquello. No vi una cara de preocupación amable mientras me movía nerviosamente en mi silla. Vi vacío, por no decir una cara de satisfacción. ¿Estaba tratando de romper mi amistad con Weckea?

Ninguno de los dos tuvo mucho que decir después de aquello. Misión cumplida por su parte. La homosexualidad de Weckea tenía sentido, como yo pensaba. Nunca había hablado de salir con una mujer. Cuando le preguntaba, cambiaba de tema. Yo lo había achacado a su extrema discreción. Describía a las mujeres como guapas o no tan guapas, pero nunca de una manera sexual, algo que yo achacaba a su conservadurismo. No era tan conservador después de todo.

Pensaba en hombres negros gais andando por ahí y teniendo sexo sin protección todo el tiempo. Pero Weckea no parecía estar loco por el sexo o ser imprudente. Pensaba en esa hipersexualidad e imprudencia que causaba que tantos hombres homosexuales negros contrajeran el VIH. Me equivocaba. Los hombres negros gais son menos propensos a tener sexo sin condón que los hombres blancos gais. Son menos propensos a usar drogas como *poppers* o la metanfetamina durante las relaciones sexuales, lo que aumenta el riesgo de infecciones por VIH.

Había estado con hombres negros gais antes, en FACES, una compañía de modelos a la que me había unido en la FAMU. Pero los hombres negros gais de la compañía (o, mejor aún, los que yo creía que eran gais) tenían lo que yo consideraba una vena femenina: la forma en que se movían, su maquillaje, la forma en que trataban de tomarme el pelo. Hicieron saltar mi radar gay. Todo lo que tenía que ver con mi compañía de modelos hacía saltar el radar gay de mis amigos. Aparte de con mis ojos naranjas, mi modelaje acabó siendo con lo que más bromeaban mis amigos. Pero ellos también pensaban que mis ojos anaranjados eran «gais».

Asumí que los hombres negros gais interpretaban la feminidad. No sabía que algunos hombres gais, como Weckea, interpretaban la masculinidad y en realidad preferían como pareja a hombres gais que interpretaban la feminidad. No sabía (y feministas como Kaila y Yaba me lo estaban enseñando) que el género era toda una interpretación, una *performance*; que las formas en que las mujeres y los hombres tradicionalmente actúan no están vinculadas a su biología; que los hombres pueden interpretar de verdad la feminidad tan eficazmente como las mujeres pueden interpretar de verdad la masculinidad. Con «de verdad» quiero decir que no están actuando, como suponen las ideas tránsfobas. Son quienes son, desafiando las convenciones de género de la sociedad. Aprendí esto, de una vez por todas, a través de mi otra amistad cercana en Temple, con una lesbiana negra *butch* de Texas. Hablaba de mujeres con Monica de una manera que no podía con Weckea. Nos atraían las mismas mujeres. Cuando llegábamos a bromear y relatar nuestras experiencias románticas, mis conversaciones con Monica no sonaban demasiado diferentes de mis conversaciones con mis amigos heterosexuales en la FAMU.

MI MENTE SE sumergió en la introspección. ¿Por qué Weckea no me lo había dicho? ¿Por qué no se sentía cómodo compartiendo su sexualidad conmigo? Tal vez había notado mi homofobia —de hecho, probablemente la había notado en mis palabras—. Él escuchaba atentamente. Nunca parecía olvidar nada.

Durante los años siguientes, Weckea se enorgullecía de mostrar su «radar gay», indicándome qué personas estaban en el armario o lo llevaban con discreción en Temple. Pero Weckea era igualmente experto en identificar la homofobia y tomar las precauciones necesarias. Debía de haber estado protegiéndose —a él y a nuestra incipiente amistad— de mi homofobia. Ahora tenía una opción: mi homofobia o mi mejor amigo. No podría tener las dos cosas por mucho tiempo. Elegí a Weckea y el comienzo de nuestra larga amistad. Elegí el comienzo del resto de mi lucha, que durará toda la vida, contra la homofobia con la que me crie, una lucha, que durará toda la vida, para ser un antirracista *queer*.

El antirracismo *queer* implica equiparar todas las sexualidades raciales, esforzándose por eliminar las desigualdades entre las sexualidades raciales. No podemos ser antirracistas si somos homófobos o tránsfobos. Debemos seguir «afirmando que todas las vidas negras importan», como dijo una vez el cofundador de Black Lives Matter, Opal Tometi. Todas las vidas negras incluyen las de las mujeres negras trans pobres, quizás las más violadas y oprimidas de todos los grupos interseccionales negros. La esperanza de vida promedio en Estados Unidos de una mujer trans no blanca es de treinta y cinco años. La violencia racial a la que se enfrentan, la transfobia a la que se enfrentan al tratar de vivir libremente, es insondable. Empecé a aprender sobre su lucha por la libertad a partir de las historias personales de la activista trans Janet Mock. Pero me abrí a su lucha el mismo día que estuve dispuesto a salvar mi amistad con Weckea.

Soy un hombre negro heterosexual y cisgénero —«cisgénero» significa que mi identidad de género corresponde a mi sexo de nacimiento, a diferencia de las personas trans, cuya identidad de género no corresponde a su sexo de nacimiento—. Ser antirracista *queer* es entender los privilegios de mi cisgénero, de mi masculinidad, de mi heterosexualidad, de sus intersecciones. Ser antirracista *queer* es ser aliado de las personas trans, de las personas intersexuales, de las mujeres, de las personas no conformes con el género (non-gender-conforming), de las personas homosexuales, de sus intersecciones, lo que significa escuchar, aprender y dejarse guiar por sus ideas igualadoras, por sus campañas políticas de igualdad, por su lucha de poder por la igualdad de oportunidades. Ser antirracista *queer* es ver que las políticas que protegen a las mujeres trans negras son tan importantes como las políticas que protegen el ascenso político de los hombres blancos *queer*. Ser antirracista *queer* es ver que la nueva ola de leyes de libertad religiosa y leyes de identificación de votantes en los estados republicanos restringen los derechos de las personas *queer*. Ser antirracista *queer* es ver la homofobia, el racismo y el racismo *queer* —no a la persona *queer*, no el espacio *queer*— como el problema, como lo anormal, como lo antinatural.

PARECÍAN ESTAR SIEMPRE allí —Yaba y Kaila—, sentadas alrededor de una de esas mesas cerca de la entrada del Gladfelter Hall, a veces con otras estudiantes de doctorado, como Danielle y Sekhmet. Solía encontrar a estas mujeres en sus descansos para fumar o en las pausas para comer que tenían cuando trabajaban juntas en el laboratorio de informática del Gladfelter. Estaban terminando sus doctorados en estudios afroamericanos, cerca del final de un viaje que yo estaba comenzando en Temple.

Cada vez que Kaila y Yaba estaban sentadas allí —siempre que estaban en cualquier lugar— su presencia era inconfundible, memorable e inquietante e inspiradora. Podría ir a la guerra con ellas a mi lado. Aprendí de ellas que no soy un defensor de los negros si no defiendo enérgicamente a las mujeres negras, si no defiendo enérgicamente a las personas negras *queer*. Las dos ejercían su influencia en los acontecimientos de nuestro departamento. Cuando nuestro departamento trajo oradores para un evento público, vinieron. Cuando los estudiantes graduados compartieron su investigación en un evento, vinieron. Cuando hubo una conferencia de estudios negros fuera de la ciudad, vinieron. Cuando llegaban, digamos que se aseguraban de que cuando surgieran ideas patriarcales, cuando las ideas homófobas salieran, cuando las ideas racistas se cruzasen, iban a por esas ideas como pirañas que acudían para su comida diaria. Yo observaba, aturdido, asombrado, impresionado por sus ataques intelectuales. Los llamo ataques, pero en realidad eran defensas, defensas de la feminidad negra y la humanidad de los negros. Eran respetuosas y comedidas si el victimario era respetuoso y comedido con ellas. Pero los llamo ataques porque me sentía atacado personalmente. Estaban atacando mi racismo de género hacia las mujeres negras, mi racismo *queer* hacia las personas negras *queer*, mi racismo *queer* y de género hacia las mujeres negras *queer*.

No quería ser su presa jamás.

Me pegaba atracones de lectura de todos los autores que mencionaban en sus intercambios públicos y en sus intercambios privados conmigo. Devoré a Audre Lorde, E. Patrick Johnson, bell hooks, Joan Morgan, Dwight McBride, Patricia Hill Collins y Kimberlé Crenshaw como si mi vida dependiera de eso. Mi vida *sí* dependía de eso. Quería superar mi racismo de género, mi racismo *queer*. Pero tenía que estar dispuesto a hacer por las mujeres negras y las personas negras *queer* lo que había estado haciendo por los hombres negros y los heterosexuales negros, lo que significaba primero aprender más —y luego defenderlos como habían hecho mis héroes—.

Ellas eran la oscuridad que me asustaba. Quería huir cada vez que salía del ascensor, giraba la esquina y veía a Yaba y Kaila, cada vez que me acercaba al edificio y estaban allí. Me dirigían sonrisas y saludos amables cuando pasaba no lo suficientemente rápido, lo que me obligaba a devolverles las sonrisas y los saludos con torpeza. A veces me paraban para charlar un poco. Con el tiempo me dejaron unirme a ellas para charlar más detenidamente, algo que disparaba mis nervios. Es mejor desafiarnos a nosotros mismos presentándonos ante las personas que nos intimidan con su brillantez y crítica constructiva. Yo no pensaba en eso. Yo quería huir. No me dejaron huir, y ahora estoy agradecido por eso.

Estas mujeres eran todo lo que no debían ser, en mi mente patriarcal y homófoba. La gente *queer* se impulsa por el sexo, no por las ideas. Las personas *queer* son anormales. Las feministas odian a los hombres. Las feministas quieren la supremacía femenina. Pero a estas feministas negras obviamente les caía bien un hombre. Eran tan ideológicas como sexuales como normales. No hablaban de mujeres gobernando a hombres. Hablaban de género, igualdad, libertad, reciprocidad, complementariedad y poder. Sus bromas y ataques no conocían el género ni la sexualidad. Si acaso, eran más duras con las mujeres. Eran más duras con gente *queer* como Raena. La calaron mucho antes que Weckea y yo.

Nadie parecía incitarlas más que las «mujeres patriarcales» —en realidad, las mujeres blancas patriarcales detrás de los racistas blancos patriarcales—. Solo puedo imaginar lo que pensaron años después cuando vieron a Kayla Moore defender a su marido, el candidato al Senado en Estados Unidos por Alabama Roy Moore, que había sido acusado de pedofilia y agresiones sexuales, al que le preguntaron durante la campaña electoral de 2017 cuándo Estados Unidos había sido grande por última vez. «Creo que fue grande en el momento en el que las familias estaban unidas —a pesar de que teníamos la esclavitud—», dijo. «Nuestras familias eran fuertes, nuestro país tenía dirección». Esto fue mucho antes de que hubiera tantas mujeres atacando públicamente a las mujeres que decían #MeToo. Las mujeres patriarcales, como término, no tenían sentido para mí por aquel entonces, como el término «homosexuales homófobos». Solo los hombres pueden ser patriarcales, pueden ser sexistas. Solo los heterosexuales pueden ser homófobos. El feminismo radical negro *queer* de esas dos mujeres separó lo homófobo de lo heterosexual, lo sexista de los hombres y lo feminista de las mujeres, en la forma en que más tarde separé yo lo racista de las personas blancas y lo antirracista de las personas negras. Tenían un problema con la homofobia, no con los heterosexuales. Tenían un problema con el patriarcado, no con los hombres. Lo que es más importante, su crítica a todos los homófobos, sin importar su identidad sexual, me mostró que las ideas y políticas homófobas y el poder eran su principal problema. Su crítica a todas las personas patriarcales, sin importar su identidad de género, me mostró que las ideas, políticas y poderes patriarcales eran su principal problema. Hablaban de personas *queer* defendiendo la homofobia tan poderosamente como hablaban de heterosexuales construyendo un mundo para el amor *queer*. Hablaban de mujeres que defendían el sexismo tan poderosamente como de hombres que construían un mundo feminista. Tal vez pensaban en mí. Porque me abrieron las puertas de ese mundo feminista donde el amor *queer* está unido al amor heterosexual, en armonía. Pero este mundo me asustaba tanto como ellas. Gracias a ellas, sin embargo, aprendí —y al final quise ayudarlas a crear ese nuevo mundo—.

Estoy eternamente agradecido de que el discurso negro de los estudiantes de posgrado estuviera gobernado por feministas negras *queer* en lugar de por hombres negros homófobos y patriarcales. Ellas fueron mis primeros referentes de feminismo negro, de antirracismo *queer*, de feminismo antirracista. Conocieron mi patriarcado homófobo y me obligaron a conocerlo también. Su fuerza me obligó a revisarme a mí mismo, tan desesperado como estaba por mantenerme alejado de sus ataques, una desesperación que se transformó en una curiosidad por el feminismo negro y la teoría *queer*, una curiosidad que se transformó en el deseo de ser un antirracista de género, de ser un antirracista *queer*, de no fallarles a las personas negras —a todas las personas negras—.

CAPÍTULO 16

FRACASO

ACTIVISTA: Alguien que tiene una trayectoria de lucha por un cambio de poder o político.

L AULA DE la Universidad de Temple comenzó a llenarse. Cuerpos abrazándose. Sonrisas y pequeñas charlas para ponerse al día. Todo me molestaba cuando me senté, me levanté y luego me senté de nuevo en el escritorio del profesor, con la esperanza de comenzar nuestra reunión del Sindicato de Estudiantes Negros (BSU) a tiempo. Era principios de septiembre de 2007. Reíamos y charlábamos en Filadelfia, pero aquel día, en Luisiana, las vidas de seis adolescentes colgaban de un hilo. Habíamos ideado una campaña para liberarlos. Estaba preparado para presentarla y así poder asegurarme de que los organizadores la cumplieran. No sospeché que estaba abocado al fracaso.

Entender por qué está vivo el racismo es entender la historia del fracaso antirracista —por qué la gente no ha logrado crear sociedades antirracistas—. Entender la historia racial del fracaso es entender las soluciones y las estrategias fallidas. Entender las soluciones y estrategias fallidas es entender sus orígenes: unas ideologías raciales fallidas.

Concepciones incorrectas de la raza como una construcción social (a diferencia de una construcción de poder), de la historia racial como una marcha singular del progreso racial (en contraposición a un duelo entre el progreso antirracista y el racista), del problema de la raza como algo arraigado en la ignorancia y el odio (en contraposición a unos poderosos intereses propios) —todo se une para producir soluciones abocadas al fracaso—. Los términos y expresiones como «no soy racista» y «neutral a nivel racial» y «post-racial» y «daltónico» y «solo una raza, la raza humana» y «solo los racistas hablan de raza» y «las personas negras no pueden ser racistas» y «las personas blancas son malas» están abocados a fracasar en la identificación y eliminación del poder y la política racistas. Las estratagemas que ignoran la interseccionalidad están abocadas a fallarles a los grupos raciales más degradados. Los programas civilizadores fracasarán, puesto que todos los grupos raciales ya están en el mismo nivel cultural. Los programas de enriquecimiento conductual, como la orientación y tutoría, y los programas educativos, pueden ayudar a las personas, pero están abocadas a fracasar en los grupos raciales, que se ven retenidos por las malas políticas, no por el mal comportamiento. Curar los síntomas, en lugar de cambiar las políticas, está abocado a fracasar en la curación de la sociedad. Desafiar a los gemelos unidos por separado está abocado a no abordar la desigualdad económico-racial. Gentrificar la integración está abocado a fallarles a las referencias culturales no blancas. Todas estas ideas están abocadas a fracasar porque han fracasado constantemente en el pasado. Pero, por alguna razón, su fracaso no parece importar: siguen siendo las concepciones, estrategias y soluciones más populares para combatir el racismo, porque provienen de las ideologías raciales más populares.

Estos fracasos repetitivos cobran un peaje. La historia racial no se repite inofensivamente. En cambio, su devastación se multiplica cuando una generación tras otra repite las mismas estrategias e ideologías fallidas, en lugar de enterrar los fracasos pasados en los ataúdes de las generaciones pasadas.

LOS PRIMEROS ABOLICIONISTAS blancos solían reunirse en una convención nacional, pensando que la solución antiesclavista se basaba en continuar con «nuestro cuidado paternal» de las personas negras libres, como afirmaban en 1805. Los abolicionistas blancos se centraron en el comportamiento negro como si en el buen negro «la conducta debe, en cierta medida, depender de la liberación de sus hermanos», como declaró su convención en 1804.

El juez blanco dio a luz al juez negro. «La mayor disminución de los prejuicios y la mejora de la condición de miles de nuestros hermanos que aún están en cautiverio dependen en gran medida de nuestra conducta», escribieron Samuel Cornish y John Russwurm el 16 de marzo de 1827, en uno de los editoriales de apertura del *Freedom's Journal*, el primer periódico afroamericano.

Crecí con esta misma estrategia fallida más de ciento cincuenta años después. Generaciones de cuerpos negros han sido criados por los jueces de la «persuasión edificante». Los jueces atan a toda la raza negra en la espalda del cuerpo negro, empujan el cuerpo negro cargado en los espacios blancos, ordenan que el cuerpo negro cargado actúe siempre de una manera elevada para persuadir al racismo blanco, y castigar la mala conducta negra con sentencias de vergüenza por reforzar el racismo, por rebajar la raza. Sentía la carga de que toda mi vida negra debía ser perfecta ante los jueces blancos y los negros, que valoraban si estaba representando bien a la raza. Los jueces nunca me dejaron existir sin más, ser yo mismo, ser mi yo imperfecto.

· · ·

HACÍA FRESCO AFUERA, en algún momento en el otoño de 2011. Sadiqa y yo llevábamos meses saliendo. Veía a esta hija del Spelman College, un auténtico melocotón de Georgia★, como una futura esposa: estaba prendado de su afabilidad tanto como de su elegancia, de su percepción tanto como de su sentido del humor; prendado de su amor por los negros tanto como su amor por salvar vidas humanas como médico. Ella también había sido criada en una casa negra de ingresos medios por padres de edad similar que se curtieron en el movimiento, que la educaron en el movimiento. También se le había enseñado que su ascenso por la escalera del éxito elevaba a la raza. Ella también trataba de representar bien a la raza.

Cenamos cerca de la ventana en el Buddakan, un restaurante de fusión asiática en la Old City de Filadelfia. En la pared opuesta, una enorme estatua de oro de Buda estaba sentada sobre una pequeña plataforma casi al nivel de las mesas, contra un fondo rojo que se desvanecía en un centro negro. Ojos cerrados. Las manos entrelazadas. En paz. Sin molestar a nadie. A Sadiqa no, desde luego. Pero la estatua atrajo a un blanco de mediana edad, de pelo castaño y con sobrepeso. Claramente borracho, subió a la pequeña plataforma y comenzó a acariciar a Buda ante un público risueño de amigos borrachos en una mesa cercana. Había aprendido hacía mucho tiempo a no prestar atención a las payasadas de los blancos borrachos haciendo cosas que podían hacer que una persona negra fuera arrestada. La diversión blanca inofensiva es la anarquía negra.

Sus risotadas atrajeron la mirada de Sadiqa.

—Ay, Dios —dijo en voz baja—. Pero ¿qué está haciendo ese hombre?

★ N. de la T.: La expresión «Georgia peach» se usa para referirse a las mujeres sureñas atractivas, y se emplea de esta forma en la canción «Georgia Peaches» del otoño de 2011 de la cantante Lauren Alaina.

Regresó a su plato, tomó un bocado y alzó los ojos mientras tragaba.

—Al menos no es negro.

Me pilló por sorpresa pero me reconocí a mí mismo —y mis pensamientos— inmediatamente en la cara de Sadiqa.

—¿Cómo te sentirías si fuera negro? —pregunté, a ella y a mí.

—Muy avergonzada —dijo, hablando para mí y para muchos de nosotros, atrapados en la plantación de la persuasión edificante—. Porque no necesitamos a nadie que nos dé mala imagen.

—¿Delante de gente blanca? —le pregunté.

—Sí. Hace que nos miren con desprecio. Los hace más racistas.

Concebíamos un falso continuo, de más racista a menos racista a no racista. Creíamos que el buen comportamiento de las personas negras hacía que las blancas fueran «menos racistas», incluso cuando nuestras experiencias nos decían que no solía ser así. Pero esa noche, lo pensamos juntos y compartimos algunas críticas sobre la persuasión edificante por primera vez.

En la actualidad, esas pocas críticas serían muchas. Criticaríamos a los abolicionistas blancos paternalistas evocando su persuasión edificante. Argumentaríamos en contra de la suposición de que la mala conducta negra es responsable de las ideas racistas de las personas blancas, lo que significa que las ideas racistas blancas sobre la mala conducta negra son válidas. Criticaríamos al juez blanco que exonera a las personas blancas de la responsabilidad de liberarse de sus propias ideas racistas; a las personas negras que consiguen ascender y que desvían la responsabilidad de cambiar la política racista porque imaginan que están elevando la raza cuando se elevan a sí mismos; la casi imposibilidad de ejecutar a la perfección la persuasión edificante, ya que las personas negras son imperfectas como seres humanos. Nos daríamos cuenta de que cuando las personas blancas racistas ven a las personas negras comportándose de forma admirable en público, las consideran extraordinarias, diferentes de esos negros que suelen ser inferiores. Recordaríamos lo que la historia nos enseña: que cuando la política racista derriba a las personas negras, el juez les ordena levantarse, solo para ser derribados de nuevo por el terror y la política racistas.

Sadiqa y yo salimos del restaurante, pero seguimos hablando de la ideología de la persuasión edificante que había estado tan profundamente arraigada en nosotros —criticarlo, criticarnos a nosotros mismos, y huir de ella, hacia la libertad—. Todos estos años después, aunque los jueces pueden atraparnos en cualquier momento, admiro la libertad de Sadiqa para ser Sadiqa. Me siento libre de moverme en mis imperfecciones. Solo me represento a mí mismo. Si los jueces sacan conclusiones sobre millones de personas negras basándose en cómo actúo, entonces ellos, no yo, no las personas negras, tienen un problema. Son responsables de sus ideas racistas; yo no. Soy responsable de mis ideas racistas; ellos no lo son. Ser antirracista es permitirme ser yo mismo, ser mi yo imperfecto.

EL ABOLICIONISTA WILLIAM Lloyd Garrison no dejó que el cuerpo negro fuera él mismo, en su forma imperfecta. «¿No habéis adquirido la estima, la confianza y el patrocinio de las personas blancas en proporción a vuestro incremento de conocimiento y vuestra mejora moral?», preguntó Garrison a una multitud negra poco después de fundar *The Liberator* en 1831. La persuasión edificante encajaba en su ideología de que la mejor manera de «lograr la gran obra de redención nacional» de la esclavitud era «a través del albedrío del poder moral» y la verdad y la razón. La creencia de Garrison en la «persuasión moral» y lo que podemos llamar «persuasión educativa» también encajan con su educación personal por parte de una madre bautista piadosa, su educación profesional por un editor que creía que los periódicos son para la «instrucción», y su educación abolicionista por el moralista Benjamin Lundy.

La persuasión moral, educativa y edificante fracasó miserablemente a la hora de detener el asombroso crecimiento de la esclavitud en la época del King Cotton antes de la Guerra Civil. Pero el éxito, al parecer no importa, cuando una estrategia proviene de una ideología. La persuasión moral y educativa se centra en persuadir a las personas blancas, en apelar a su conciencia moral a través del horror y su mente lógica a través de la educación. Pero ¿y si las ideas racistas hacen que la gente sea ilógica? ¿Qué pasa si persuadir a las personas blancas comunes y corrientes no está persuadiendo a los políticos racistas? ¿Y si los legisladores racistas conocen los resultados perjudiciales de sus políticas? ¿Y si los encargados de la formulación de políticas racistas no tienen ni moral ni conciencia, y mucho menos conciencia moral, parafraseando a Malcolm X? ¿Y si ningún grupo en la historia ha ganado su libertad apelando a la conciencia moral de sus opresores, parafraseando a Assata Shakur? ¿Qué pasa si el interés económico, político o cultural impulsa a los legisladores racistas, no la inmoralidad odiosa, no la ignorancia?

«Si pudiera salvar la Unión sin liberar a ningún esclavo, lo haría, y si pudiera salvarla liberando a todos los esclavos, lo haría», escribió el presidente Abraham Lincoln el 20 de agosto de 1862. «Lo que hago con respecto a la esclavitud, y la raza no blanca, lo hago porque creo que ayuda a salvar a la Unión». El 1 de enero de 1863, Lincoln firmó la Proclamación de Emancipación como una «medida de guerra necesaria». Después de ganar la Guerra Civil, los republicanos racistas (para distinguirlos de los menos numerosos republicanos antirracistas) votaron para establecer el Freedmen's Bureau, reconstruir el sur, y extender los derechos civiles y los privilegios de voto para crear una base republicana leal en el sur, y asegurar que las personas negras del sur estuvieran lejos de las blancas del norte, que «no quieren tener nada que ver con las personas negras», como dijo el senador de Illinois Lyman Trumbull, uno de los principales patrocinadores de las leyes.

El «partido del hombre blanco», como Trumbull identificó al Partido Republicano, se «cansó» de alienar a sus electores racistas defendiendo militarmente a las personas negras de los terroristas racistas que expulsaron a los republicanos del poder sureño en 1877. Los republicanos dejaron atrás a las personas negras del sur, dando la espalda a los «indignados» de Jim Crow durante casi un siglo. «La conveniencia por motivos egoístas, y no por las reivindicaciones de nuestra humanidad común, ha controlado nuestra acción», lamentaba Garrison en un discurso por el centenario del Día de la Independencia, en 1876.

EL 26 DE junio de 1934, W. E. B. Du Bois evaluó críticamente el éxito de la persuasión educativa, ya que Garrison había evaluado críticamente la persuasión moral antes que él: «Durante muchos años fue la teoría de la mayoría de los líderes negros [...] que los Estados Unidos blancos no sabían o no se daban cuenta de la situación cotidiana de las personas negras». Du Bois habló por sí mismo, creyendo que «el mal último era la estupidez» al principio de su carrera. «En consecuencia, durante las últimas dos décadas, nos hemos esforzado a través de libros y periódicos, de discursos y apelaciones, por diversos métodos dramáticos de agitación, para poner los hechos esenciales ante el pueblo estadounidense. Hoy en día no cabe duda de que los estadounidenses conocen los hechos; y sin embargo, permanecen en su mayor parte indiferentes e inmóviles».

Gunnar Myrdal ignoró el llamamiento de Du Bois de 1934 para que las personas negras se centraran en acumular poder en lugar de persuadir a las personas blancas. El problema del racismo estaba en la «sorprendente ignorancia» de los blancos estadounidenses, advertía Myrdal en *An American Dilemma* en 1944. «No hay duda, en opinión del escritor, de que una gran mayoría de las personas blancas en Estados Unidos estarían dispuestos a dar a las personas negras un trato sustancialmente mejor si conocieran los hechos».

La historia popular nos dice que una gran mayoría de los blancos estadounidenses dieron a las personas negras un mejor trato —las reglas de segregación, la Civil Rights Act (1964) y la Voting Rights Act (1965)— cuando se enteraron de los hechos. «Gunnar Myrdal había sido asombrosamente profético», afirma una cautivadora historia del movimiento por los derechos civiles. No del todo. Ya en 1946, el alto funcionario del Departamento de Estado Dean Acheson advirtió a la administración Truman de que la «existencia de discriminación contra grupos minoritarios en este país tiene un efecto adverso en nuestras relaciones» con la descolonización de las naciones asiáticas, africanas y latinoamericanas. La administración Truman informó repetidamente a la Corte Suprema de los Estados Unidos sobre estos efectos adversos durante los casos de segregación a finales de la década de 1940 y principios de 1950, como documenta la historiadora Mary L. Dudziak. Por no hablar del abuso racista al que se enfrentaban los diplomáticos africanos en los Estados Unidos. En 1963, el secretario de Estado Dean Rusk advirtió al Congreso durante la consideración de la Civil Rights Act que «al librar esta lucha mundial estamos seriamente perjudicados por la discriminación racial o religiosa». El 78% de las personas blancas estaban de acuerdo según una encuesta de Harris.

El poder racista inició una legislación en materia de derechos civiles por interés propio. El poder racista se detuvo por interés propio cuando había suficientes naciones africanas, asiáticas y latinas dentro de la esfera de influencia estadounidense, cuando un renombrado Jim Crow ya no afectaba negativamente a la política exterior estadounidense, cuando los negros comenzaron a exigir y ganar a lo que el poder rara vez renuncia: al poder. En 1967, Martin Luther King Jr. admitió: «Nos hemos equivocado y nos hemos mezclado en nuestro país, y esto ha llevado a los estadounidenses negros en el pasado a buscar sus metas a través del amor y la persuasión moral desprovista de poder». Pero nuestra generación ignora las palabras de King sobre el «problema del poder, una confrontación entre las fuerzas del poder que exigen un cambio y las fuerzas del poder dedicadas a preservar el *statu quo*». De la misma manera que la generación de King ignoró la advertencia madura de Du Bois. De la misma manera que la generación de Du Bois ignoró las advertencias maduras de Garrison. El problema de la raza siempre ha sido el problema del poder, no el problema de la inmoralidad o la ignorancia.

La persuasión moral y educativa asume que las mentes racistas deben ser cambiadas antes que la política racista, ignorando la historia que dice lo contrario. Miren el altísimo apoyo de las personas blancas a las escuelas y vecindarios desegregados décadas *después* de que las políticas cambiaran en las décadas de 1950 y 1960. Miren el altísimo apoyo de las personas blancas al matrimonio interracial décadas *después* de que la política cambiara en 1967. Miren el altísimo apoyo al Obamacare *después* de su aprobación en 2010. Los legisladores racistas incitan el miedo a las políticas antirracistas a través de ideas racistas, sabiendo que si se aplican las políticas, los temores que circulan nunca se producirán. En cuanto se vea que los temores no se producen, la gente bajará la guardia y disfrutará de los beneficios. En cuanto obtengan beneficios, la mayoría de los estadounidenses apoyarán y se convertirán en los defensores de las políticas antirracistas que antes temían.

Luchar por cambios mentales y morales *después* de que se cambie la política, supone contar con los crecientes beneficios y la disipación de los miedos, haciendo posible que el poder antirracista tenga éxito. Luchar por el cambio mental y moral como *requisito previo* para el cambio de políticas, es luchar contra los crecientes temores y la apatía, haciendo casi imposible que el poder antirracista tenga éxito.

El problema original del racismo no se ha resuelto con la persuasión. El conocimiento es solo poder si el conocimiento se somete a la lucha por el poder. Cambiar de idea no es un movimiento. Criticar el racismo no es activismo. Cambiar de opinión no es activismo. Un activista produce un cambio de poder y política, no un cambio mental. Si una persona no tiene una trayectoria de cambio de poder o político, entonces esa persona no es activista.

MIENTRAS ESPERABA PARA comenzar la reunión del BSU, yo ya estaba alienado respecto al cambio mental. Quería ser activista. Quería huir de la academia. Quería liberar a los 6 de Jena.

El 1 de septiembre de 2006, al día siguiente de que los estudiantes negros pasaran el rato debajo del «árbol blanco» en el Instituto Jena, los estudiantes blancos colgaron sogas de sus ramas. El superintendente de la escuela solo suspendió a los perpetradores blancos por la «broma», que no hizo nada para frenar la posterior violencia racial contra los estudiantes negros en la pequeña ciudad de Jena, Luisiana. Pero días después de que los estudiantes negros golpearan a un estudiante blanco el 4 de diciembre de 2006, los 6 de Jena fueron arrestados. Jesse Ray Beard fue juzgado como menor. Robert Bailey Jr., Mychal Bell, Carwin Jones, Bryant Purvis y Theo Shaw fueron acusados de intento de asesinato. «Cuando seas condenado, buscaré la pena máxima permitida por la ley», prometió el fiscal de distrito Reed Walters, es decir, hasta cien años de prisión.

Mientras estaba sentado en la mesa del profesor, sentí que la audiencia de la sentencia de Mychal Bell el 20 de septiembre se acercaba como el cuchillo de un carnicero. Un jurado blanco ya lo había declarado culpable de un delito menor, de lesiones agravadas en segundo grado, preparándose para acortar su vida hasta veintidós años.

Una energía sombría se asentó dentro del aula, como la oscuridad exterior. Nuestro objetivo, como dijimos los miembros del BSU, era liberar a los 6 de Jena. Pero ¿estábamos dispuestos a hacer algo? ¿Estábamos dispuestos a arriesgar nuestra libertad por su libertad? No si nuestro propósito principal era hacernos sentir mejor. Formulábamos y alimentábamos y donábamos a programas de enriquecimiento cultural, conductual y educativo para hacernos sentir mejor, para tener la impresión de estar ayudando a grupos raciales, cuando solo estábamos ayudando (o dañando) a individuos, cuando solo el cambio de política ayudaba a los grupos.

Llegamos a las manifestaciones emocionados, como si nuestro músico favorito estuviera tocando en el escenario del orador. Nos convencemos de que estamos haciendo algo para resolver el problema racial cuando realmente estamos haciendo algo para satisfacer nuestros sentimientos. Nos vamos a casa satisfechos, como si hubiéramos cenado en nuestro restaurante favorito. Y esta satisfacción es fugaz, como un subidón. Los problemas de desigualdad e injusticia persisten. Persistentemente nos hacen sentir mal y culpables. Hacemos persistentemente algo para hacernos sentir mejor a medida que nos convencemos de que estamos mejorando la sociedad, ya que nunca mejoramos la sociedad.

¿Qué pasaría si en lugar de abogar por nuestros sentimientos abogáramos por resultados y antepusiéramos la obtención de resultados igualitarios a nuestra culpa y angustia? ¿Y si centrásemos nuestros recursos humanos y fiscales en cambiar el poder y la política para mejorar la sociedad de verdad, no solo nuestros sentimientos?

· · ·

NO PODÍA ESPERAR más. Corté las conversaciones y las sonrisas, y comencé a presentar la Campaña 106 para liberar a los 6 de Jena. Comencé con la primera fase: movilizar al menos 106 estudiantes en 106 campus del Atlántico medio para reunirnos localmente a finales de septiembre y recaudar fondos para la defensa legal de los 6 de Jena. Presenté la segunda fase: organizar a esos 106 estudiantes de 106 campus en caravanas de automóviles que convergerían en Washington, D.C., el 5 de octubre de 2007.

Pensé en aquella la escena. «Filas maravillosamente largas de docenas de carros llenos de estudiantes en carreteras y caminos que se dirigen hacia la capital del país desde todas las direcciones, desde Pensilvania, Delaware, Maryland, Virginia, Virginia Occidental y Carolina del Norte». Miré fijamente, pero no miré a los ojos de mi audiencia. Miré la hermosa imagen que se formaba de mis labios. «Miles de carros con letreros en la ventana —"Liberen a los Seis de Jena"— pitando a los conductores que pasaban al lado, que pitarían de vuelta en solidaridad (o rechazo)».

—¿Se lo imaginan? —pregunté varias veces.

Se lo imaginaban. Para algunos era una escena espantosa.

—¿Eso de las filas de carros no es ilegal? —preguntó una mujer, obviamente asustada.

—¿Cómo? ¡No! La gente hace filas de carros continuamente —respondí.

Seguí hablando, recreando aquella escena hermosa y espantosa. «Cuando las caravanas de automóviles lleguen a D.C., aparcarán los carros en medio de la avenida de la Constitución y se unirán a la marcha informal rumbo al Departamento de Justicia. Miles de automóviles estarán ocupando la avenida de la Constitución y las calles circundantes mientras presentamos nuestras seis demandas de libertad a la administración Bush. Cuando lleguen con los camiones de remolque, estaremos listos para pinchar neumáticos de camiones. Cuando envíen unidades de policía para proteger los camiones de remolque, vendremos con carros de refuerzo. Cuando bloqueen la avenida de la Constitución, cerraremos otra calle con nuestros carros. Y si bloquean todas las calles del centro, los esperaremos hasta que pasen y volveremos al centro de Washington siempre que hayan quitado las barricadas. Nos negaremos a detener la ocupación de los carros hasta que la administración Bush presione al gobernador de Luisiana para que los agentes de Jena retiren los cargos contra los 6 de Jena».

—Esto es ilegal. Nos meterán en la cárcel —rebatió alguien con una mirada de miedo.

Debí haberme detenido, pero seguí con mi fracaso, sin importarme que cuanto más hablaba, más miedo infundía —cuanto más miedo infundía, más alienaba a la gente de la Campaña 106—.

—¡Pues claro que pueden meternos en la cárcel! —grité de vuelta, sintiéndome yo mismo—. Pero ¡me da igual! Ya estamos en una. Eso es lo que es Estados Unidos: una cárcel.

Usé la frase de Malcolm X fuera de contexto. Pero ¿a quién le importaba el contexto cuando el shock y el asombro sonaban tan radicales para mis oídos autoidentificados como radicales? Cuando arremetí contra las personas bien intencionadas que mostraban el impulso normal del miedo, que usaban la terminología racial incorrecta, que hacían la pregunta incorrecta —oh, pensé que era tan radical—. Cuando mis palabras de tierra quemada hicieron que los asistentes a las manifestaciones y las reuniones del BSU huyeran, cuando mis escritos de tierra quemada hicieron que los lectores huyeran, oh, pensé que era tan radical. Cuando, en realidad, si lo único que hacían mis palabras era sonar radicales, entonces esas palabras no eran radicales en absoluto. ¿Y si medimos el radicalismo del discurso según la radicalidad con la que transforma a las personas de mente abierta, por cómo el discurso libera el poder antirracista interior? ¿Y si medimos el conservadurismo del discurso según la intensidad con la que mantiene a la gente igual, esclavizada por sus ideas y temores racistas, conservando su sociedad no igualitaria? En un momento en que pensaba que era el más radical, era el más conservador. Era un fracaso. Había fracasado a la hora de gestionar los miedos de mis compañeros del BSU.

El miedo es como la raza —un espejismo—. «El miedo no es real. Es un producto de nuestra imaginación», como un personaje de Will Smith le cuenta a su hijo en una de mis películas favoritas, *After Earth*. «No me malinterpretes, el peligro es muy real, pero el miedo es una elección».

No tenemos que ser intrépidos como Harriet Tubman para ser antirracistas. Tenemos que ser valientes para ser antirracistas. El valor es la fuerza para hacer lo que es justo frente al miedo, como nos dice el filósofo anónimo. Tengo una idea de lo que es correcto a partir de las ideas antirracistas. Saco fuerza del miedo. Si bien muchas personas temen lo que podría suceder si se resisten, yo temo lo que podría pasar si no me resisto. Temo la cobardía. La cobardía es la incapacidad de acumular la fuerza para hacer lo que es justo frente al miedo. Y el poder racista ha estado aterrorizando la cobardía en nosotros durante generaciones.

Para los segregacionistas como el senador estadounidense Ben «Pitchfork» Tillman, el presidente Theodore Roosevelt cruzó la frontera del color cuando cenó con Booker T. Washington el 16 de octubre de 1901. «La acción del presidente Roosevelt para entretener a ese negro requerirá que matemos a mil negros en el sur antes de que aprendan de nuevo cuál es su lugar». No estaba bromeando.

El 8 de julio de 1876, el joven Tillman se había unido a la turba blanca hambrienta de poder que asesinó al menos a siete milicianos negros que defendían el poder negro en la ciudad negra de Hamburg, Carolina del Sur. Durante todo el año de las elecciones, los Camisas Rojas de Tillman habían ayudado a los supremacistas blancos a arrebatar violentamente el control de Carolina del Sur. Tillman usó su participación en la Masacre de Hamburg como una insignia de honor cuando marchó sobre los linchados en la gobernatura de Carolina del Sur en 1890 y el Senado de los Estados Unidos en 1895. «El propósito de nuestra visita a Hamburg fue infundir el terror», dijo Tillman en la reunión de los Camisas Rojas en 1909. De la misma manera en que las ideas racistas pretenden hacernos ignorantes y odiosos, el terror racista pretende hacernos tener miedo.

SALÍ SOLO DEL aula. Caminé a la estación de tren en las afueras del campus pensando, mientras bajaba por la larga escalera mecánica que conduce a la estación de metro, que los miembros del BSU que habían votado en contra de la Campaña 106 debían de ser ignorantes sobre el racismo, como el pueblo blanco que apoya el encarcelamiento de los 6 de Jena. Concluí, ya en el trayecto en un tren chirriante hasta la zona de North Philadelphia, que el «mal absoluto era la ignorancia» y «el bien absoluto era la educación». Concluí, mientras me acostaba en mi sofá y miraba hacia el espejo del techo, que una vida de persuasión educativa sería más impactante que cualquier otra vida que pudiera elegir.

Corrí de vuelta al sendero iluminado de la persuasión educativa la misma noche que no pude persuadir a mis compañeros del BSU. Me había salido mal lo de hacer cambiar de opinión a la gente (por no hablar de la política). Pero en toda mi iluminación, no me veía a mí mismo como el fracaso. Veía a mis compañeros del BSU como el fracaso. No analicé mi «doctrina del fracaso», la doctrina de no cambiar y desviar la culpa.

Cuando no conseguimos abrir las mentes cerradas de quienes consumen ideas racistas, culpamos a su mentalidad cerrada en lugar de a nuestra estúpida decisión de perder el tiempo reviviendo las mentes cerradas de entre los muertos. Cuando nuestros ataques feroces contra los consumidores de mente abierta de ideas racistas no logran transformarlos, culpamos a su odio en lugar de a nuestro odio impaciente y alienante hacia ellos. Cuando la gente no consume nuestras ideas antirracistas enrevesadas, culpamos a su estupidez en lugar de a nuestra estúpida falta de claridad. Cuando transformamos a las personas y no les ofrecemos una vía de apoyo, culpamos a su falta de compromiso en lugar de a nuestra falta de orientación. Cuando el político al que apoyamos no cambia la política racista, culpamos a la intratabilidad del racismo en lugar de nuestro apoyo al político equivocado. Cuando no ganamos el apoyo para una protesta, culpamos a los temerosos en lugar de a nuestra presentación alienante. Cuando la protesta fracasa, culpamos al poder racista en lugar de a nuestra protesta defectuosa. Cuando nuestra política no produce igualdad racial, culpamos a la gente por no aprovechar la nueva oportunidad, no a nuestra solución política defectuosa. La doctrina del fracaso evita el espejo de la autoculpa. La doctrina del fracaso engendra fracaso. La doctrina del fracaso engendra racismo.

¿Y si los antirracistas autocriticásemos constantemente nuestras propias ideas? ¿Y si culpásemos a nuestras ideologías y métodos, estudiásemos nuestras ideologías y métodos, refinásemos nuestras ideologías y métodos una y otra vez hasta que funcionasen? ¿Cuándo detendremos finalmente la locura de hacer lo mismo una y otra vez, y esperar un resultado diferente? La autocrítica permite el cambio. El cambio muestra flexibilidad. El poder antirracista debe ser flexible para igualar la flexibilidad del poder racista, que se impulsa únicamente por el deseo de poder para dar forma a la política según sus nada equitativos intereses. El poder racista cree en cualquier medio necesario. Nosotros, sus rivales, no solemos hacerlo, ni siquiera algunos de los inspirados por Malcolm X. Nos preocupamos más por la pureza moral e ideológica y financiera de nuestras ideologías y estrategias, y la recaudación de fondos y los líderes y las organizaciones. Nos importa menos lograr resultados equitativos para las personas en una situación desesperada, ya que decimos que nos estamos purificando para la gente en una situación desesperada, ya que nuestra purificación mantiene a la gente en una situación desesperada. Al criticar el privilegio y la inacción del poder racista, demostramos nuestro privilegio e inacción criticando toda estrategia efectiva, justificando en última instancia nuestra inacción en el cómodo asiento del privilegio. Todo menos flexibles. Con demasiada frecuencia estamos atados por ideologías que están unidas por estrategias fallidas de cambio racial.

¿Y si evaluásemos los métodos y líderes y organizaciones por sus resultados de cambio de política e igualdad? ¿Y si las estrategias y las soluciones políticas no se derivan de ideologías sino de problemas? ¿Y si los antirracistas solo fueran impulsados por el deseo de poder para dar forma a la política según sus intereses equitativos?

CUANDO VOTARON EN contra de la Campaña 106, los miembros del BSU elaboraron un plan diferente. Hicieron algo que no temían. Marchamos en voz alta por North Broad Street y nos reunimos en el campus el 20 de septiembre de 2007. Ese día, miles de nosotros pensamos que estábamos protestando, cuando realmente estábamos manifestándonos, desde Filadelfia hasta Jena.

Usamos los términos «manifestación» y «protesta» indistintamente, bajo nuestro propio riesgo, como usamos indistintamente los términos «movilizar(se)» y «organizar(se)». Una protesta organiza a la gente para una campaña prolongada que obliga al poder racista a cambiar una política. Una manifestación moviliza a la gente momentáneamente para dar a conocer un problema. Ponentes, carteles y publicaciones en marchas, mítines, peticiones y hashtags virales demuestran el problema. Las manifestaciones son, como no es de extrañar, uno de los formatos favoritos de los persuasionistas. Las manifestaciones molestan al poder en la misma medida en que los niños, que lloran por algo que nunca conseguirán, molestan a los padres. A menos que el poder no pueda permitirse económica, política o profesionalmente la mala prensa —como era el caso durante la Guerra Fría, o durante la época electoral, o cuando se acerca una bancarrota—, este suele ignorar las manifestaciones.

Las manifestaciones más efectivas (como los esfuerzos educativos más eficaces) ayudan a las personas a encontrar el poder antirracista que reside dentro de ellas mismas. El poder antirracista interior es la capacidad de ver el racismo propio en el espejo de nuestro pasado y presente, ver nuestro propio antirracismo en el espejo de nuestro futuro, ver a nuestros propios grupos raciales como iguales a otros grupos raciales, ver el mundo de la desigualdad racial como algo anormal, ver nuestro propio poder para resistir y superar el poder y la política racistas. Las manifestaciones más eficaces (como los esfuerzos educativos más eficaces) proporcionan métodos para que las personas liberen su poder antirracista y puedan dedicar sus recursos humanos y financieros, organizando a los asistentes y canalizando sus fondos en organizaciones, protestas y campañas de aprovechamiento de ese poder. La recaudación de fondos tras las bambalinas de las manifestaciones de los 6 de Jena garantizó unos mejores abogados defensores, quienes, en silencio y para el 26 de junio de 2009, consiguieron que los cargos se redujeran a simples lesiones, a declaraciones de culpabilidad, a condenas sin cárcel para los acusados.

Además de la importancia de encontrar el poder antirracista interior y del apoyo financiero, las manifestaciones pueden proporcionar apoyo emocional para las protestas en curso. Los mítines nocturnos en las iglesias de Montgomery, Alabama, junto con las palabras llenas de ánimo y valor de Martin Luther King Jr., sostuvieron a esas valientes mujeres negras que boicotearon al principio los autobuses públicos y agotaron esa fuente de ingresos para la ciudad a lo largo de 1956.

Las protestas más efectivas crean un ambiente en el que cambiar la política racista se convierte en el interés del poder, como desegregar a las empresas porque las sentadas están alejando a los clientes, como el aumento de los salarios para reiniciar la producción, como dar aumentos a los profesores para reanudar la educación, como aprobar una ley para atraer a una fuerza bien organizada de donantes o votantes. Pero es difícil crear ese ambiente, ya que el poder racista produce leyes que ilegalizan la mayoría de las amenazas de protesta. Organizarse y protestar son gestos mucho más duros e impactantes que movilizarse y hacer una manifestación. Apoderarse del poder es mucho más difícil que protestar contra el poder y reflejar sus excesos.

Las manifestaciones por sí solas tenían pocas posibilidades de liberar a los 6 de Jena. Un juez negó la libertad bajo fianza para uno de los 6 de Jena al día siguiente de las manifestaciones. La noticia conmocionó y alienó a algunos de mis compañeros del BSU del activismo. Después de todo, cuando asistimos u organizamos manifestaciones pensando que son protestas, pensando que pueden cambiar el poder y la política, y no vemos que ocurra ningún cambio, es difícil no volverse cínico. Es difícil no pensar que el Goliat del racismo nunca puede ser derrotado. Es difícil pensar en nuestras estrategias, soluciones e ideologías y sentimientos como los verdaderos fracasos. Es difícil pensar que, en realidad, tenemos todas las herramientas necesarias para el éxito.

CAPÍTULO 17

ÉXITO

L EXPERTO EN finanzas Boyce Watkins daba conferencias sobre el concepto de racismo como una enfermedad. Yo sufría con esta concepción. No era suficientemente fundacional, ni eterna, ni revolucionaria aquella undécima tarde del Mes de la Historia Negra de 2010. Cuando llegó el turno de preguntas y respuestas, levanté el brazo desde la fila de atrás mientras Caridad sonreía.

Caridad y yo habíamos estado susurrando durante la mayor parte de la conferencia. Por una vez, sentí un hormigueo de confianza en mi cabeza. Días antes, el profesor Asante me había entregado mi atuendo de doctorado en la ceremonia de graduación de Temple. El adolescente que odiaba la escuela había terminado el posgrado en 2010, se había comprometido con la escuela de por vida.

Caridad fue probablemente la que me llevó a la conferencia en la SUNY de Oneonta, nuestra universidad estatal en el pueblo de Oneonta, en el norte del estado de Nueva York. Perdónenme por llamar a Oneonta un pueblo. La gente rural blanca de las áreas circundantes llamaba a Oneonta «la ciudad».

En Oneonta, la blancura me rodeaba como las nubes desde la ventana de un avión, lo que no significaba que no encontrara colegas blancos que fueran geniales y cariñosos. Pero fue Caridad, y todo su feminismo y antirracismo puertorriqueños, quien me tomó del brazo cuando llegué como colega de doctorado en 2008 y quien se acercó aún más cuando me quedé en 2009.

Estábamos destinados a estar tan unidos como lo estaban nuestras sillas. Ocupé el puesto de historia negra que dejó vacante el marido de Caridad, Ralph, después de dieciocho años en él. El cáncer metastásico se había apoderado del cuerpo negro de Ralph en 2007. Es probable que ella no pudiera mirarme sin verme en la piel de Ralph.

Su marido perdió la lucha contra el cáncer, pero la vida de Caridad como mujer afro-latina había traído sus propias luchas —por la paz, por estar viva—. Pero ella era una luchadora, incansable y duradera, ya que los antirracistas tienen que serlo para tener éxito.

ÉXITO. EL CAMINO oscuro que tememos. Donde predominan el poder y la política antirracistas. Donde existen la igualdad de oportunidades y, por lo tanto, sus resultados entre los grupos iguales. Donde la gente culpa a la política, no a las personas, de los problemas sociales. Donde casi todo el mundo tiene más de lo que tiene hoy. Donde el poder racista vive al margen, como lo hace el poder antirracista hoy en día. Donde las ideas antirracistas son nuestro sentido común, como lo son las ideas racistas hoy en día.

Ni el fracaso ni el éxito están escritos. La historia de nuestra generación se basará en lo que estemos dispuestos a hacer. ¿Estamos dispuestos a soportar la agotadora lucha contra el poder y la política racistas? ¿Estamos dispuestos a transformar el poder antirracista que reunimos dentro de nosotros en el poder antirracista en nuestra sociedad?

Caridad estaba dispuesta, lo que fortaleció mi voluntad. Caridad entendía que a pesar de que sus estudiantes luchaban contra ideas racistas, y racistas de género, y racistas *queer*, y racistas de clase, también tenían dentro de ellos la capacidad de aprender y cambiar. Ella no liberó el poder antirracista dentro de ellos con ataques ideológicos. Sus clases eran más como abrazos firmes adaptados a la experiencia de cada estudiante, una reflexión personal convincente. Llevaba a sus estudiantes negros y latinoamericanos —que luchaban contra su propio condicionamiento cultural anti-africano— a Ghana cada año, donde acababan sumergiéndose ansiosos en su ascendencia africana al final del viaje.

Mientras tanto, yo luchaba por sobrevivir en las intersecciones. Los impulsos de mi pasado intolerante amenazaban constantemente con llevarme de vuelta a la plantación del poder racista. Caridad extendió los brazos de Kaila, Yaba y Weckea a mi alrededor, asegurándome de que no volviera a mi viejo pensamiento cuando abandoné Temple.

«EN LUGAR DE describir el racismo como una enfermedad, ¿no crees que el racismo es más como un órgano?», le pregunté al conferenciante. «¿No es esencial que el racismo funcione? ¿No es esencial el sistema de racismo para que Estados Unidos viva?».

Mis preguntas capciosas no hicieron que Boyce Watkins picara y comenzara una defensa de su concepción de una enfermedad. Qué lástima. Quería involucrarlo. Yo no era un intelectual. Me cerraba a ideas nuevas con las que no *me sentía* a gusto. Lo que significa que aceptaba concepciones del racismo que se ajustaban a mi ideología y a mi identidad.

Pedir a los antirracistas que cambien su perspectiva sobre el racismo puede ser tan desestabilizador como pedir a los racistas que cambien su perspectiva sobre las razas. Los antirracistas pueden ser tan doctrinarios en su opinión del racismo como los racistas pueden serlo en su opinión del no racismo. ¿Cómo pueden los antirracistas pedir a los racistas que abran sus mentes y cambien, cuando nosotros tenemos la mente cerrada y no estamos dispuestos a cambiar? Ignoraba mi propia hipocresía, como la gente suele hacer cuando significa renunciar a lo que aprecian. Renunciar a mi concepción del racismo significaba renunciar a mi visión del mundo y de mí mismo. No lo haría sin pelear antes. Arremetería contra cualquiera que me «atacara» con nuevas ideas, a menos que los temiera y los respetara como temía y respetaba a Kaila y Yaba.

ADQUIRÍ MI PERSPECTIVA sobre el racismo con un libro que leí por primera vez en la escuela de posgrado. Cuando tanto Hillary Clinton como Bernie Sanders hablaban de «racismo institucional» durante la campaña presidencial de 2016, cuando los activistas que se manifestaban en sus eventos hablaban de «racismo institucional», estaban todos usando, se dieran cuenta o no, una formulación acuñada en 1967 por el activista del Poder negro Kwame Ture y el politólogo Charles Hamilton en *Black Power: The Politics of Liberation in America*.

«El racismo es a la vez explícito y encubierto», explicaban Ture y Hamilton. «Se necesitan dos formas estrechamente relacionadas: individuos blancos que actúan contra individuos negros, y actos por parte de la comunidad blanca en conjunto contra la comunidad negra. A estas dos cosas las llamamos racismo individual y racismo institucional. Lo primero consiste en actos hostiles por parte de individuos. [...] El segundo tipo es menos claro, mucho más sutil, menos identificable en términos de los individuos *específicos* que cometen los actos». Distinguían, por ejemplo, el racismo individual de los «terroristas blancos» que bombardean una iglesia negra y matan a niños negros, del racismo institucional de «cuando están en esa misma ciudad —Birmingham, Alabama— y quinientos bebés negros mueren cada año debido a la falta de comida, refugio e instalaciones médicas apropiadas».

Como lo pensé en mi primera lectura, es el lúgubre sistema lo que nos mantiene oprimidos y lo que nos mata. Los actos del sistema están encubiertos, así como las ideas racistas del pueblo están implícitas. No podía hacerme una idea de lo que es el sistema o definirlo de forma precisa, pero sabía que el sistema estaba allí, como el aire contaminado en nuestra atmósfera, envenenando a las personas negras en beneficio de las blancas.

Pero ¿y si la atmósfera de racismo también ha contaminado a la mayoría de las personas blancas? ¿Y si el racismo ha estado funcionando de la manera opuesta para un puñado de individuos negros, que encuentran el aire fresco de la riqueza y el poder en atmósferas racistas? Enmarcar el racismo institucional como actos de la «comunidad blanca en conjunto contra la comunidad negra» explica la forma en que las personas blancas se benefician de las políticas racistas en comparación con sus pares raciales. (Las personas blancas pobres se benefician más que las personas negras pobres. Las mujeres blancas se benefician más que las mujeres negras. Los gais blancos se benefician más que los gais negros.) Pero este encuadre de las personas blancas contra las negras no tiene en cuenta que todas las personas blancas no se benefician por igual del racismo. Por ejemplo, no tiene en cuenta cómo los blancos ricos se benefician más de las políticas racistas que las personas pobres y de ingresos medios. No tiene en cuenta que las personas negras no se ven perjudicadas por igual por el racismo, o que algunas personas negras explotan el racismo para aumentar su propia riqueza y poder.

Pero no me importaba. Pensaba que ya lo había descifrado todo. Concebía el racismo como un sistema inanimado, invisible e inmortal, no como una enfermedad letal viviente, reconocible y mortal de las células cancerosas que podíamos identificar, tratar y matar. Consideraba el sistema como esencial para los Estados Unidos, tanto como la Constitución. A veces, pensaba que los blancos manejaban encubiertamente el sistema, lo fijaban para beneficiar a la comunidad blanca en conjunto, a expensas de la comunidad negra.

La construcción del racismo institucional encubierto abre los ojos americanos al racismo e, irónicamente, también los cierra. Separar al individuo encubierto de la institución encubierta oculta las decisiones políticas específicas que causan desigualdades raciales, políticas hechas por personas específicas. Encubrir las políticas y los responsables de la formulación de políticas específicos nos impide identificar y reemplazar las políticas y los responsables de la formulación de políticas específicos. Nos volvemos inconscientes ante los legisladores y las políticas racistas mientras arremetemos airadamente ante el monstruo abstracto del «sistema».

Los perpetradores detrás de los quinientos bebés negros que mueren cada año en Birmingham «debido a la falta de alimentación adecuada, refugio e instalaciones médicas» no eran menos explícitos que los «terroristas blancos» que mataron a cuatro niñas negras en una iglesia de Birmingham en 1963. De la misma forma en que los investigadores pueden averiguar exactamente quiénes eran los atacantes de la iglesia, los investigadores pueden averiguar exactamente qué políticas causaron que quinientos bebés negros murieran cada año y quién implementó esas políticas. De la misma forma en que la gente ha aprendido a ver el abuso racista saliendo de la boca de los individuos racistas, la gente puede aprender a ver desigualdades raciales que emergen de políticas racistas. Todas las formas de racismo son explícitas si nuestros ojos antirracistas están abiertos a ver la política racista en la desigualdad racial.

Pero no lo vemos. Nuestros ojos han sido cerrados por las ideas racistas y por el vínculo no reconocido entre el antirracista institucional y el post-racialista, unidos en la idea de que el racismo institucional a menudo pasa desapercibido y es invisible. Porque es encubierto, dice el antirracista institucional. Porque apenas existe, dice el post-racialista.

Existe un vínculo similar entre el sesgo implícito y el post-racialismo. Se unen en la idea de que las ideas racistas están enterradas en la mente. Debido a que son implícitas e inconscientes, dice un sesgo implícito. Porque están muertas, dice el post-racialismo.

TURE Y HAMILTON no podrían haber previsto cómo sus conceptos de racismo explícito y encubierto serían utilizados por personas de todo el ámbito ideológico para convertir el racismo en algo oculto e incognoscible. Ture y Hamilton se centraron comprensiblemente en distinguir al individuo de lo institucional. Estaban reaccionando a las mismas fuerzas moderadas, liberales y asimilacionistas que todos estos años más tarde todavía reducen el racismo a los actos individuales de los miembros blancos del Klan, de los políticos del estilo Jim Crow, de los republicanos del Tea Party, de los usuarios de la palabra que empieza por n, de los asesinos nacionalistas blancos y los políticos trumpianos. «Los individuos "respetables" pueden absolverse de la culpa individual: nunca plantarían una bomba en una iglesia; nunca apedrearían a una familia negra», escribieron Ture y Hamilton. «Pero siguen apoyando a los funcionarios políticos y a las instituciones que perpetúan y perpetuarían políticas institucionalmente racistas».

El término «políticas institucionalmente racistas» es más concreto que «racismo institucional». El término «políticas racistas» es más concreto que «políticas institucionalmente racistas», ya que «institucionales» y «políticas» son redundantes: las políticas son institucionales. Pero todavía, de vez en cuando, uso los términos «racismo institucional» y «racismo sistémico» y «racismo estructural» y «explícito» y «encubierto». Son como mi primer lenguaje de racismo. Pero cuando nos damos cuenta de que las viejas palabras no transmiten exacta y claramente lo que estamos tratando de describir, debemos recurrir a nuevas palabras. Me cuesta explicarles concretamente lo que significa «racismo institucional» al pequeño empresario de Oriente Medio, al trabajador de servicio negro, al profesor blanco, a la enfermera latinoamericana, al trabajador asiático de la fábrica y al empleado de tienda nativo americano que no toman cursos sobre racismo, que no leen libros sobre racismo, que no van a conferencias sobre racismo, que no ven los especiales sobre racismo, que no escuchan podcasts sobre racismo, que no asisten a mítines contra el racismo.

Trato de tener en cuenta a la gente común y corriente cuando uso «políticas racistas» en lugar de «racismo institucional».

Los responsables de la formulación de políticas y las políticas hacen las sociedades y las instituciones, no al revés. Estados Unidos es una nación racista porque sus políticos y sus políticas han sido racistas desde el principio. La convicción de que los encargados de la formulación de políticas racistas pueden ser superados, y las políticas racistas pueden cambiar, y las mentes racistas de sus víctimas pueden ser cambiadas, solo es cuestionada por aquellos comprometidos en preservar los legisladores, las políticas y los hábitos de pensamiento racistas.

El racismo siempre ha sido terminal y curable. El racismo siempre ha sido reconocible y mortal.

LA LLUVIA CAÍA sobre su sudadera gris con capucha. Era el 26 de febrero de 2012, una aburrida noche de domingo. Esperaba con ansias mi primer libro sobre el activismo estudiantil negro a finales de la década de 1960, que se publicaría en dos semanas. El adolescente encapuchado esperaba disfrutar del zumo de sandía y los Skittles que había comprado en un 7-Eleven cercano. El chico de diecisiete años era tranquilo, despreocupado, como su estilo de andar. Adoraba a

LeBron James, el hip-hop y *South Park*, y soñaba con pilotar aviones algún día.

De metro ochenta y desgarbado, Trayvon Martin caminaba bajo la lluvia en dirección a The Retreat at Twin Lakes. Su padre, Tracy Martin, había estado saliendo con una mujer que vivía en la comunidad cerrada de Sanford, un barrio a las afueras de Orlando, Florida. Tracy había traído a su hijo para hablar con él, para convencerlo de que asistiera a la universidad como su hermano mayor. Trayvon acababa de ser expulsado por llevar una bolsa con un poco de marihuana en su instituto de Miami. Mientras los adolescentes blancos de los barrios blancos de las afueras hacían fiestas, bebían, conducían, fumaban, esnifaban y cometían abusos sexuales con un coro de fondo de «boys will be boys» («los chicos son así»), los chicos negros urbanos se enfrentaban a la tolerancia cero en un estado policial.

Martin esquivó charcos en su lento camino a casa. Llamó a su novia. Habló y cruzó la puerta principal (o tomó un atajo) que conducía al conjunto de adosados de dos plantas de color arena. Como en muchos barrios durante la Gran Recesión, los inversores habían estado comprando propiedades hipotecadas y alquilándolas. Con los inquilinos vinieron los rostros desconocidos, las caras transitorias y los racistas que conectaron la presencia de adolescentes negros con la «ola» de siete robos en domicilios en 2011. Rápidamente organizaron un grupo de vigilancia del vecindario.

El organizador del grupo de vigilancia nació un año después de mí, de un veterano de Vietnam blanco y una inmigrante peruana. Criado no muy lejos de donde mi familia vivía en Manassas, Virginia, George Zimmerman se mudó a Florida como yo, después de graduarse en la escuela secundaria. Su condena por abuso sexual y las acusaciones de violencia doméstica alteraron sus planes de ser agente de policía. Pero nada alteró su convicción de que el cuerpo negro —y no el suyo— era el criminal en su medio.

Zimmerman decidió ir a hacer una ronda. Se subió a su camioneta, con su fina pistola de 9 milímetros con la licencia metida en la funda de su cinturón. Conducía. Reparó en un adolescente negro encapuchado caminando por el complejo. Llamó al 911. La presencia del cuerpo negro, un crimen. El crimen histórico de las ideas racistas.

NO PLANEÉ QUE mi segundo libro fuera una historia sobre las ideas racistas, ya que Zimmerman se centró en lo que podría haber sido cualquier cuerpo masculino negro, ya que se centró en el adolescente y el presidente Obama pensó «podría haber sido mi hijo». Después de mi primer libro, sobre el Movimiento Campus Negro, planeé investigar los orígenes estudiantiles de los estudios negros en la década de 1960. Entonces me di cuenta de que los estudiantes negros exigían estudios negros porque consideraban que todas las disciplinas existentes eran racistas. Que los académicos liberales que dominaban esas disciplinas se negaban a identificar sus ideas asimilacionistas como racistas. Que se estaban identificando como no racistas, como los segregacionistas a los que llamaban racistas. Que los estudiantes negros los llamaban racistas, redefiniendo las ideas racistas. Quería escribir una larga historia usando la redefinición de ideas racistas de los estudiantes negros. Pero la desalentadora tarea me asustó, como el resplandor de Zimmerman asustó a Martin.

Martin llamó a un amigo y le dijo que lo estaban siguiendo. Aceleró el paso. «Hola, hemos tenido varios allanamientos en mi vecindario», le dijo Zimmerman al operador del 911. «Y hay un tipo muy sospechoso. Parece que no está haciendo nada bueno, o está drogado o algo así. [...] Una sudadera con capucha oscura, como una sudadera con capucha gris». Preguntó cuánto tiempo tardaría un agente en llegar, porque «estos cabrones siempre se escapan».

Martin echó a correr. Zimmerman saltó de su carro para

perseguirlo, la pistola en la cintura, teléfono en mano. El operador le dijo que se detuviera. Zimmerman colgó el teléfono y alcanzó a Martin, una docena de minutos después de las 7:00 p.m. Solo una persona viva sabe exactamente lo que sucedió después: Zimmerman, probablemente luchando para «aprehender» al «criminal». Martin probablemente luchando por su vida contra el criminal de verdad. Zimmerman apretando el gatillo y acabando con la vida de Martin. Alegó defensa propia para salvar su propia vida. El jurado lo aceptó el 13 de julio de 2013.

CON EL CORAZÓN roto, Alicia Garza tecleaba «Black Lives Matter» durante aquellas noches de luto, pensando en los ataúdes negros que se acumulaban ante ella mientras la gente gritaba todos esos nombres, desde Trayvon Martin hasta Michael Brown, Sandra Bland y Korryn Gaines. Las muertes, acusaciones y absoluciones, las manifestaciones y las muertes —todo me daba fuerza cada día para investigar para *Stamped from the Beginning*—.

Pasé el verano de 2012 buscando y etiquetando todas las ideas racistas que pude encontrar en la historia. Ideas racistas apiladas ante mí como basura en un vertedero. Decenas de miles de páginas de negros siendo destrozados como bestias, demonios, animales, violadores, esclavos, criminales, niños, depredadores, brutos, idiotas, prostitutas, tramposos y dependientes, innatos o criados. Más de quinientos años de ideas tóxicas sobre el cuerpo negro. Día tras semana, semana tras mes, mes tras año, a menudo doce horas al día durante tres años horriblemente largos, me paseé a través de esta basura, consumí esta basura, absorbí su toxicidad, antes de liberar una pequeña porción de esta basura en la página.

Toda esa basura, irónicamente, me limpió la mente si no me limpió las entrañas. Mientras recogía esta basura, me di cuenta de que lo había estado haciendo involuntariamente toda mi vida. Alguna la había tirado después de mirarme en el espejo. Todavía quedaba algo de basura. Al igual que los restos de las bolsas sucias o los rastros de «esos negros» y «las personas blancas son demonios» y «asiáticos serviles» y «terroristas de Oriente Medio» y «barrios negros peligrosos» y «nativos americanos débiles» y «mujeres negras enfadadas» y «latinoamericanos invasores» y «madres negras irresponsables» y «padres negros holgazanes». Una misión para descubrir y criticar la vida de ideas racistas de Estados Unidos se convirtió en una misión para descubrir y criticar la historia de mis ideas racistas, que se convirtió en una misión de por vida para ser antirracista.

Ser antirracista es algo que ocurrió en una serie de pasos.

Dejar de recurrir a la defensa de la negación de «no soy racista» o «no puedo ser racista».

Admitir la definición de racista (alguien que apoya políticas racistas o expresa ideas racistas).

Confesar las políticas racistas que apoyas y las ideas racistas que expresas.

Aceptar su origen (nuestra crianza en un país que nos hace racistas).

Reconocer la definición de antirracista (alguien que apoya políticas antirracistas o expresa ideas antirracistas).

Luchar por el poder y la política antirracistas en tus espacios. (Aprovechar una posición de formulación de políticas. Unirse a una organización antirracista o protestar. Donar públicamente tu tiempo o donar de forma privada tus fondos a los responsables de la formulación de políticas, organizaciones y protestas antirracistas centrados en cambiar el poder y la política.)

Luchar por permanecer en las intersecciones antirracistas donde el racismo se mezcla con otras intolerancias. (Eliminar las distinciones raciales en la biología y en el comportamiento. Igualar las distinciones raciales en etnias, cuerpos, culturas, colores, clases, espacios, géneros y sexualidades.)

Luchar por pensar con ideas antirracistas. (Ver la política racista en la desigualdad racial. Nivelar las diferencias de grupo. No ser engañado para generalizar la negatividad individual. No ser engañado por estadísticas o teorías que culpan a las personas de la desigualdad racial).

Las ideas racistas me engañaron casi toda mi vida. Me negué a permitir que siguieran poniéndome en ridículo, haciéndome quedar como un tonto, un esclavo. Me di cuenta de que ninguno de los grupos raciales tenía nada de malo y que sí lo tenían los individuos como yo que pensaban que cualquiera de los grupos raciales tenían alguna clase de problema. Me sentí muy bien limpiando mi mente.

Pero no limpié mi cuerpo. Mantuve la mayoría de la basura tóxica en mi intestino entre 2012 y 2015. No hablaba de la parte más importante. Trataba de reírme de ello. No abordé el dolor de sentir las ideas racistas masacrando mi cuerpo negro durante siglos. Pero ¿cómo podía preocuparme por mi cuerpo mientras veía a los agentes de policía masacrando el cuerpo negro casi todas las semanas en mi móvil? ¿Cómo podía preocuparme por mi cuerpo cuando los racistas culparon a los muertos, cuando los seres queridos de los muertos lloraban y bramaban y se quedaban anestesiados?

¿Cómo podía preocuparme por mi sufrimiento mientras Sadiqa sufría?

CAPÍTULO 18

SUPERVIVENCIA

ADIQA Y YO rara vez nos sentábamos en el sofá crema redondeado de nuestro nuevo hogar en Providence. Pero nuestros nervios nos llevaron a la sala de estar aquel día de finales de agosto de 2013.

Nos habíamos mudado semanas antes como recién casados. Nos habíamos escapado y habíamos cambiado nuestros apellidos meses antes, en una pintoresca aventura capturada en el artículo «Bridal Bliss» de *Essence*. El vestido dorado de Sadiqa y los accesorios rojos y con conchas cauríes, y el aura majestuosa que tenía sentada en su trono en una playa de la península mientras las olas se inclinaban ante el colorido atardecer, fueron de lo más sublimes.

Todavía con la subida de las fotos, ahora nos estábamos derrumbando. Nos cogimos de la mano, esperando la llamada del radiólogo que había hecho el ultrasonido y la biopsia. Una semana antes, Sadiqa me había hablado del bulto. Ella no había pensado mucho en ello, sabiendo probablemente que el 93% de las mujeres diagnosticadas con cáncer de mama tienen más de cuarenta años. Tenía treinta y cuatro años. Pero agradeció que le pidiera que fuera a ver a un médico aquel día. El teléfono sonó. Saltamos como si estuviéramos viendo una película de terror. En el altavoz, el médico dijo que Sadiqa tenía un cáncer de mama agresivo.

Minutos después, estábamos en el piso de arriba. Sadiqa no pudo hacerlo. Tuve que llamar yo y decirle a una madre que había perdido a una hija, que su hija viva tenía cáncer. Me quedé en nuestra habitación de invitados mientras su madre dejaba escapar un lamento, mientras Sadiqa lloraba en nuestro dormitorio, mientras yo lloraba en mi mente.

El llanto cesó enseguida, pero no la preocupación que rodeaba y asfixiaba a mi mujer. Sadiqa estudió la lucha que tenía por delante. Cirugía para extirpar el bulto. Quimioterapia para prevenir una recurrencia. Supervisión de cerca para identificar y tratar una recurrencia.

Sadiqa tenía tiempo antes de la cirugía. Decidimos congelar embriones en caso de que la quimioterapia dañara sus ovarios. El proceso sobreestimuló peligrosamente sus ovarios, llenando su abdomen de líquido, causando un coágulo de sangre. Dormimos en el hospital durante una semana mientras se recuperaba. Todo, antes de su pelea contra el cáncer.

El coágulo de sangre provocó que hacer la cirugía primero fuera demasiado peligroso. La quimioterapia fue lo primero, lo que significó tres meses de observar y sentir su angustia. Era una apasionada de la comida que no podía ni probarla. Tenía que pelear contra la fatiga crónica para ejercitarse. Acababa de terminar doce años de formación médica, pero ahora, en lugar de ver pacientes, se había convertido en una. Fue como entrenar duro para una maratón y enfermar nada más empezar la carrera. Pero ella siguió corriendo: a través de la quimioterapia, a través de tres cirugías, a través de otro año de quimioterapia menos tóxica. Y ganó.

· · · ·

TUVE PROBLEMAS PARA separar el cáncer de Sadiqa del racismo que yo había estudiado. Los dos consumieron mi vida durante los últimos meses de 2013 y durante la mayor parte de 2014 y 2015. Meses después de que Sadiqa sobreviviera al cáncer de mama en estadio 2, mamá fue diagnosticada con cáncer de mama en estadio 1. Se sometió a la radiación y a una tumorectomía en 2015. Esos años consistieron en cuidar a Sadiqa, ayudar a papá a cuidar a mamá y —cuando ellos dormían o disfrutaban de la compañía o deseaban tiempo a solas— abandonar el dolor de sus cánceres por el montón de ideas racistas que había recopilado.

Con el tiempo, el origen de las ideas racistas resultó obvio, pero tuve problemas para reconocerlo. El origen no encajaba con mi concepción del racismo, mi ideología racial, mi identidad racial. Me convertí en profesor universitario para alejar mediante la enseñanza las ideas racistas, considerando la ignorancia el origen de las ideas racistas, considerando las ideas racistas el origen de las políticas racistas, considerando el cambio mental la principal solución, considerándome a mí mismo, un educador, el principal solucionador.

Ver el valor de Sadiqa para descomponer su cuerpo y luego reconstruirlo me inspiró para aceptar el origen de las ideas racistas que encontré mientras investigaba toda su historia —a pesar de que alteraba mi forma de pensar anterior—. Mi investigación me señalaba la misma respuesta: el origen de las ideas racistas no era la ignorancia y el odio, sino el interés propio.

La historia de las ideas racistas es la historia de poderosos legisladores que erigen políticas racistas por interés propio, y luego producen ideas racistas para defender y racionalizar los efectos desiguales de sus políticas, mientras la gente cotidiana consume esas ideas racistas, lo que a su vez desencadena ignorancia y odio. Tratar la ignorancia y el odio, y esperar que el racismo se encogiera repentinamente era como tratar los síntomas de un paciente con cáncer y esperar que los tumores se encogieran. El cuerpo político podría sentirse mejor momentáneamente por el tratamiento —al tratar de erradicar el odio y la ignorancia— pero mientras la causa subyacente permanezca, los tumores crecen, los síntomas regresan y las desigualdades se propagan como células cancerosas, amenazando la vida del cuerpo político. La persuasión educativa y moral no es solo una estrategia fallida. Es una estrategia suicida.

ESTE MENSAJE DE centrarse en el cambio de política frente al cambio mental lo escribí en mi siguiente libro, *Stamped from the Beginning*. Después de que el libro saliera en 2016, me llevé de viaje este mensaje desde nuestro nuevo hogar a la Universidad de Florida. Hablaba de políticas racistas que conducen a ideas racistas, no al revés, como hemos solido pensar. Hablaba de eliminar las políticas racistas si esperábamos eliminar alguna vez las ideas racistas. Hablaba y hablaba sin reparar en mi nueva hipocresía, que los lectores y asistentes sí captaron. «¿Qué estás haciendo para cambiar la política?», me preguntaban en público y en privado.

Empecé a hacerme preguntas a mí mismo. ¿Qué estoy haciendo para cambiar la política? ¿Cómo puedo instar realmente a la gente a centrarse en cambiar la política si yo no me estoy centrando en cambiar la política? Una vez más, tuve que enfrentarme a una idea preciada y abandonarla.

No necesitaba abandonar la investigación y la educación antirracistas. Necesitaba abandonar mi enfoque de la investigación y la educación antirracistas. Tuve que abandonar al persuasionista criado en mí, la idea de investigar y educar por el bien de cambiar de opinión. Tuve que empezar a investigar y educar para cambiar la política. La estrategia anterior produce un académico público. Esta última produce conocimientos públicos.

. . .

EN EL VERANO de 2017, me mudé a la American University en la capital del país para fundar y dirigir el Antiracist Research and Policy Center (Centro de Investigación y Política Antirracista). Mi investigación sobre la historia del racismo y el antirracismo reveló que los académicos, los expertos en políticas, los periodistas y los defensores habían sido cruciales para reemplazar con éxito la política racista por la política antirracista.

Imaginé crear programas de becas de residencia y traer a Washington a los mejores de los mejores entre los académicos, los expertos en políticas, los periodistas y los defensores, que contarían con la asistencia de clases de estudiantes del cuerpo estudiantil más activo políticamente del país. Los equipos se centrarían en las desigualdades raciales más críticas y aparentemente intratables. Investigarían las políticas racistas que causaban la desigualdad racial, innovarían los correctivos de las políticas antirracistas, transmitirían la investigación y los correctivos de las políticas y participarían en campañas de cambio que trabajarían con el poder antirracista en sus sedes para instituir y poner a prueba esos correctivos de políticas antes de implementarlos a nivel nacional e internacional.

ESTOS EQUIPOS MODELARÍAN algunos de los pasos que todos podemos tomar para eliminar la desigualdad racial de nuestros espacios.

Admitir que la desigualdad racial es un problema de mala política, no de gente mala.
Identificar la desigualdad racial en todas sus intersecciones y manifestaciones.

Investigar y descubrir las políticas racistas que causan la desigualdad racial.

Inventar o encontrar políticas antirracistas que puedan eliminar la desigualdad racial.

Averiguar quién o qué grupo tiene el poder de instituir la política antirracista.

Difundir y educar sobre la política racista descubierta y los correctivos de políticas antirracistas.

Trabajar con legisladores simpatizantes del antirracismo para instituir la política antirracista.

Desplegar el poder antirracista para obligar o expulsar del poder a los políticos racistas poco comprensivos con el fin de instituir la política antirracista.

Vigilar de cerca para asegurar que la política antirracista reduzca y elimine la desigualdad racial.

Cuando las políticas fracasen, no culpar a la gente. Comenzar de nuevo y buscar tratamientos antirracistas nuevos y más eficaces hasta que funcionen.

Supervisar atentamente para evitar que se instituyan nuevas políticas racistas.

En la noche de septiembre en la que presenté las ideas que vertebraban el Antiracist Center ante mis compañeros de la American University, el terror racista también presentó las suyas. Después de mi exposición, durante mi clase nocturna, un hombre blanco no identificado, fornido y de mediana edad, vestido con ropa de obra, pegó copias de banderas confederadas con bolas de algodón dentro de varios edificios. Los pegó en los tablones de anuncios fuera de mi aula. El momento no parecía fortuito. Ignoré mis miedos y seguí adelante durante los últimos meses de 2017. Esto no fue lo único que saqué de mi cabeza. También ignoré mi pérdida de peso y seguí presionándome. Empezó a resultarme molesto entrar y salir de los baños para no sacar nada, solo para sentir que necesitaba ir minutos más tarde. Pero creía que tenía asuntos más importantes de los que preocuparme. Después de todo, los nacionalistas blancos gobernaban y aterrorizaban a Estados Unidos y su poder se extendía por todo el mundo occidental.

No tuve un descanso rejuvenecedor durante Acción de Gracias. Estaba postrado en la cama. Empecé a vomitar y paré después del fin de semana. La diarrea sangrienta no lo hizo. Todo empeoró. En Navidad, las cosas se habían agravado. Agradecí cuando Sadiqa me animó a que me hicieran una revisión.

Ni la enfermera ni Sadiqa pensaron que era nada serio. Tenía treinta y cinco años, aproximadamente la mitad de la edad media a la que suele atacar el cáncer de colon. No mostraba ninguno de los factores de riesgo para el cáncer de colon, ya que hacía ejercicio, rara vez bebía, no fumaba y era vegano desde que Sadiqa y yo hicimos el cambio para ayudar a prevenir una recurrencia de su cáncer. Programamos una colonoscopia por precaución para el 10 de enero de 2018.

ESTABA ATURDIDO POR la anestesia a primera hora de aquella mañana. Limpiar mi colon había sido una tarea que había durado toda la noche. Sadiqa me ayudó a ponerme la ropa en la pequeña y triste sala de consulta. No había ventanas o colores llamativos o decoración, solo imágenes del tracto gastrointestinal colgando en las paredes. La doctora negra que había realizado la colonoscopia entró en la habitación con una expresión seria.

—He visto algo anormal —dijo sentándose—. He visto una masa en el colon sigmoide. Es grande y quebradiza, y está sangrando.

La miré con confusión, sin saber lo que quería decir. Sadiqa la miró conmocionada, sabiendo exactamente lo que quería decir.

Dijo que no podía pasar el visor más allá de la masa. Estaba obstruyendo el colon.

—Lo más probable es que sea canceroso —dijo.

Hizo una pausa mientras mi confusión se convertía en shock. Me evadí de mí mismo. Sadiqa tuvo que hablar por mí, escuchar por mí. La doctora me dijo que me hiciera un análisis de sangre ese día y que me explorarían el cuerpo al día siguiente para confirmar el cáncer. No sabía qué pensar ni sentir. Así que no sentí ni pensé nada más que shock.

En cierto momento, varios minutos más tarde, tal vez mientras alguien me sacaba sangre, pensé en la profesora Mazama. Cuando le dije el diagnóstico de Sadiqa y le pregunté:

—¿Por qué ella?

—¿Por qué no ella? —respondió la profesora Mazama.

¿Por qué no yo?

Pensé en las peleas contra el cáncer de Sadiqa, de mamá y de papá. *¿Por qué no yo?* Ellos habían sobrevivido. *¿Por qué no iba a ser yo el que muriera?*

SALIMOS DEL CONSULTORIO médico en el centro de Washington y nos dirigimos a Busboys and Poets para encontrarnos con mamá para desayunar. Nos sentamos a la mesa. Mamá había estado esperando durante media hora. Preguntó por qué habíamos tardado tanto tiempo. Todavía estaba mudo, mirando hacia abajo, hacia arriba, lejos de los ojos de cualquiera. Sadiqa le contó a mamá lo de la masa, que probablemente era cáncer.

—Bien, si lo es, nos enfrentaremos a ello —dijo mamá.

La miré a los ojos, aguantándome las lágrimas.

—Nos enfrentaremos a ello —dijo de nuevo.

Sabía que hablaba en serio.

—Sí, lo haremos —dijo Sadiqa, captando mi mirada.

Sí, lo haremos, me dije a mí mismo, absorbiendo su valor.

Aquella noche, sentí más valor cuando Sadiqa y yo asumimos que habíamos cogido el cáncer a tiempo. Probablemente un estadio 1 o 2. Tal vez 3. No el 4. Alrededor del 88% de las personas diagnosticadas con cáncer de colon en estadio 4 mueren en cinco años.

Al día siguiente, lo confirmaron. Tenía cáncer de colon metastásico. Estadio 4. *Tal vez no podamos luchar contra eso.*

NUESTRO MUNDO SUFRE de cáncer metastásico. Estadio 4. El racismo se ha extendido a casi todas las partes del cuerpo político, cruzándose con la intolerancia de todo tipo, justificando todo tipo de desigualdades culpando a las víctimas; aumentando la explotación y el odio fuera de lugar; espoleando los tiroteos masivos, las carreras armamentísticas y los demagogos que polarizan a las naciones; apagando los órganos esenciales de la democracia; y amenazando la vida de la sociedad humana con la guerra nuclear y el cambio climático. En Estados Unidos, el cáncer metastásico se ha estado extendiendo, contrayendo y amenazando con matar al cuerpo estadounidense como casi lo hizo antes de su nacimiento, como casi lo hizo durante su Guerra Civil. Pero ¿cuántas personas miran dentro del cuerpo de las desigualdades raciales de sus naciones, las desigualdades raciales de sus vecindarios, las desigualdades raciales de sus ocupaciones, las desigualdades raciales de sus instituciones y niegan rotundamente que sus políticas sean racistas? Niegan rotundamente que la desigualdad racial sea el signo de la política racista. Niegan rotundamente la política racista, ya que utilizan ideas racistas para justificar la desigualdad racial. Niegan rotundamente el cáncer del racismo a medida que las células cancerosas se propagan y literalmente amenazan sus propias vidas y las vidas de las personas y los espacios y lugares que aprecian. La concepción popular de la negación —como la estrategia popular de persuasión— es suicida.

· · ·

HABÍA ESTADO PENSANDO toda la semana en la negación, antes del diagnóstico, después del diagnóstico. Todavía no podía separar el racismo y el cáncer. Me sentaba en las salas de espera, entre reuniones médicas, pruebas y procedimientos, escribiendo un ensayo, argumentando que el pulso del racismo es la negación, el pulso del antirracismo es la confesión. Apareció en *The New York Times* el domingo 14 de enero de 2018, tres días después de mi diagnóstico. Pero mi texto sobre la negación del racismo no me impidió negar la gravedad de mi cáncer. No podía confesar que era probable que muriera.

En privado, había estado tratando de darle sentido al racismo a través del cáncer desde el diagnóstico de Sadiqa. Excepto que ahora empezaba a darle sentido a mi cáncer a través de mi nueva concepción del racismo. Negar mi capacidad de tener éxito en mi lucha contra el cáncer no difería de aquellos que negaban nuestra capacidad de tener éxito en la lucha contra el racismo. Negarlo es mucho más fácil que admitirlo, que confesarlo.

Padezco cáncer. El estadio más serio. Es probable que el cáncer me mate. Puedo sobrevivir al cáncer contra todo pronóstico.

Mi sociedad padece racismo. El estadio más serio. Es probable que el racismo mate a mi sociedad. Mi sociedad puede sobrevivir al racismo contra todo pronóstico.

Me preparé para luchar. Miré más allá de lo que podría hacerme daño en la lucha para ver toda la felicidad que podía experimentar si sobrevivía. Bailar por la vida con mi vibrante pareja, que había sobrevivido. Ver a mi niña negra de casi dos años convertirse en una estupenda mujer. Convertirme en un mejor yo a través del amor de mi constructiva familia y amigos y mentores que conozco y no conozco. Involucrar a los lectores de mente abierta de *Stamped from the Beginning*. Convertir el Antiracist Center en una fábrica intelectual de política antirracista. Ver a mis queridos Knicks de Nueva

York finalmente ganar un campeonato de la NBA. Escribir para *The Atlantic*, en las mismas páginas que W. E. B. Du Bois. Terminar este libro y compartirlo con el mundo.

Miré el progreso antirracista que se avecinaba en mi vida, la sociedad antirracista que llegará en la vida de mi nieta, nuestros bisnietos negándose a volver al momento racista en el que todas las víctimas de todas las formas de intolerancia que se alimentan y son alimentadas por el racismo tenían muchos menos recursos, muchas menos oportunidades de unirse con su humanidad, de unirse con la diferencia humana, de unirnos con nuestra humanidad compartida.

MI PLAN DE tratamiento adoptó la forma de planes de batalla. Seis meses de quimioterapia. Si mis tumores se reducían, la oportunidad de la cirugía. La posibilidad de extirpar el resto de los tumores. La oportunidad de la vida si no había una recurrencia. Una posibilidad remota. Pero una posibilidad.

Los lunes, cada tres semanas, a partir de finales de enero de 2018, recibía inyecciones de quimioterapia y comencé a tomar píldoras de quimio durante dos semanas. Los martes me sentía como si Smurf y sus chicos me hubieran dado una paliza. Apenas podía salir de la cama. Apenas podía escribir este libro. Apenas podía comer y beber. Pero me obligué a levantarme de la cama, a escribir, a mantenerme hidratado, porque cuando no ejercitaba mi cuerpo y mi mente, cuando no consumía suficientes proteínas y pensamientos y líquidos, podía sentir los niveles de toxicidad aumentando en mi cuerpo, exacerbando todos los síntomas.

Para mantenerme al día con mi vida normal, tuve que salir al amargo frío del invierno, no solo al gimnasio, sino a las reuniones, a los compromisos para dar charlas, a la vida. La quimio me hizo hipersensible al frío. Los treinta grados de la calle se sentían como diez bajo cero dentro de mí. Cada vez que respiraba aire frío, me dolían los pulmones. Cada vez que bebía líquidos helados, me dolía la garganta. Cada vez que tocaba algo frío, me dolían los dedos.

En lugar de revolcarme en el malestar crónico o pedirle al médico que redujera la quimioterapia, encontré maneras de sentirme más cómodo. El dolor suele ser esencial para la curación. Cuando se trata de curar a Estados Unidos del racismo, queremos sanar a Estados Unidos sin dolor, pero sin dolor no hay progreso.

MIS TUMORES SE redujeron lo suficiente para que fuera a la mesa quirúrgica al final del verano de 2018. Los cirujanos quitaron lo que quedaba y me volvieron a coser. Los patólogos diseccionaron lo que sacaron y no encontraron células cancerosas. Los seis meses de quimioterapia habían borrado, aparentemente, todo el cáncer. Mis médicos estaban tan sorprendidos como cuando me diagnosticaron. Tenía una buena oportunidad de entrar en el 12% de las personas que sobrevivían al cáncer de colon en estadio 4.

PODEMOS SOBREVIVIR AL racismo metastásico. Perdónenmen. No puedo separar ambas cosas, y ya ni lo intento. ¿Y si la humanidad conectara los dos? No solo disminuiría el número de personas de todas las razas que mueren cada año de cáncer si lanzásemos una guerra contra el cáncer en lugar de contra los cuerpos no blancos que nos matan en un número mucho menor. No solo habría mejores opciones de prevención y tratamiento para los médicos si desviásemos a la atención e investigación del cáncer una parte de los billones de dólares de impuestos que gastamos en reducir los impuestos para los ricos, encarcelar a la gente, bombardear a la gente y poner a las tropas en peligro.

¿Y si tratamos el racismo en la forma en que tratamos

el cáncer? Lo que históricamente ha sido eficaz en la lucha contra el racismo es análogo a lo que ha sido eficaz en la lucha contra el cáncer. Estoy hablando de los métodos de tratamiento que me dieron una oportunidad en la vida, que dan a millones de luchadores contra el cáncer y supervivientes como yo, como tú, como nuestros seres queridos, una oportunidad de vida. Los métodos de tratamiento que dieron a millones de nuestros familiares, amigos e ídolos que no sobrevivieron al cáncer tuvieron una oportunidad en unos pocos días, meses, años de vida más. ¿Y si los humanos conectasen los planes de tratamiento?

Saturar la política corporal con la quimioterapia o inmunoterapia de las políticas antirracistas que reducen los tumores de las desigualdades raciales, que matan las células cancerosas indetectables. Extirpar cualquier política racista restante, como los cirujanos extirpan los tumores. Asegurarse de que haya márgenes claros, para que no queden células cancerosas de desigualdad en el cuerpo político, solo las células sanas de la igualdad. Fomentar el consumo de alimentos saludables para el pensamiento y el ejercicio regular de ideas antirracistas, para reducir la probabilidad de una recurrencia. Vigilar el cuerpo político de cerca, especialmente donde los tumores de la desigualdad racial existían anteriormente. Detectar y tratar una recurrencia temprano, antes de que pueda crecer y amenazar el cuerpo político.

Pero antes de que podamos tratar, debemos creer. Creer que no todo está perdido para ti, para mí y para nuestra sociedad. Creer en la posibilidad de que podamos esforzarnos por ser antirracistas a partir de hoy. Creer en la posibilidad de que podamos transformar nuestras sociedades para ser antirracistas a partir de hoy. El poder racista no es divino. Las políticas racistas no son indestructibles. Las desigualdades raciales no son inevitables. Las ideas racistas no son naturales para la mente humana.

La raza y el racismo son construcciones de poder del

mundo moderno. Durante aproximadamente doscientos mil años, antes de que la raza y el racismo se construyeran en el siglo xv, los seres humanos veían el color pero no agrupaban los colores en razas continentales, no solían adjudicar características negativas y positivas a esos colores ni clasificaban las razas para justificar la desigualdad racial, para reforzar el poder racista y la política. El racismo ni siquiera tiene seiscientos años. Es un cáncer que hemos detectado a tiempo.

Pero el racismo es uno de los cánceres más rápidos y mortales que la humanidad haya conocido. Es difícil encontrar un lugar donde sus células cancerosas no se dividan y se multipliquen. No hay nada que vea en nuestro mundo hoy, en nuestra historia, que me dé la esperanza de que algún día los antirracistas ganarán la lucha, de que algún día la bandera del antirracismo sobrevolará un mundo de igualdad. Lo que me da esperanza es una simple perogrullada. En cuanto perdemos la esperanza, el fracaso está garantizado. Pero si ignoramos la probabilidad y luchamos por crear un mundo antirracista, entonces le damos a la humanidad la oportunidad de sobrevivir algún día, una oportunidad de vivir en comunión, una oportunidad de ser libres para siempre.

AGRADECIMIENTOS

Fueron las personas que seguían haciendo preguntas quienes le dieron sentido a este libro. La gente del público, en conversaciones privadas, en correos electrónicos, en llamadas telefónicas, en las redes sociales —ellos me animaron a escribir este libro preguntando una y otra vez cómo podrían ser antirracistas—. En primer lugar, me gustaría reconocer y agradecer a la gente —a las muchas personas que conozco, y a las muchas más que no conozco— que confiaron en mí para dar una respuesta.

Quiero agradecer a Ayesha Pande, mi agente literaria y amiga, por alimentar la idea del libro cuando se la conté en 2016. Siempre agradeceré su confianza, apoyo y cuidado a través de este proceso de idea a libro.

Me gustaría reconocer a Chris Jackson, mi editor de libros, por su sabiduría editorial y su visión constructiva. Este libro fue bastante difícil de concebir y de escribir —la narrativa personal cronológica intercalada con una serie de temas de capítulos conectados que se construyen unos sobre otros como una escalera hacia el antirracismo—. Así que estoy lleno de gratitud por su paciencia y herramientas conceptuales claras, que ayudaron en la construcción de este libro. Y a todo el equipo de One World: gracias, especialmente a Nicole. También debo reconocer a todas las grandes personas en producción, ventas, marketing y publicidad en Random House, sobre todo a mi compañera de Eagle, Maria. Sé lo crucial que eres para materializar estas páginas y no puedo agradecértelo lo suficiente.

No podría haber creado este libro sin los recuerdos de sus personajes, especialmente de mi padre, que tiene una memoria casi perfecta, y por supuesto mamá, y Sadiqa, Kaila, Yaba, Clarence y Weckea, otra persona cuya memoria es impecable. Así que gracias. No podría haber creado este libro sin la enorme cantidad de estudios e informes sobre el racismo y el antirracismo. Así que gracias a todos esos investigadores, teóricos y periodistas.

No podría haber creado este libro sin mi salud. Así que gracias a todos los profesionales sanitarios que me ayudaron durante mi lucha contra el cáncer.

Una horda de personas a lo largo de mi vida, conscientemente y sin saberlo, con buenas intenciones y malas intenciones, me han puesto espejos delante que me han obligado a reflexionar. Debo dar las gracias a todas estas personas, muchas de las cuales están en este libro. Quiero expresar mi gratitud a todos aquellos que me ayudaron durante mi viaje a través de la academia, desde mis profesores, como los doctores Jackson, Asante y Mazama, hasta mis colegas y mentores en colegios y universidades donde trabajé. Especialmente quiero agradecer a mis colegas de la American University por su increíble apoyo. Tendría que nombrar a demasiadas personas, pero quiero reconocer a Sylvia, Mary, Teresa, Courtney, Fanta, Cheryl, Nancy, Camille, Peter, Christine, Jim, Jeff, Vicky, Eric, Max, Eric, Edwina, Theresa, Rebecca, Lily, Lisa, Kyle, Derrick, Keith, Kristie, Kelly, Rachel, Elizabeth,

Alan, Jonathan, Gautham, Dan, y al resto de los colegas en el Departamento de Historia y la School of International Service. Me gustaría dar las gracias también a mis amigos y colegas del Antiracist Research and Policy Center, sobre todo a Christine, Christopher, Rachel, Amanda, Jordanna, Jessica, Derek, Garrett, Malini y Kareem.

Gracias a todos mis amigos y parientes, especialmente a mi hermano, Akil, y a mi cuñado, Macharia. Como sabes, este libro habría sido imposible sin ti y tu amor. Sabes quién eres. Gracias. Mucho amor y respeto.

Por último, quiero dar las gracias a mi fe, mi hija, Imani. Un día, aprenderás lo esencial que fuiste para la vida de este libro. Y discúlpenme si le vuelvo a dar las gracias a mi roca, mi compañera y mi mejor amiga, que me ha dado tanto y ha significado tanto para mí y para la humanidad, Sadiqa.

NOTAS

Mi introducción racista

21. **«la pereza es un rasgo característico de los negros»**: O'Donnell, John R.: *Trumped!: The Inside Story of the Real Donald Trump—His Cunning Rise and Spectacular Fall* (Nueva York: Simon & Schuster, 1991). O'Donnell es expresidente del Trump Plaza Hotel and Casino de Atlantic City. En sus memorias, mencionó la crítica de Trump a un contable negro. La cita completa es la siguiente: «¡Tíos negros contando mi dinero! No lo soporto. La única clase de gente que quiero que cuente mi dinero son esos tipos bajos que llevan kipás todos los días. [...] Creo que es un vago. Y probablemente no sea culpa suya, porque la pereza es un rasgo característico de los negros. Lo es, de verdad, es lo que creo. No es algo que puedan controlar». En un principio, Trump negó haber dicho esto, pero más adelante le dijo a un reportero de *Playboy*: «Es probable que todo eso que O'Donnell escribió sobre mí sea cierto». Ver Bowden, Mark: «The Art of the Donald: The Trumpster Stages the Comeback of a Lifetime», *Playboy*, mayo de 1997.

22. **diciendo que la mayoría eran criminales y violadores**: «"Drug Dealers, Criminals, Rapists": What Trump Thinks of Mexicans», *BBC*, 31 de agosto de 2016, disponible en www.bbc.com/news/av/world-us -canada-37230916/drug-dealers-criminals-rapists-what-trump-thinks -of-mexicans.

22. **«una paralización total y completa de la entrada de musulmanes a Estados Unidos»**: Procede de una declaración de Trump durante

la campaña el 7 de diciembre de 2015. Para la declaración completa, ver: «"Preventing Muslim Immigration" Statement Disappears from Trump's Campaign Site», *USA Today*, 8 de mayo de 2017, disponible en www.usatoday.com/story/news/politics/onpolitics/2017/05/08/pre venting-muslim-immigration-statement-disappears-donald-trump -campaign-site/101436780/.

22. **cogió la costumbre de llamar «estúpidos» a sus críticos negros:** Para una recopilación de sus declaraciones, ver: «Trump's Insults Toward Black Reporters, Candidates Echo "Historic Playbooks" Used Against African Americans, Critics Say», *The Washington Post*, 9 de noviembre de 2018, www.washingtonpost.com/politics/trumps-insults-toward -black-reporters-candidates-echo-historic-playbooks-used-against -african-americans/2018/11/09/74653438-e440-11e8-b759-3d88a5c e9e19_story.html.

22. **«tienen el SIDA»:** Ver «Out of Chaos, Trump Reshapes Immigration», *The New York Times*, 24 de diciembre de 2017.

22. **«muy buena gente»:** Ver «Trump Defends White-Nationalist Protes- ters: "Some Very Fine People on Both Sides"», *The Atlantic*, 15 de agosto de 2017, disponible en www.theatlantic.com/politics/archive /2017/08/trump-defends-white-nationalist-protesters-some-very -fine-people-on-both-sides/537012/.

22. **«que han entrevistado jamás»:** Ver «Trump Says "I'm Not a Racist" and Denies "Shithole Countries" Remark», *The Washington Post*, 14 de enero de 2018, disponible en www.washingtonpost.com/news/post -politics/wp/2018/01/14/trump-says-im-not-a-racist-and-denies -shithole-countries-remark/.

22. **«han conocido jamás»:** Ver «Donald Trump: I'm "the Least Racist Person"», *CNN*, 15 de septiembre de 2016, disponible en www.cnn .com/2016/09/15/politics/donald-trump-election-2016-racism /index.html.

22. **«se han encontrado jamás»:** Ver «Donald Trump: "I Am the Least Racist Person"», *The Washington Post*, 10 de junio de 2016, disponible en www.washingtonpost.com/politics/donald-trump-i-am-the-least-ra cist-person/2016/06/10/eac7874c-2f3a-11e6-9de3-6e6e7a14000c _story.html.

22. **La negación es el pulso del racismo:** Para saber más sobre esta idea, ver Kendi, Ibram X.: «The Heartbeat of Racism Is Denial», *The New York Times*, 13 de enero de 2018, disponible en www.nytimes .com/2018/01/13/opinion/sunday/heartbeat-of-racism-denial.html.

22. **«"Racista" no es una palabra descriptiva»:** Para la cita completa de Richard Spencer, ver «Who Is Richard Spencer?», *Flathead Beacon*,

26 de noviembre de 2014, disponible en flatheadbeacon.com/2014/11 /26/richard-spencer/.

24. **«Nuestra Constitución es daltónica racialmente»:** Para la oposición íntegra del magistrado Harlan, ver: «Separate but Equal», en *Great Decisions of the U.S. Supreme Court* (Nueva York: Barnes & Noble Books, 2003), 46–58. Para las citas específicas de este libro, ver 53.

Capítulo 1: Definiciones

28. **Skinner estaba haciéndose famoso:** Para textos explicativos sobre la vida de Skinner, su influencia y su papel en el Urbana '70, ver «The Unrepeatable Tom Skinner», *Christianity Today*, 12 de septiembre de 1994, disponible en www.christianitytoday.com/ct/1994/september12 /4ta011.html; y «A Prophet Out of Harlem», *Christianity Today*, 16 de septiembre de 1996, disponible en www.christianitytoday.com/ct /1996/september16/6ta036.html.

28. **publicó su tercer y cuarto libros:** Skinner, Tom: *How Black Is the Gospel?* (Philadelphia: Lippincott, 1970); y Skinner, Tom: *Words of Revolution: A Call to Involvement in the Real Revolution* (Grand Rapids, MI: Zondervan, 1970).

28. **«The Black Aesthetic»:** Para las lecciones que Addison Gayle impartió en este curso, ver su famoso libro, *The Black Aesthetic* (Garden City, NY: Doubleday, 1971).

29. **Larry leyó a:** Balwin, James: *The Fire Next Time* (Nueva York: Dial, 1963; *La próxima vez, el fuego*, traducido pero descatalogado); Wright, Richard: *Native Son* (Nueva York: Harper, 1940; *Hijo nativo*, traducido pero descatalogado); Baraka, Amiri (LeRoi Jones): *Dutchman and the Slave: Two Plays* (Nueva York: William Morrow, 1964); y Greenlee, Sam: *The Spook Who Sat by the Door* (Nueva York: Baron, 1969).

29. **Soul Liberation inició su popular himno:** Para un recuerdo de esta tarde con Soul Liberation tocando y Tom Skinner predicando compatible con los recuerdos de mis padres, ver Gilbreath, Edward: *Reconciliation Blues: A Black Evangelical's Inside View of White Christianity* (Downers Grove, IL: InterVarsity Press, 2006), 66–69.

29. **Cuando la música acabó, llegó el momento: Tom Skinner:** Para el audio y el texto del sermón de Tom Skinner en el Urbana '70 titulado «Racism and World Evangelism», ver urbana.org/message/us-racial -crisis-and-world-evangelism.

30. **rescatados por la teología de la liberación negra:** Para un buen libro sobre la filosofía de la teología negra, ver Cone, James H.: *Risks of Faith: The Emergence of a Black Theology of Liberation, 1968–1998* (Boston: Beacon Press, 2000).

30. **se unieron a la iglesia sin iglesias del movimiento del Poder negro:** Para una buena perspectiva del Poder negro, ver Joseph, Peniel E.: *Waiting 'Til the Midnight Hour: A Narrative History of Black Power in America* (Nueva York: Henry Holt, 2007).

31. **Black Theology & Black Power:** Cone, James H.: *Black Theology & Black Power* (Nueva York: Seabury, 1969).

31. **A Black Theology of Liberation:** Cone, James H.: *A Black Theology of Liberation* (Philadelphia: Lippincott, 1970).

33. **el 71% de las familias blancas ocupaban una vivienda propia:** Se pueden encontrar estas cifras en Desmond, Matthew: «Housing», *Pathways: A Magazine on Poverty, Inequality, and Social Policy*, edición especial 2017, 16–17, disponible en inequality.stanford.edu/publica tions/pathway/state-union-2017. Este ensayo forma parte del informe «State of the Union» del Stanford Center on Poverty & Inequality de 2017.

34. **«No se puede coger a una persona que»:** Para un vídeo completo del discurso del presidente Johnson en Howard, ver «Commencement Speech at Howard University, 6/4/65», The LBJ Library, disponible en www.youtube.com/watch?v=vcfAuodA2x8.

35. **«Para superar el racismo»:** Para su oposición completa, ver Blackmun, Harry: *Dissenting Opinion*, Regents of the Univ. of Cal. v. Bakke, 1978, C-SPAN Landmark Cases, disponible en landmarkcases.c-span.org /Case/27/Regents-Univ-Cal-v-Bakke.

35. **idea racista:** Ver Kendi, Ibram X.: *Stamped from the Beginning: The Definitive History of Racist Ideas in America* (Nueva York: Nation Books, 2016).

35. **«Los negros, en origen una raza distinta»:** Jefferson, Thomas: *Notes on the State of Virginia* (Boston: Lilly and Wait, 1832), 150.

36. **Gran Migración Afroamericana:** Para el mejor libro sobre la Gran Migración Afroamericana, ver Wilkerson, Isabel: *The Warmth of Other Suns: The Epic Story of America's Great Migration* (Nueva York: Vintage Books, 2011).

36. **el sur global, en su mayoría no blanco, está siendo víctima:** Ver «Climate Change Will Hit Poor Countries Hardest, Study Shows», *The Guardian*, 27 de septiembre de 2013, disponible en www.theguar dian.com/global-development/2013/sep/27/climate-change-poor -countries-ipcc.

37. **mayores índices de envenenamiento por plomo que Flint (Michigan):** Ver «Reuters Finds 3,810 U.S. Areas with Lead Poisoning Double Flint's», *Reuters*, 14 de noviembre de 2017, disponible en www .reuters.com/article/us-usa-lead-map/reuters-finds-3810-u-s-areas -with-lead-poisoning-double-flints-idUSKBN1DE1H2.

37. **el Alzheimer, una enfermedad que tiene más prevalencia entre los afroamericanos:** Para un ensayo excelente sobre los afroamericanos y el Alzheimer, ver «African Americans Are More Likely Than Whites to Develop Alzheimer's. Why?», *The Washington Post Magazine*, 1 de junio de 2017, disponible en www.washingtonpost.com/lifestyle /magazine/why-are-african-americans-so-much-more-likely-than -whites-to-develop-alzheimers/2017/05/31/9bfbcccc-3132-11e7-86 74-437ddb6e813e_story.html.

37. **3,5 años mayor que la de las vidas negras:** Para un resumen de estos datos, ver «Life Expectancy Improves for Blacks, and the Racial Gap Is Closing, CDC Reports», *The Washington Post*, 2 de mayo de 2017, disponible en www.washingtonpost.com/news/to-your-health /wp/2017/05/02/cdc-life-expectancy-up-for-blacks-and-the-racial -gap-is-closing/.

37. **la tasa de muerte de bebés negros duplica la de niños blancos:** «Why America's Black Mothers and Babies Are in a Life-or-Death Crisis», *The New York Times Magazine*, 11 de abril de 2018, disponible en www .nytimes.com/2018/04/11/magazine/black-mothers-babies-death -maternal-mortality.html.

37. **los afroamericanos tienen un 25% más de probabilidad de morir de cáncer:** Para esta disparidad y otras de este párrafo, ver «Examples of Cancer Health Disparities», National Cancer Institute, National Institutes of Health, disponible en www.cancer.gov/about-nci/organization /crchd/about-health-disparities/examples.

38. **El cáncer de mama mata a las mujeres negras de forma desproporcionada:** «Breast Cancer Disparities: Black Women More Likely Than White Women to Die from Breast Cancer in the US», *ABC News*, 16 de octubre de 2018, disponible en abcnews.go.com/beta-story-con tainer/GMA/Wellness/breast-cancer-disparities-black-women-white -women-die/story?id=58494016.

38. **Tres millones de afroamericanos y cuatro millones de latinoamericanos consiguieron un seguro médico:** Uberoi, Namrata, Finegold, Kenneth y Gee, Emily: «Health Insurance Coverage and the Affordable Care Act, 2010–2016», *ASPE Issue Brief*, Department of Health & Human Services, 3 de marzo de 2016, disponible en aspe.hhs.gov /system/files/pdf/187551/ACA2010-2016.pdf.

38. **28,5 millones de estadounidenses siguen sin seguro:** «Since Obamacare Became Law, 20 Million More Americans Have Gained Health Insurance», *Fortune*, 15 de noviembre de 2018, disponible en fortune .com/2018/11/15/obamacare-americans-with-health-insurance-un insured/.

38. **La racista política de voto ha pasado:** Para tres estudios recien-

tes sobre la supresión del voto, ver Anderson, Carol: *One Person, No Vote: How Voter Suppression Is Destroying Our Democracy* (Nueva York: Bloomsbury, 2018); Lichtman, Allan J.: *The Embattled Vote in America: From the Founding to the Present* (Cambridge, MA: Harvard University Press, 2018); y Berman, Ari: *Give Us the Ballot: The Modern Struggle for Voting Rights in America* (Nueva York: Farrar, Straus & Giroux, 2015).

38. **«están dirigidas a los afroamericanos con una precisión casi quirúrgica»:** «The "Smoking Gun" Proving North Carolina Republicans Tried to Disenfranchise Black Voters», *The Washington Post*, 29 de julio de 2016, disponible en www.washingtonpost.com/news/wonk/wp/2016/07/29/the-smoking-gun-proving-north-carolina-republicans-tried-to-disenfranchise-black-voters/.

38. **La estricta ley de identificación de votantes de Wisconsin suprimió:** «Wisconsin's Voter-ID Law Suppressed 200,000 Votes in 2016 (Trump Won by 22,748)», *The Nation*, 9 de mayo de 2017, disponible en www.thenation.com/article/wisconsins-voter-id-law-suppressed-200000-votes-trump-won-by-23000/.

39. **«Todos hemos sido programados»:** Lorde, Audre: «Age, Race, Class, and Sex: Women Redefining Difference», en *Sister Outsider: Essays and Speeches* (Freedom, CA: Crossing Press, 1984), 115. De este libro existe una versión en castellano: *La hermana, la extranjera*, Madrid, Horas y Horas, 2003, con traducción de María Corniero.

Capítulo 2: Conciencias enfrentadas

41. **«Tenemos que acabar con la drogadicción»:** Reagan, Ronald: «Remarks on Signing Executive Order 12368, Concerning Federal Drug Abuse Policy Functions», en *Public Papers of the Presidents of the United States: Ronald Reagan, 1982* (Washington, DC: U.S. Government Printing Office, 1982), 813.

41. **población de las prisiones estadounidenses se multiplicara por cuatro:** Ver «Study Finds Big Increase in Black Men as Inmates Since 1980», *The New York Times*, 28 de Agosto de 2002, disponible en www.nytimes.com/2002/08/28/us/study-finds-big-increase-in-black-men-as-inmates-since-1980.html.

41. **se encarceló a más gente por delitos relacionados con las drogas:** Rothwell, Jonathan: «Drug Offenders in American Prisons: The Critical Distinction Between Stock and Flow», *Brookings*, 25 de noviembre de 2015, disponible en www.brookings.edu/blog/social-mobility-memos/2015/11/25/drug-offenders-in-american-prisons-the-critical-distinction-between-stock-and-flow/.

41. **Las personas blancas tienden más a vender droga que las negras o**

latinoamericanas: «Busted: The War on Drugs Remains as Racist as Ever, Statistics Show», *Vice*, 14 de marzo de 2017, disponible en news.vice.com/en_ca/article/7xwybd/the-war-on-drugs-remains-as-racist-as-ever-statistics-show.

41. **Los narcodelincuentes negros no violentos pasan en prisión:** Departamento de Justicia de Estados Unidos, Oficina de Estadísticas Judiciales, Compendio de Estadísticas Judiciales Federales, 2003, 112 (Tabla 7.16) (2003), disponible en bjs.ojp.usdoj.gov/content/pub/pdf/cfjs03.pdf.

41. **las personas negras y latinoamericanas seguían estando extremadamente sobrerrepresentadas:** «The Gap Between the Number of Blacks and Whites in Prison Is Shrinking», Pew Research Center, 12 de enero de 2018, disponible en www.pewresearch.org/fact-tank/2018/01/12/shrinking-gap-between-number-of-blacks-and-whites-in-prison/.

41. **cuenta la historiadora Elizabeth Hinton:** Hinton, Elizabeth: *From the War on Poverty to the War on Crime: The Making of Mass Incarceration in America* (Cambridge, MA: Harvard University Press, 2016).

42. **«el año en el que este país daría inicio a una exhaustiva»:** Hinton, Elizabeth: «Why We Should Reconsider the War on Crime», *Time*, 20 de marzo de 2015, disponible en time.com/3746059/war-on-crime-history/.

42. **Nixon anunció su guerra contra las drogas en 1971:** «President Nixon Declares Drug Abuse "Public Enemy Number One"», Richard Nixon Foundation, 17 de junio de 1971, disponible en www.youtube.com/watch?v=y8TGLLQlD9M.

42. **«Podíamos arrestar a sus líderes»:** Baum, Dan: «Legalize It All: How to Win the War on Drugs», *Harper's*, abril de 2016, disponible en harpers.org/archive/2016/04/legalize-it-all/.

42. **«los logros conseguidos con tanto esfuerzo con el movimiento por los derechos civiles»:** Forman Jr., James: *Locking Up Our Own: Crime and Punishment in Black America* (Nueva York: Farrar, Straus & Giroux, 2017), 126–27.

43. **«solución [...] no es tan sencilla»:** Holmes Norton, Eleanor: «Restoring the Traditional Black Family», *The New York Times*, 2 de junio de 1985.

44. **estaban haciendo trizas la escalera:** Ver «What Reagan Has Done to America», *Rolling Stone*, 23 de diciembre de 1982, disponible en www.rollingstone.com/culture/culture-news/what-reagan-has-done-to-america-79233/.

44. **La revolución de Reagan fue justo eso:** Para un buen resumen de los efectos raciales y económicos de las políticas de Reagan, ver Marable, Manning: *Race, Reform, and Rebellion: The Second Reconstruction and*

Beyond in Black America, 1945–2006 (Jackson, MS: University Press of Mississippi, 2007).

46. «Es una sensación peculiar, esta doble conciencia»: Du Bois, W. E. B.: *The Souls of Black Folk* (Nueva York: Penguin Books, 2018), 7. Existe una traducción en castellano: *Las almas del pueblo negro*, Madrid, Capitán Swing, 2020, con traducción de Héctor Arnau.

47. «vestigios de barbarie»: Ibid., 43.

47. «el bajo nivel social de la multitud de la raza»: Ibid., 43.

47. «¿Se detienen alguna vez los estadounidenses a pensar»: Du Bois, W. E. B.: «The Talented Tenth», en *The Negro Problem: A Series of Articles by Representative American Negroes of To-Day* (Nueva York: James Pott & Company, 1903). El texto íntegro del artículo está disponible en teachingamericanhistory.org/library/document/the-talented-tenth/.

49. a la descripción que Trump dio sobre los inmigrantes latinoamericanos: Ver «Trump Ramps Up Rhetoric on Undocumented Immigrations: "These Aren't People. These Are Animals"», *USA Today*, 16 de mayo de 2018, disponible en www.usatoday.com/story/news/politics/2018/05/16/trump-immigrants-animals-mexico-democrats-sanctuary-cities/617252002/.

49. «Tiendo a sospechar que las personas negras»: Ver Valls, Andrew: "A Lousy Empirical Scientist", Reconsidering Hume's Racism», en *Race and Racism in Modern Philosophy*, ed. Andrew Valls (Ithaca, NY: Cornell University Press, 2005), 128–29.

50. «Sería arriesgado afirmar que»: Thomas Jefferson al marqués de Chastellux, 7 de junio de 1785, en *The Avalon Project: Documents in Law, History and Diplomacy*, disponible en avalon.law.yale.edu/18th_century/let27.asp.

51. «historia del negro estadounidense es la historia de este conflicto»: Du Bois: *The Souls of Black Folk*, 7.

51. «por hombres blancos para hombres blancos»: Senador Jefferson Davis, 12 de abril de 1860, 37° Cong., 1ª Ses., *Congressional Globe 106*, 1682.

51. «asimilarse a la cultura estadounidense»: Myrdal, Gunnar: *An American Dilemma: The Negro Problem and Modern Democracy* (Nueva York: Harper, 1944), 929.

Capítulo 3: Poder

54. los neoyorquinos blancos separaban a sus hijos de los niños negros: Para varios buenos libros sobre lo que los blancos estaban haciendo en Nueva York y en todo el país, ver Delmont, Matthew F.: *Why Busing Failed: Race, Media, and the National Resistance to School Desegregation*

(Berkeley, CA: University of California Press, 2016); Kozol, Jonathan: *The Shame of the Nation: The Restoration of Apartheid Schooling in America* (Nueva York: Three Rivers Press, 2005); y Kruse, Kevin M.: *White Flight: Atlanta and the Making of Modern Conservatism* (Princeton, NJ: Princeton University Press, 2007).

54. **padres negros no le importaba pagar:** Para algunas de las primeras investigaciones sobre esta cuestión, ver Slaughter, Diana T., y Schneider, Barbara: «Parental Goals and Black Student Achievement in Urban Private Elementary Schools: A Synopsis of Preliminary Research Findings», *The Journal of Intergroup Relations* 13:1 (primavera/agosto 1985), 24–33; y Slaughter, Diana T., y Schneider, Barbara: *Newcomers: Blacks in Private Schools* (Evanston, IL: Northwestern University School of Education, 1986).

58. **el primer personaje de la historia del poder racista:** Kendi, Ibram X.: *Stamped from the Beginning: The Definitive History of Racist Ideas in America* (Nueva York: Nation Books, 2016), 22–25.

58. **eludir a los traficantes de esclavos musulmanes:** Para literatura sobre esta historia, ver Davis, Robert C.: *Christian Slaves, Muslim Masters: White Slavery in the Mediterranean, the Barbary Coast, and Italy, 1500–1800* (Nueva York: Palgrave Macmillan, 2003); Lang, Matt: *Trans-Saharan Trade Routes* (Nueva York: Cavendish, 2018); y Wright, John: *The Trans-Saharan Slave Trade* (Nueva York: Routledge, 2007).

58. **temido agujero «negro» del cabo Bojador:** Meredith, Martin: *The Fortunes of Africa: A 5000-Year History of Wealth, Greed, and Endeavor* (Nueva York: PublicAffairs, 2014), 93–94; de Zurara, Gomes Eannes: *The Chronicle of the Discovery and Conquest of Guinea* (Londres: Hakluyt Society, 1896).

59. **«Raza [...] significa origen»** Ver de Ranconnet, Aimar, y Nicot, Jean: *Trésor de la langue française* (París: Picard, 1960).

60. **negros da terra:** Ver Nishida, Mieko: *Slavery & Identity: Ethnicity, Gender, and Race in Salvador, Brazil, 1808–1888* (Bloomington, IN: Indiana University Press, 2003), 13.

60. **«fuertes para el trabajo, al contrario que los nativos»:**Traboulay, David M.: *Columbus and Las Casas: The Conquest and Christianization of America, 1492–1566* (Lanham, MD: University Press of America, 1994), 58.

60. **Linnæus fijó la jerarquía racial:** Ver Roberts, Dorothy: *Fatal Invention: How Science, Politics, and Big Business Re-Create Race in the Twenty-First Century* (Nueva York: New Press, 2011), 252–53.

61. **«para el gran elogio de su recuerdo»:** Zurara: *The Chronicle of the Discovery and Conquest of Guinea*, xii.

61. «que a partir de todos los impuestos que obtenía del reino entero»: Tetzel, Gabriel, y Sasek, Václáv: *The Travels of Leo of Rozmital, 1465–1467*, con traducción de Malcolm Letts (Londres, 1957).

Capítulo 4: Biología

65. los estudiantes negros tenían una probabilidad cuatro veces mayor que los estudiantes blancos de ser expulsados: Ver «Black Students More Likely to Be Suspended: U.S. Education Department», *Reuters*, 7 de junio de 2016, disponible en www.reuters.com/article/us-usa-education-suspensions/black-students-more-likely-to-be-suspended-u-s-education-department-idUSKCN0YT1ZO.

66. «microagresión» un término acuñado por el prestigioso psiquiatra de Harvard Chester Pierce: Pierce, Chester: «Offensive Mechanism», en *The Black Seventies*, ed. Floyd B. Barbour (Boston, MA: Porter Sargent, 1970), 280.

67. «intercambios cotidianos y breves que envían mensajes denigrantes»: Wing Sue, Derald: *Microaggressions in Everyday Life: Race, Gender, and Sexual Orientation* (Hoboken, NJ: Wiley, 2010), 24.

70. «unas capacidades físicas más naturales» Hoberman, John: *Darwin's Athletes: How Sport Has Damaged Black America and Preserved the Myth of Race* (Nueva York: Houghton Mifflin Harcourt, 1997), 146.

70. «una gota de sangre negra creaba un negro»: Dixon, Thomas: *The Leopard's Spots: A Romance of the White Man's Burden, 1865–1900* (Nueva York: Doubleday, 1902), 244.

71. «los negros tienen ciertas capacidades heredadas»: D'Souza, Dinesh: *The End of Racism: Principles for a Multiracial Society* (Nueva York: Free Press, 1996), 440–41.

71. «gran tamaño del pene del hombre negro»: Howard, William Lee: «The Negro as a Distinct Ethnic Factor in Civilization», *Medicine* 9 (junio de 1903), 423–26.

71. «He comentado esto con unos cuantos colegas»: Ver «Black Hypertension Theory Criticized: Doctor Says Slavery Conditions May Be Behind Problem», *Orlando Sentinel*, 21 de enero de 1988, disponible en articles.orlandosentinel.com/1988-01-21/news/0010200256_1_grim-salt-hypertension.

72. «toda su descendencia después de él»: Ver Best, George: *A True Discourse of the Late Voyages of Discoverie* (Londres: Henry Bynneman, 1578).

72. publicó Men Before Adam: de La Peyrère, Isaac: *Men Before Adam* (Londres, 1656).

73. «raza de hombres que no deriva de Adán»: Godwyn, Morgan: *The Negro's and Indian's Advocate* (Londres, 1680), 15–16.

73. que cada especie se ha creado de forma independiente: Darwin, Charles: *The Origin of Species* (Nueva York: P. F. Collier, 1909), 24. Existen distintas traducciones al castellano, como *El origen de las especies*, Madrid, Espasa, 1998, con traducción de Antonio de Zulueta.

73. «el segundo destino suele predecirse para los negros»: Small, Albion W., y Vincent, George E.: *An Introduction to the Study of Society* (Nueva York: American Book Company, 1894), 179.

74. «desplegó un magnífico mapa»: «Remarks Made by the President [...] on the Completion of the First Survey of the Entire Human Genome Project», La Casa Blanca, Oficina del Secretario de Prensa, National Human Genome Research Institute, 26 de junio de 2000, disponible en www.genome.gov/10001356/.

75. «planificando la siguiente fase del proyecto del genoma humano»: «For Genome Mappers, the Tricky Terrain of Race Requires Some Careful Navigating», *The New York Times*, 20 de julio de 2001.

75. «Las personas nacen con un origen»: Roberts, Dorothy: *Fatal Invention: How Science, Politics, and Big Business Re-Create Race in the Twenty-First Century* (Nueva York: New Press, 2011), 63.

76. hay más diversidad genética entre las poblaciones: Ibid., 51–53.

76. «el mapa del genoma humano ha concluido» Ham, Ken: «There Is Only One Race—The Human Race», *The Cincinnati Enquirer*, 4 de septiembre de 2017. Ver también Ham, Ken, y Ware, A. Charles: *One Race One Blood: A Biblical Answer to Racism* (Green Forest, AR: Master Books, 2010).

Capítulo 5: Etnia

80. tendera coreana que mató ese mismo año a Latasha Harlins, de quince años: Ver Stevenson, Brenda: *The Contested Murder of Latasha Harlins: Justice, Gender, and the Origins of the LA Riots* (Nueva York: Oxford University Press, 2015).

81. inmigrante haitiano de treinta años llamado Abner Louima: Ver «Twenty Years Later: The Police Assault on Abner Louima and What It Means», *WNYC News*, 9 de agosto de 2017, disponible en www.wnyc.org/story/twenty-years-later-look-back-nypd-assault-abner-louima-and-what-it-means-today/.

81. con cuarenta y una balas el cuerpo de Amadou Diallo: Ver Roy, Beth: *41 Shots... and Counting: What Amadou Diallo's Story Teaches Us About Policing, Race and Justice* (Syracuse, NY: Syracuse University Press, 2009).

82. congoleños eran unos «negros magníficos»: Thomas, Hugh: *The Slave Trade: The Story of the Atlantic Slave Trade, 1440–1870* (Nueva York: Simon & Schuster, 2013), 399.

82. Senegambia «los mejores esclavos»: Ibid.

82. «los mejores y más fieles de nuestros esclavos»: Ibid., 400.

82. por casi el doble que los prisioneros de Angola: Ibid., 402.

82. los angoleños eran comercializados más que: Ibid., 401.

82. prisioneros llevados a Jamestown, Virginia, en agosto de 1619: Ver Horn, James: *1619: Jamestown and the Forging of American Democracy* (Nueva York: Basic Books, 2018).

82. «Los negros de Costa de Oro, Popa y Whydah»: Thomas: *The Slave Trade*, 401.

83. «Los jefes africanos fueron los que libraron una guerra entre sí» Ver «Clinton Starts African Tour», *BBC News*, 23 de marzo de 1998, disponible en news.bbc.co.uk/2/hi/africa/68483.stm.

84. Entre 1980 y 2000, la población de inmigrantes latinoamericanos se disparó: Ver «Facts on U.S. Latinos, 2015: Statistical Portrait of Hispanics in the United States», Pew Research Center, 18 de septiembre de 2017, disponible en www.pewhispanic.org/2017/09/18/facts-on-u-s-latinos/.

84. En 2015, los inmigrantes negros representaban un 8,7%: Ver «A Rising Share of the U.S. Black Population Is Foreign Born», Pew Research Center, 9 de abril de 2015, disponible en www.pewsocial trends.org/2015/04/09/a-rising-share-of-the-u-s-black-population-is-foreign-born/.

85. Los inmigrantes del Caribe suelen tachar a los afroamericanos: Waters, Mary C.: *Black Identities: West Indian Immigrant Dreams and American Realities* (Cambridge, MA: Harvard University Press, 1999), 138.

85. Los afroamericanos solían categorizar a los caribeños: Ibid., 69.

85. La Chinese Restriction Act de 1882: Sobre la violencia y las políticas de inmigración antiasiáticas, ver Lew-Williams, Beth: *The Chinese Must Go: Violence, Exclusion, and the Making of the Alien in America* (Cambridge, MA: Harvard University Press, 2018); y Lee, Erika: *The Making of Asian America: A History* (Nueva York: Simon & Schuster, 2015).

85. «Estados Unidos debe seguir siendo estadounidense», dijo el presidente Calvin Coolidge: Goldberg, David Joseph: *Discontented America: The United States in the 1920s* (Baltimore: Johns Hopkins University Press, 1999), 163.

85. en el caso de los mexicoamericanos, serían repatriados: Para literatura sobre repatriaciones de personas mexicanas, ver Balderrama, Francisco E., y Rodríguez, Raymond: *Decade of Betrayal: Mexican Repatriation in the 1930s* (Albuquerque, NM: University of Mexico Press, 2006); y «America's Forgotten History of Illegal Deportations», *The Atlantic*, 6 de marzo de 2017, disponible en www.theatlantic.com

/politics/archive/2017/03/americas-brutal-forgotten-history-of
-illegal-deportations/517971/.

86. **declaró el representante de Maine Ira Hersey:** Ver Ringer, Benjamin B.: *We the People and Others: Duality and America's Treatment of Its Racial Minorities* (Nueva York: Routledge, 1983), 801-2.

86. **«Cuando las cifras alcanzaron semejante magnitud en 1924»:** «The American People Are Angry Alright... at the Politicians», Steve Bannon entrevista a Jeff Sessions, *SiriusXM*, 4 de octubre de 2015, disponible en soundcloud.com/siriusxm-news-issues/the-american -people-are-angry.

86. **«Deberíamos tener más gente de sitios como Noruega»:** Ver «People on Twitter Tell Trump No One in Norway Wants to Come to His "Shithole Country"», *Huffington Post*, 11 de enero de 2018, disponible en www.huffingtonpost.com/entry/trump-shithole-countries-nor way_us_5a58199ce4b0720dc4c5b6dc.

87. **los anglosajones discriminando a los católicos irlandeses y a los judíos:** Ver Gottschalk, Peter: *American Heretics: Catholics, Jews, Muslims and the History of Religious Intolerance* (Nueva York: Palgrave Macmillan, 2013).

87. **los inmigrantes cubanos privilegiados ante los inmigrantes mexicanos:** Ver «Cuban Immigrants in the United States», Migration Policy Institute, 9 de noviembre de 2017, disponible en www.migrationpo licy.org/article/cuban-immigrants-united-states.

87. **la construcción de la minoría modelo:** Ver Wu, Ellen D.: *The Color of Success: Asian Americans and the Origins of the Model Minority* (Princeton, NJ: Princeton University Press, 2014).

87. **«cinco tribus civilizadas» de nativos americanos:** Ver Foreman, Grant: *Indian Removal: The Emigration of the Five Civilized Tribes of Indians* (Norman, OK: University of Oklahoma Press, 1974).

91. **de los afroamericanos degradando de manera habitual a los africanos como «bárbaros»:** Para ejemplos de estas ideas, ver Kendi, Ibram X.: *Stamped from the Beginning: The Definitive History of Racist Ideas in America* (Nueva York: Nation Books, 2016), 157, 200.

91. **llamando a los caribeños en el Harlem de 1920 «cazadores de monos»:** Ver Sacks, Marcy S.: *Before Harlem: The Black Experience in New York City Before World War I* (Philadelphia: University of Pennsylvania Press, 2006), 29.

91. **los ingresos familiares medios de las personas afroamericanas:** Ver «Chapter 1: Statistical Portrait of the U.S. Black Immigrant Population», Pew Research Center, 9 de abril de 2015, disponible en www .pewsocialtrends.org/2015/04/09/chapter-1-statistical-portrait-of -the-u-s-black-immigrant-population/.

91. los inmigrantes negros están más motivados, son más trabajadores: «Black Like Me», *The Economist*, 11 de mayo de 1996.

92. los inmigrantes negros son... reciben salarios inferiores: «5 Fast Facts About Black Immigrants in the United States», Center for American Progress, 20 de diciembre de 2012, disponible en www .americanprogress.org/issues/immigration/news/2012/12/20/48571 /5-fast-facts-about-black-immigrants-in-the-united-states/.

92. «autoselección inmigrante»: Model, Suzanne: *West Indian Immigrants: A Black Success Story?* (Nueva York: Russell Sage, 2008), 56–59.

93. «ventaja del migrante»: Wilkerson, Isabel: *The Warmth of Other Suns: The Epic Story of America's Great Migration* (Nueva York: Vintage Books, 2011), 264–65.

93. «los caribeños no representan una historia de éxito negro»: Model: *West Indian Immigrants*, 3.

93. observó la experta Rosemary Traoré en un studio: Traoré, Rosemary L.: «African Students in America: Reconstructing New Meanings of "African American" in Urban Education», *Intercultural Education* 14:3 (2003), 244.

Capítulo 6: Cuerpo

95. niños de familias blancas de clase trabajadora: Para un buen estudio sobre la transformación de la ciudad de Nueva York, ver Thabit, Walter: *How East New York Became a Ghetto* (Nueva York: NYU Press, 2005).

96. «Las personas negras deben entender y aceptar»: «Transcript of President Clinton's Speech on Race Relations», *CNN*, 17 de octubre de 17, 1995, disponible en www.cnn.com/US/9510/megamarch/10 -16/clinton/update/transcript.html.

96. el cuerpo negro era tan diabólico como cualquier otro pueblo: Smith, John: «Advertisements: Or, The Path-way to Experience to Erect a Planation», en Smith, Capt. John: *Works, 1608–1631*, ed. Edward Arber (Birmingham, UK: E. Arber, 1884), 955.

97. «seas infinitamente más negro de lo que ya eres»: Ver Mather, Cotton: *A Good Master Well Served* (Boston: B. Green, and J. Allen, 1696).

97. «la cruel disposición de esas criaturas»:Theobald, Mary Miley: «Slave Conspiracies in Colonial Virginia», *Colonial Williamsburg*, invierno de 2005–2006, disponible en www.history.org/foundation/journal/winter 05-06/conspiracy.cfm.

97. «asignaciones [federales] para protegerse [...] de los salvajes despiadados»: «A Declaration of the Causes Which Impel the State of Texas to Secede from the Federal Union», Texas State Library and

Archives Commission, 2 de febrero de 1861, disponible en www.tsl .texas.gov/ref/abouttx/secession/2feb1861.html.

97. «El pobre africano se ha convertido en un demonio»: Hart, Albert B.: *The Southern South* (Nueva York: D. Appleton, 1910), 93.

97. «gran [...] exhibición criminal de la violencia entre grupos minoritarios»: Wolfgang Marvin E., y Ferracuti, Franco: *The Subculture of Violence: Toward an Integrated Theory in Criminology* (Nueva York: Routledge, 2001), 264.

97. «el principal grupo de población de la justicia penal es la subclase negra»: Mac Donald, Heather: *The War on Cops: How the New Attack on Law and Order Makes Everyone Less Safe* (Nueva York: Encounter Books, 2016), 233.

97. Los estadounidenses hoy en día ven el cuerpo negro más grande: Wilson, John Paul, Hugenberg, Kurt, y Rule, Nicholas O.: «Racial Bias in Judgments of Physical Size and Formidability: From Size to Threat», *Journal of Personality and Social Psychology* 113:1 (julio de 2017), 59–80, disponible en www.apa.org/pubs/journals/releases/psp-pspi0000092 .pdf.

99. me planteé unirme a Zulu Nation: Por aquel entonces no identificaba a Zulu Nation como una pandilla (*gang*), y tampoco lo hacían sus miembros. Pero he decidido añadir ese término por claridad. Dejo aquí un artículo con el debate sobre el término, así como a lo que se enfrentaba Zulu Nation a mediados de la década de 1990 en la ciudad de Nueva York: «Hip-Hop Club (Gang?) Is Banned in the Bronx; Cultural Questions About Zulu Nation», *The New York Times*, 4 de octubre de 1995.

100. en 2015, los cuerpos negros representaron al menos el 26%: Ver la base de datos de *The Washington Post* de asesinatos policiales, disponible en www.washingtonpost.com/graphics/2018/national/police -shootings-2018/.

100. cuerpos negros desarmados: Ver «Fatal Police Shootings of Unarmed People Have Significantly Declined, Experts Say», *The Washington Post*, 7 de mayo de 2018, disponible en www.washingtonpost.com /investigations/fatal-police-shootings-of-unarmed-people-have -significantly-declined-experts-say/2018/05/03/d5eab374-4349 -11e8-8569-26fda6b404c7_story.html.

101. republicanos denominaron aquello «bienestar para los criminales»: Debate sobre la Crime Bill de 1994, sesión de la cámara, 11 de agosto de 1994, grabación de C-SPAN, disponible en www.c-span .org/video/?59442-1/house-session&start=12042.

101. Veintiséis de los treinta y ocho miembros con derecho a voto: «Did

Blacks Really Endorse the 1994 Crime Bill?», *The New York Times*, 13 de abril de 2016, disponible en www.nytimes.com/2016/04/13 /opinion/did-blacks-really-endorse-the-1994-crime-bill.html.

101. **miedo por mi cuerpo negro —y hacia él—:** Ver Forman Jr., James: *Locking Up Our Own: Crime and Punishment in Black America* (Nueva York: Farrar, Straus & Giroux, 2017).

102. **«poner jamás la política y el partido por encima de la ley y el orden»** «Crime Bill Is Signed with Flourish», *The Washington Post*, 14 de septiembre de 1994, disponible en www.washingtonpost.com/archive /politics/1994/09/14/crime-bill-is-signed-with-flourish/650b1c2f -e306-4c00-9c6f-80bc9cc57e55/.

102. **John J. DiIulio Jr. advirtió sobre la «llegada de los superdepredadores»:** DiIulio, John: «The Coming of the Super-Predators», *The Weekly Standard*, 27 de noviembre de 1995, disponible en www.weeklystandard.com/john-j-dilulio-jr/the-coming-of-the-super-predators.

106. **En 1993, cerca del apogeo de los crímenes violentos urbanos:** «Urban, Suburban, and Rural Victimization, 1993–98», Informe Especial de la Oficina de Estadísticas Judiciales, National Crime Victimization Survey, Departamento de Justicia de Estados Unidos, octubre de 2000, disponible en www.bjs.gov/content/pub/pdf/usrv98.pdf.

106. **En 2016, por cada mil residentes urbanos:** «Criminal Victimization, 2016: Revised», Oficina de Estadísticas Judiciales, Departamento de Justicia de Estados Unidos, octubre de 2018, disponible en www.bjs .gov/content/pub/pdf/cv16.pdf.

106. **más de la mitad de los crímenes violentos de 2006 a 2010 no fueron transmitidos:** «Report: More Than Half of Violent Crimes Went Unreported to Police from 2006–2010», *RTI International*, 13 de agosto de 2012, disponible en www.rti.org/news/report-more-half-violent -crimes-went-unreported-police-2006-2010.

106. **más peligrosos que las «zonas de guerra»:** «Donald Trump to African American and Hispanic Voters: "What Do You Have to Lose?"», *The Washington Post*, 22 de agosto de 2016, disponible en www.washing tonpost.com/news/post-politics/wp/2016/08/22/donald-trump-to -african-american-and-hispanic-voters-what-do-you-have-to-lose/.

107. **«Estudio nacional longitudinal de la juventud»:** Elliott, Delbert S.: «Longitudinal Research in Criminology: Promise and Practice», artículo presentado en la conferencia de la OTAN sobre «Cross-National Longitudinal Research on Criminal Behavior», del 19 al 25 de julio de 1992, Frankfurt, Alemania.

107. **la disminución del 2,5% en el desempleo entre 1992 y 1997:** Wilson, William Julius: *When Work Disappears: The World of the New Urban Poor* (Nueva York: Vintage Books, 1997), 22.

107. La socióloga Karen F. Parker vinculó estrechamente el crecimiento de las empresas propiedad de negros: «How Black-Owned Businesses Help Reduce Youth Violence», *CityLab*, 16 de marzo de 2015, disponible en www.citylab.com/life/2015/03/how-black-owned-busi nesses-help-reduce-youth-violence/387847/.

108. reducción del 43% en los arrestos por delitos violentos en los jóvenes negros: «Nearly Half of Young Black Men in Chicago Out of Work, Out of School: Report», *Chicago Tribune*, 25 de enero de 2016, disponible en www.chicagotribune.com/ct-youth-unemployment-ur ban-league-0126-biz-20160124-story.html.

108. No todos los barrios negros tienen niveles similares: Ver «Neighborhoods and Violent Crime», *Evidence Matters*, verano de 2016, disponible en www.huduser.gov/portal/periodicals/em/summer16 /highlight2.html.

109. las tasas más altas de desempleo de cualquier grupo demográfico: Para un gráfico estadístico, ver fred.stlouisfed.org/series/LNS14000018.

Capítulo 7: Cultura

112. un término acuñado por el psicólogo Robert Williams en 1973: Williams, Robert L.: *History of the Association of Black Psychologists: Profiles of Outstanding Black Psychologists* (Bloomington, IN: AuthorHouse, 2008), 80. Ver también Williams, Robert L.: *Ebonics: The True Language of Black Folks* (St. Louis: Institute of Black Studies, 1975).

112. «la legitimidad y riqueza» del Ebonics como lengua: «Oakland School Board Resolution on Ebonics (Original Version)», *Journal of English Linguistics* 26:2 (junio de 1998), 170–79.

112. Jesse Jackson lo llamó «una rendición inaceptable»: «Black English Is Not a Second Language, Jackson says», *The New York Times*, 23 de diciembre de 1996.

113. el inglés moderno había surgido de raíces latinas, griegas y germánicas:Ver Baugh, Albert C., y Cable, Thomas: *A History of the English Language* (Upper Saddle River, NJ: Prentice Hall, 2002); y Marcus Green, Tamara: *The Greek & Latin Roots of English* (Lanham, MD: Rowman & Littlefield, 2015).

113. «En prácticamente todas sus divergencias»: Myrdal, Gunnar: *An American Dilemma: The Negro Problem and Modern Democracy* (Nueva York: Harper, 1944), 928.

113. como dijo el presidente Theodore Roosevelt en 1905: «At the Lincoln Dinner of the Republican Club, New York, February 13, 1905», en *A Compilation of the Messages and Speeches of Theodore Roosevelt, 1901–1905*, volumen 1, ed. Alfred Henry Lewis (Nueva York: Bureau of National Literature and Art, 1906), 562.

114. con esos estadounidenses racistas que clasificaban a los africanos como imitadores: Como ejemplo, ver Stoddard, Lothrop: *The Rising Tide of Color Against White World-Supremacy* (Nueva York: Charles Scribner's Sons, 1921), 100–101.

114. «Esta cualidad de la imitación ha sido el gran preservador»: Crummell, Alexander: «The Destined Superiority of the Negro», en *Civilization & Black Progress: Selected Writings of Alexander Crummell on the South* (Charlottesville, VA: University of Virginia Press, 1995), 51.

115. Jason Riley... no nos veía a nosotros ni a nuestros discípulos: Riley, Jason L.: *Please Stop Helping Us: How Liberals Make It Harder for Blacks to Succeed* (Nueva York: Encounter Books, 2016), 51.

115. «Si los negros pueden cerrar la brecha de la civilización»: D'Souza, Dinesh: *The End of Racism: Principles for a Multiracial Society* (Nueva York: Free Press, 1996), 527.

116. «manifestaciones físicas externas de la cultura»: James Myers, Linda: «The Deep Structure of Culture: Relevance of Traditional African Culture in Contemporary Life», en *Afrocentric Visions: Studies in Culture and Communication* (Thousand Oaks, CA: SAGE, 1998), 4.

116. «las personas negras norteamericanas [...] en la cultura y la lengua»: Boas, Franz: *The Mind of Primitive Man* (Nueva York: Macmillan, 1921), 127–28.

116. «es muy difícil encontrar en el sur algo»: Park, Robert: «The Conflict and Fusion of Cultures with Special Reference to the Negro», *Journal of Negro History* 4:2 (abril de 1919), 116.

116. «Despojado de su herencia cultural»: Franklin Frazier, E.: *The Negro Family in the United States* (Chicago: University of Chicago Press, 1939), 41.

117. «la persona negra es solo estadounidense, y nada más»: Glazer, Nathan, y Moynihan, Daniel P.: *Beyond the Melting Pot: The Negroes, Puerto Ricans, Jews, Italians, and Irish of New York City* (Cambridge, MA: MIT Press, 1963), 53.

117. «no somos africanos», dijo Bill Cosby a la NAACP: «Bill Cosby's Famous "Pound Cake" Speech, Annotated», *BuzzFeed*, 9 de julio de 2015, disponible en www.buzzfeednews.com/article/adamserwer/bill-cosby-pound-for-pound.

117. las culturas africanas habían sido desplazadas: Ver Boas: *The Mind of Primitive Man*.

117. «la estructura profunda de la cultura»: Ver Nobles, Wade: «Extended Self Rethinking the So-called Negro Self of Concept», en *Black Psychology* (2ª edición), ed. Reginald L. Jones (Nueva York: Harper & Row, 1980).

117. formas occidentales «externas» «manteniendo los valores internos

[africanos]»: Herskovits, Melville J.: *The Myth of the Negro Past* (Boston: Beacon Press, 1990), 1, 298.

119. **El hip-hop ha tenido el vocabulario más sofisticado:** «Hip Hop Has the Largest Average Vocabulary Size Followed by Heavy Metal», *Musixmatch*, 3 de diciembre de 2015, disponible en lab.musixmatch.com/vocabulary_genres/.

119. **«el rap retrasa el éxito negro»:** McWhorter, John H.: «How Hip Hop Holds Blacks Back», *City Journal*, verano de 2003, disponible en www.city-journal.org/html/how-hip-hop-holds-blacks-back-12442.html.

119. **«No se puede escuchar todo ese lenguaje y esa basura»:** Ver «Gunning for Gangstas», *People*, 26 de junio de 1995, disponible en people.com/archive/gunning-for-gangstas-vol-43-no-25/.

121. **Nathan Glazer, que lo lamentaba:** Glazer, Nathan: *We Are All Multiculturalists Now* (Cambridge, MA: Harvard University Press, 2003).

122. **«Que toda práctica y sentimiento es bárbaro»:** Beattie, James: *An Essay on the Nature and Immutability of Truth, In Opposition to Sophistry and Scepticism* (Edimburgo: Denham & Dick, 1805), 308–11.

122. **«Todas las culturas deben ser valoradas en base a su propia historia»:** Montagu, Ashley: *Man's Most Dangerous Myth: The Fallacy of Race* (Nueva York: Columbia University Press, 1945), 150.

Capítulo 8: Comportamiento

125. **«¿Martin Luther King luchó con éxito»:** Ver «D.C. Residents Urged to Care, Join War on Guns», *The Washington Post*, 14 de enero de 1995, disponible en www.washingtonpost.com/archive/local/1995/01/14/dc-residents-urged-to-care-join-war-on-guns/0b36f1f3-27ac-4685-8fb6-3eda372e93ac/.

125. **«Nos están costando la libertad a todos»:** Forman Jr., James: *Locking Up Our Own: Crime and Punishment in Black America* (Nueva York: Farrar, Straus & Giroux, 2017), 195.

125. **«No es racista que las personas blancas digan»:** «Transcript of President Clinton's Speech on Race Relations», *CNN*, 17 de octubre 1995, disponible en www.cnn.com/US/9510/megamarch/10-16/clinton/update/transcript.html.

125. **Las personas negras tenían que dejar de recurrir a «la baza de la raza»:** Collier, Peter, y Horowitz, eds.: *The Race Card: White Guilt, Black Resentment, and the Assault on Truth and Justice* (Rocklin, CA: Prima, 1997).

127. **El mismo racismo conductual impulsó a muchos de los votantes de Trump:** Ver «Poll: Trump Supporters More Likely to View Black People as "Violent" and "Lazy"», *Colorlines*, 1 de julio de 2016, disponible en www.colorlines.com/articles/poll-trump-supporters-more-likely

-view-black-people-violent-and-lazy; y «Research Finds That Racism, Sexism, and Status Fears Drove Trump Voters», *Pacific Standard*, 24 de abril de 2018, disponible en psmag.com/news/research-finds-that -racism-sexism-and-status-fears-drove-trump-voters.

127. **«La comunidad negra estadounidense [...] ha convertido las principales ciudades»:** Ver «Homeland Security Official Resigns After Comments Linking Blacks to "Laziness" and "Promiscuity" Come to Light», *The Washington Post*, 17 de noviembre de 2017, disponible en www.washingtonpost.com/news/powerpost/wp/2017/11/16 /republican-appointee-resigns-from-the-dhs-after-past-comments -about-blacks-muslims-come-to-light/.

127. **«ha sido obvio durante décadas que el verdadero culpable es el comportamiento negro»:** Riley, Jason L.: *Please Stop Helping Us: How Liberals Make It Harder for Blacks to Succeed* (Nueva York: Encounter Books, 2016), 4.

129. **«habían mejorado mucho en todos los aspectos»:** Ver Brown, B. Ricardo: *Until Darwin, Science, Human Variety and the Origins of Race* (Nueva York: Routledge, 2015), 72.

129. **personas negras liberadas y «aisladas del espíritu de la sociedad blanca»:** Bruce, Philip A.: *The Plantation Negro as a Freeman: Observations on His Character, Condition, and Prospects in Virginia* (Nueva York: G. P. Putnam's Sons, 1889), 53, 129, 242.

129. **«Todos los vicios de los que se acusa a las personas negras»:** Ver Rush, Benjamin: *An Address to the Inhabitants of the British Settlements in America, Upon Slave-Keeping* (Boston: John Boyles, 1773).

129. **Garrison declaraba que la esclavitud degradaba a las personas negras:** Garrison, William Lloyd: «Preface», en Douglass, Frederick: *Narrative of the Life of Frederick Douglass, an American Slave* (Boston: Anti-Slavery Office, 1849), vii. Existe una autobiografía de Douglass traducida al castellano: *Vida de un esclavo americano escrita por él mismo*, Madrid, Capitán Swing, 2010, con traducción de Carlos García Simón e Íñigo Jáuregui Eguía.

130. **«el primer y mayor paso hacia el asentamiento de la actual fricción entre las razas»** Du Bois, W. E. B.: «The Conversation of Races», en Du Bois, W. E. B.: *A Reader*, ed. David Levering Lewis (Nueva York: Henry Holt, 1995), 20–27.

130. **la visión de la esclavitud del historiador Jim Crow como una fuerza civilizadora:** Ver Bruce: *The Plantation Negro as a Freeman*.

130. **La «lucha interna» de las personas negras, el materialismo, la mala crianza, el colorismo, la actitud derrotista, la ira:** Ver DeGruy, Joy: *Post Traumatic Slave Syndrome: America's Legacy of Enduring Injury and Healing* (Portland: Joy DeGruy Publications, 2005).

131. las tasas de TEPT oscilan entre el 13,5% y el 30%: Reisman, Miriam: «PTSD Treatment for Veterans: What's Working, What's New, and What's Next», *Pharmacy and Therapeutics* 41:10 (2016), 632–64.

131. «No hay un rasgo de la personalidad del negro»: Kardiner, Abram y Ovesey, Lionel: *The Mark of Oppression: A Psychosocial Study of the American Negro* (Nueva York: W. W. Norton, 1951), 81.

133. La denominada Nation's Report Card les decía lo mismo a los estadounidenses: Para ver estos datos en el Nation's Report Card, ver www.nationsreportcard.gov/.

134. las puntuaciones más bajas en el SAT que cualquier otro grupo racial: «SAT Scores Drop», *Inside Higher Ed*, 3 de septiembre de 2015, disponible en www.insidehighered.com/news/2015/09/03/sat-scores -drop-and-racial-gaps-remain-large.

134. la industria estadounidense de preparación de exámenes y clases particulares: Ver «New SAT Paying Off for Test-Prep Industry», *Boston Globe*, 5 de marzo de 2016, disponible en www.bostonglobe.com /business/2016/03/04/new-sat-paying-off-for-test-prep-industry /blQeQKoSz1yAksN9N9463K/story.html.

136. el denominado «attribution effect»: «Why We Don't Give Each Other a Break», *Psychology Today*, 20 de junio de 2014, disponible en www .psychologytoday.com/us/blog/real-men-dont-write-blogs/201406 /why-we-dont-give-each-other-break.

137. «estándar intelectual medio de la raza negra está dos niveles por debajo del nuestro»: Galton, sir Francis: *Hereditary Genius: An Inquiry into Its Laws and Consequences* (Nueva York: D. Appleton, 1870), 338.

137. los franceses Alfred Binet y Theodore Simon triunfaron cuando... 1905: Ver White, Margaret B., y Hall, Alfred E.: «An Overview of Intelligence Testing», *Educational Horizons* 58:4 (verano de 1980), 210–16.

137. «unas diferencias raciales de gran importancia en la inteligencia general»: Terman, Lewis Madison: *The Measurement of Intelligence* (Nueva York: Houghton Mifflin, 1916), 92.

137. Brigham presentó la brecha racial en las puntuaciones de los soldados: Ver Brigham, Carl C.: *A Study of American Intelligence* (Princeton, NJ: Princeton University Press, 1923).

138. El físico William Shockley y el psicólogo Arthur Jensen llevaron estas ideas: Ver Gould, Stephen Jay: *The Mismeasure of Man* (Nueva York: W. W. Norton, 2006).

138. las explicaciones genéticas... habían sido desacreditadas: Ver Degler, Carl N.: *In Search of Human Nature: The Decline and Revival of Darwinism in American Social Thought* (Nueva York: Oxford University Press, 1992).

138. «tanto los genes como el entorno tengan algo que ver en las diferencias raciales»: Herrnstein, Richard J., y Murray, Charles: *The Bell Curve: Intelligence and Class Structure in American Life* (Nueva York: Simon & Schuster, 2010), 311.

139. los distritos con una mayor proporción de estudiantes blancos reciben significativamente más fondos: «Studies Show Racial Bias in Pennsylvania School Funding», *The Times Herald*, 15 de abril de 2017.

139. La infrafinanciación crónica de las escuelas negras en Mississippi: «Lawsuit Alleges Mississippi Deprives Black Children of Equal Educational Opportunities», *ABA Journal*, 23 de mayo de 2017, disponible en www.abajournal.com/news/article/lawsuit_alleges_mississippi_de prives_black_children_of_equal_educational_op.

140. «Ya no tenemos que avergonzarnos de ser negros»: King Jr., Martin Luther: «"Where Do We Go from Here?", Address Delivered at the Eleventh Annual SCLC Convention», 16 de abril de 1967, The Martin Luther King, Jr. Research and Education Institute, Universidad de Stanford, disponible en kinginstitute.stanford.edu/king-papers/documents/where-do-we-go-here-address-delivered-eleventh-annual-sclc-convention.

142. la A&M de Florida había superado a Harvard: Ver «FAMU Ties Harvard in Recruitment of National Achievement Scholars», *Diverse: Issues in Higher Education*, 1 de febrero de 2001, disponible en diverseeducation.com/article/1139/.

Capítulo 9: Color

145. «la mejor banda de música universitaria del país»: Para conocer la historia, ver Inabinett Jr., Curtis: *The Legendary Florida A&M University Marching Band: The History of «The Hundred»* (Nueva York: Page Publishing, 2016).

147. «belleza blanca con un embalaje nuevo de pelo oscuro»: Hunter, Margaret L.: *Race, Gender, and the Politics of Skin Tone* (Nueva York: Routledge, 2013), 57.

147. «colorismo», un término acuñado por la novelista Alice Walker: Ver Walker, Alice: *In Search of Our Mothers' Gardens: Womanist Prose* (San Diego, CA: Harcourt Brace Jovanovich, 1983).

147. relegarlas a la condición de minoría: Ver «The US Will Become "Minority White" in 2045, Census Projects», *Brookings*, 14 de marzo de 2018, disponible en www.brookings.edu/blog/the-avenue/2018/03/14/the-us-will-become-minority-white-in-2045-census-projects/.

148. la clave birracial para la armonía racial: Ver, por ejemplo, «What Biracial People Know», *The New York Times*, 4 de marzo de 2017,

disponible en www.nytimes.com/2017/03/04/opinion/sunday/what-biracial-people-know.html.

148. «paradoja del color de la piel»: Hochschild, Jennifer L., y Weaver, Vesla: «The Skin Color Paradox and the American Racial Order», *Social Forces* 86:2 (diciembre de 2007), 643–70.

148. Los niños blancos atribuyen la positividad a la piel más clara: «Study: White and Black Children Biased Toward Lighter Skin», *CNN*, 14 de mayo de 2010, disponible en www.cnn.com/2010/US/05/13/doll.study/.

148. Las personas blancas suelen favorecer a los políticos de piel más clara: Weaver, Vesla M.: «The Electoral Consequences of Skin Color: The "Hidden" Side of Race in Politics», *Political Behavior* 34:1 (marzo de 2012), 159–92.

148. corren un riesgo de hipertensión desproporcionado: Adams, Elizabeth A., Kurtz-Costes, Beth E., y Hoffman, Adam J.: «Skin Tone Bias Among African Americans: Antecedents and Consequences Across the Life Span», *Developmental Review* 40 (2016), 109.

149. presentan unas notas medias significativamente más bajas que los estudiantes claros: Thompson, Maxine S., y McDonald, Steve: «Race, Skin Tone, and Educational Achievement», *Sociological Perspectives* 59:1 (2016), 91–111.

149. los estadounidenses racistas tienen mayores expectativas para los estudiantes claros: McGree, Ebony O.: «Colorism as a Salient Space for Understanding in Teacher Preparation», *Theory into Practice* 55:1 (2016), 69–79.

149. a recordar a los hombres negros educados como de piel clara: Ben-Zeev, Avi, Dennehy, Tara C., Goodrich, Robin I., Kolarik, Branden S., y Geisler, Mark W.: «When an "Educated" Black Man Becomes Lighter in the Mind's Eye: Evidence for a Skin Tone Memory Bias», *SAGE Open* 4:1 (enero de 2014), 1–9.

149. los empleadores prefieren a los hombres negros claros: Harrison, Matthew S., y Thomas, Kecia M.: «The Hidden Prejudice in Selection: A Research Investigation on Skin Color Bias», *Journal of Applied Social Psychology* 39:1 (2009), 134–68.

149. Incluso los hombres filipinos oscuros tienen ingresos más bajos que sus pares más claros: Kiang, Lisa y Takeuchi, David T.: «Phenotypic Bias and Ethnic Identity in Filipino Americans», *Social Science Quarterly* 90:2 (2009), 428–45.

149. Los inmigrantes oscuros en los Estados Unidos... tienden a tener menos riqueza e ingresos: Dixon, Angela R., y Telles, Edward E.: «Skin Color and Colorism: Global Research, Concepts, and Measurement», *Annual Review of Sociology* 43 (2017), 405–24.

149. las personas latinoamericanas claras reciben salarios más altos: Morales, Maria Cristina: «Ethnic-Controlled Economy or Segregation? Exploring Inequality in Latina/o Co-Ethnic Jobsites», *Sociological Forum* 24:3 (septiembre de 2009), 589–610.

149. las personas latinoamericanas oscuras son más propensas a ser empleadas en sitios de trabajo étnicamente homogéneos: Morales, Maria Cristina: «The Ethnic Niche as an Economic Pathway for the Dark Skinned: Labor Market Incorporation of Latina/o Workers», *Hispanic Journal of Behavioral Sciences* 30:3 (Agosto de 2008), 280–98.

149. Los hijos oscuros y las hijas claras reciben una crianza de mayor calidad: Landor, Antoinette M., et al.: »Exploring the Impact of Skin Tone on Family Dynamics and Race-Related Outcomes», *Journal of Family Psychology* 27:5 (2013), 817–26.

149. El color de la piel influye en las percepciones de atractivo: Hill, Mark E.: «Skin Color and the Perception of Attractiveness Among African Americans: Does Gender Make a Difference?», *Social Psychology Quarterly* 65:1 (marzo de 2002), 77–91.

149. A medida que el tono de la piel se aclara, los niveles de autoestima entre las mujeres negras aumentan: Adams, Kurtz-Costes y Hoffman: «Skin Tone Bias Among African Americans», 107.

149. Los afroamericanos oscuros reciben las penas de prisión más duras: Viglione, Jill, Hannon, Lance, y DeFina, Robert: «The Impact of Light Skin on Prison Time for Black Female Offenders», *The Social Science Journal* 48: (2011), 250–58.

149. Los delincuentes masculinos blancos con rasgos faciales africanos reciben sentencias más duras: King, Ryan D., y Johnson, Brian D.: «A Punishing Look: Skin Tone and Afrocentric Features in the Halls of Justice», *American Journal of Sociology* 122:1 (julio de 2016), 90–124.

149. Las alumnas oscuras tienen casi el doble de probabilidad de ser suspendidas: Hannon, Lance, DeFina, Robert, y Bruch, Sarah: «The Relationship Between Skin Tone and School Suspension for African Americans», *Race and Social Problems* 5:4 (diciembre de 2013), 281–95.

150. Incluso los hombres gais oscuros lo escuchaban: Thompson, Donovan: «"I Don't Normally Date Dark-Skin Men": Colorism in the Black Gay Community», *Huffington Post*, 9 de abril de 2014, disponible en www.huffingtonpost.com/entry/i-dont-normally-date -dark_b_5113166.html.

151. «Nunca eres suficientemente negra»: «Colorism: Light-Skinned African-American Women Explain the Discrimination They Face», *Huffington Post*, 13 de enero de 2014, disponible en www.huffingtonpost .com/entry/colorism-discrimination-iyanla-vanzant_n_4588825.html.

151. su esfuerzo por integrarse con las personas oscuras: «Light-Skinned Black Women on the Pain of Not Feeling "Black Enough"», *Huffington Post*, 22 de enero de 2015, disponible en www.huffingtonpost.com /entry/light-girls-not-black-enough_n_6519488.html.

153. «que el negro [...] alberga tan altos pensamientos de sí mismo»: Godwyn, Morgan: *The Negro's and Indian's Advocate* (Londres, 1680), 21.

153. Los africanos deben aceptar la «concepción correcta» de la belleza: Winckelmann, Johann Joachim: *History of the Art of Antiquity*, trad. de Harry Francis Mallgrave (Los Ángeles: Getty Research Institute, 2006), 192–95. Existe una traducción al castellano: *Historia del arte de la Antigüedad*, Madrid, Akal, 2011, con traducción de Joaquín Chamorro Mielke.

153. Los grandes propietarios de esclavos solían emplear más a menudo a gente clara en las casas: Andrews, William L.: *Slavery and Class in the American South: A Generation of Slave Narrative Testimony, 1840–1865* (Nueva York: Oxford University Press, 2019), 102.

153. «La ferocidad y la estupidez son las características de aquellas tribus»: McCulloch, John Ramsay: *A Dictionary, Geographical, Statistical, and Historical of the Various Countries, Places, and Principal Natural Objects in the World*, volumen 1 (Londres: Longman, Brown, Green, and Longmans, 1851), 33.

154. La luz racista de Smith: Ver Stanhope Smith, Samuel: *An Essay on the Causes of the Variety of Complexion and Figure in the Human Species* (New Brunswick, NJ: J. Simpson and Co, 1810).

154. «una descendencia degenerada y antinatural, condenada por la naturaleza a encontrar su propia destrucción»: Nott, J. C.: «The Mulatto a Hybrid—Probable Extermination of the Two Races if the Whites and Blacks Are Allowed to Intermarry», *American Journal of Medical Sciences* 66 (julio de 1843), 255.

154. ideas racistas privadas, que solían describir a las mujeres claras como más inteligentes: Ver Johnson, Walter: *Soul by Soul: Life Inside the Antebellum Slave Market* (Cambridge, MA: Harvard University Press, 2001).

154. Los esclavistas pagaban mucho más por las esclavas hembras claras: Ibid.

154. los hombres blancos presentan a estas «muchachas claras» («yaller gals») y «Jezabeles»: Ver Harris-Perry, Melissa: *Sister Citizen: Shame, Stereotypes, and Black Women in America* (New Haven, CT: Yale University Press, 2011).

155. «más propensos a alistarse bajo las banderas de los blancos»: *A*

Refutation of the Calumnies Circulated Against the Southern and Western States Respecting the Institution and Existence of Slavery Among Them (Charleston, SC: A. E. Miller, 1822), 84.

155. **Tal vez Holland tenía en mente a la Brown Fellowship Society:** Holt, Thomas C.: *Black over White: Negro Political Leadership in South Carolina During Reconstruction* (Urbana, IL: University of Illinois Press, 1977), 65–67.

155. **las barberías exclusivamente blancas y claras:** Ver Johnson, Hayes: *Dusk at the Mountain* (Garden City, NY: Doubleday, 1963); y Myers Asch, Chris, y Musgrove, George Derek: *Chocolate City: A History of Race and Democracy in the Nation's Capital* (Chapel Hill, NC: University of North Carolina Press, 2017).

155. **Después de la esclavitud, las personas claras eran más ricas:** Ver Johnson: *Soul by Soul*.

155. **docenas de ciudades tenían sociedades «Blue Vein»:** Gatewood, Willard B.: *Aristocrats of Color: The Black Elite, 1880–1920* (Fayetteville, AR: University of Arkansas Press, 2000), 163.

155. **«no lo suficientemente blanca como para mostrar venas azules»:** Chesnutt, Charles W.: «The Wife of His Youth», *The Atlantic Monthly*, julio de 1898, 55.

155. **Las personas claras empleaban la prueba de la bolsa de papel marrón, la prueba del lápiz, la prueba de la puerta y la prueba del peine:** Russell, Kathy, Wilson, Midge y Hall, Ronald: *The Color Complex: The Politics of Skin Color Among African Americans* (Nueva York: Anchor Books, 1992), 27.

156. **Carroll consideraba que las relaciones interraciales:** Ver Carroll, Charles: «The Negro a Beast»; o «In the Image of God» (St. Louis: American Book and Bible House, 1900).

156. **afirmando que la gente oscura cometía «crímenes más horribles»:** Winston, George T.: «The Relation of the Whites to the Negroes», *Annals of the American Academy of Political and Social Science* 18 (julio de 1901), 108–9.

156. **las personas birraciales eran responsables de todos los logros negros:** Reuter, Edward B.: *The Mulatto in the United States* (Boston: R. G. Badger, 1918).

156. **Marcus Garvey y su Universal Negro Improvement Association:** Ver Martin, Tony: *Race First: The Ideological and Organizational Struggles of Marcus Garvey and the Universal Negro Improvement Association* (Dover, MA: Greenwood Press, 1976).

156. **«Las personas negras estadounidenses no reconocen ninguna frontera de color dentro o fuera de la raza»:** Du Bois, W. E. B.: «Marcus Garvey», *The Crisis*, enero de 1921.

156. «If you're white, you're right»: Cumber Dance, Daryl: ed., *From My People: 400 Years of African American Folklore* (Nueva York: W. W. Norton, 2003), 484.

156. su propio ensayo «Talented Tenth» en 1903: Ver Du Bois, W. E. B.: «The Talented Tenth», en *The Negro Problem: A Series of Articles by Representative American Negroes of Today* (Nueva York: James Pott & Company, 1903), 31–76.

157. que las masas oscuras necesitaban «una correcta higiene»: Ver Hawkins Brown, Charlotte: «Clipping», *Charlotte Hawkins Brown Papers*, Reel 2, Schlesinger Library, Radcliffe College, Cambridge, MA; y Hill Mareena, Constance: *Lengthening Shadow of a Woman: A Biography of Charlotte Hawkins Brown* (Hicksville, NY: Exposition Press, 1977).

157. declaración de John McWhorter de unos Estados Unidos postraciales: McWhorter, John: «Racism in American Is Over», *Forbes*, 30 de diciembre de 2008, disponible en www.forbes.com/2008/12/30/end-of-racism-oped-cx_jm_1230mcwhorter.html#50939eb949f8.

157. inicialmente eludió la defensa de las personas oscuras y los pobres Scottsboro Boys: «Why the Communist Party Defended the Scottsboro Boys», *History Stories*, 1 de mayo de 2018, disponible en www.history.com/news/scottsboro-boys-naacp-communist-party.

157. «no mezcladas» eran «ahora inferiores, infinitamente inferiores»: Levering Lewis, David: *W.E.B. Du Bois: The Fight for Equality and the American Century, 1919–1963* (Nueva York: Macmillan, 2000), 341.

157. «Walter White es blanco»: Du Bois, W. E. B.: «Segregation in the North», *The Crisis*, abril de 1934.

158. «Me había unido a esa multitud de hombres y mujeres negros en Estados Unidos»: Recordaba Malcolm X en Malcolm X y Haley, Alex: *The Autobiography of Malcolm X* (Nueva York: Random House, 2015), 64. Existe una versión en castellano: *Autobiografía*, Madrid, Capitán Swing, 2015, con traducción de César Guidini y Gemma Moral.

158. Los productos para aclarar la piel recibieron un impulso: Byrd, Ayana D., y Tharps, Lori L.: *Hair Story: Untangling the Roots of Black Hair in America* (Nueva York: St. Martin's Griffin, 2002), 44–47.

158. Algunas personas oscuras se enorgullecían demasiado de la oscuridad: Por ejemplo, ver Napper, George: *Blacker Than Thou: The Struggle for Campus Unity* (Grand Rapids, MI: Eerdmans, 1973).

158. los niños claros eran adoptados primero: Russell-Cole, Wilson y Hall: *The Color Complex*, 37–39, 51–53, 90–91; Byrd y Tharps: *Hair Story*, 112.

159. «Cuanto más clara la piel, más suave la condena»: Russell-Cole, Wilson y Hall: *The Color Complex*, 38.

159. Imus, comparó a las jugadoras de baloncesto oscuras de los Rut-

gers: «Networks Condemn Remarks by Imus», *The New York Times*, 7 de abril de 2007.

159. **casting de 2014 para la película Straight Outta Compton:** «The "Straight Outta Compton" Casting Call Is So Offensive It Will Make Your Jaw Drop», *Huffington Post*, 17 de julio de 2014, disponible en www.huffingtonpost.com/2014/07/17/straight-out-of-compton-casting-call_n_5597010.html.

159. **Los productos para el blanqueamiento de la piel estaban fabricando millones:** «Lighter Shades of Skin», *The Economist*, 28 de septiembre de 2012, disponible en www.economist.com/baobab/2012/09/28/lighter-shades-of-skin.

159. **En la India, las cremas «aclarantes» alcanzaron los 200 millones de dólares:** «Telling India's Modern Women They Have Power, Even Over Their Skin Tone», *The New York Times*, 30 de mayo de 2007.

159. **el 70% de las mujeres en Nigeria; 35% en Sudáfrica; 59% en Togo; y el 40% en China, Malasia, Filipinas y Corea del Sur:** Ver «Mercury in Skin Lightening Products», *News Ghana*, 13 de junio de 2012, disponible en www.newsghana.com.gh/mercury-in-skin-lightening-products/.

159. **Estados Unidos eligió al «hombre naranja»:** Ver «NeNe Leakes Once Liked Donald Trump but Not "This Orange Man Talking on TV"», *Atlanta Journal-Constitution*, 7 de septiembre de 2016.

159. **una cabina de bronceado cada mañana:** «Omarosa Manigault Newman Says Trump Uses a Tanning Bed in the White House Every Morning», *People*, 14 de agosto de 2018, disponible en people.com/politics/omarosa-trump-daily-routine-tanning-bed-diet-coke-unhinged/.

159. **Las encuestas muestran que las personas consideran que la piel bronceada... es más atractiva:** Frisby, Cynthia M.: «"Shades of Beauty": Examining the Relationship of Skin Color to Perceptions of Physical Attractiveness», *Facial Plastic Surgery* 22:3 (agosto de 2006), 175–79.

Capítulo 10: Blanco

163. **Jeb Bush de los programas de discriminación positiva:** «Jeb Bush Roils Florida on Affirmative Action», *The New York Times*, 4 de febrero de 2000, disponible en www.nytimes.com/2000/02/04/us/jeb-bush-roils-florida-on-affirmative-action.html.

163. **el destello de la cara ganadora de Al Gore en la pantalla:** «The 2000 Elections: The Media; A Flawed Call Adds to High Drama», *The New York Times*, 8 de noviembre de 2000, disponible en www.nytimes.com/2000/11/08/us/the-2000-elections-the-media-a-flawed-call-adds-to-high-drama.html.

163. ligera ventaja en Florida de 1 784 votos: «Examining the Vote; How Bush Took Florida: Mining the Overseas Absentee Vote», *The New York Times*, 15 de julio de 2001, disponible en www.nytimes .com/2001/07/15/us/examining-the-vote-how-bush-took-florida -mining-the-overseas-absentee-vote.html.

164. los estudiantes de la FAMU y sus familias en casa, que no habían podido votar: Por ejemplo, ver «FAMU Students Protest Election Day Mishaps in Florida», *Diverse: Issues in Higher Education*, 7 de diciembre de 2000, disponible en diverseeducation.com/article/1034/; y «Florida A&M Students Describe Republican Attack on Voting Rights», *World Socialist Web Site*, 6 de diciembre de 2000, disponible en www.wsws .org/en/articles/2000/12/flor-d06.html.

164. el 11% de los votantes registrados, pero representaban el 44% de la lista de purgas: Berman, Ari: «How the 2000 Election in Florida Led to a New Wave of Voter Disenfranchisement», *The Nation*, 28 de julio de 2015, disponible en www.thenation.com/article/how-the-2000 -election-in-florida-led-to-a-new-wave-of-voter-disenfranchisement/.

164. Palm Beach: Brady, Henry E. et al.: «Law and Data: The Butterfly Ballot Episode», en *The Longest Night: Polemics and Perspectives on Election 2000*, eds. Arthur J. Jacobson y Michel Rosenfeld (Berkeley, CA: University of California Press, 2002), 51.

164. tenía el mayor porcentaje de votantes negros de Florida y la tasa de voto nulo más alta: «1 Million Black Votes Didn't Count in the 2000 Presidential Election», *San Francisco Chronicle*, 20 de junio de 2004, disponible en www.sfgate.com/opinion/article/1-million-black-votes -didn-t-count-in-the-2000-2747895.php.

165. análisis estadístico del New York Times: «Examining the Vote: The Patterns; Ballots Cast by Blacks and Older Voters Were Tossed in Far Greater Numbers», *The New York Times*, 12 de noviembre de 2001.

165. Ted Cruz… trabajaba en el equipo legal de Bush: Berman, Ari: *Give Us the Ballot: The Modern Struggle for Voting Rights in America* (Nueva York: Farrar, Straus & Giroux, 2015), 210.

165. marcha silenciosa de dos mil estudiantes: Ver «FAMU Students Protest Election Day Mishaps in Florida» y «Florida A&M Students Describe Republican Attack on Voting Rights».

166. Message to the Blackman in America: Muhammad, Elijah, *Message to the Blackman in America* (Chicago: Muhammad Temple No. 2, 1965).

166. Según la teología que defendía: Para esta historia, recurrí a la teología aún más clara que Malcolm X defendía en su autobiografía, tal como se la enseñó Elijah Muhammad. Malcolm X y Haley, Alex: *The Autobiography of Malcolm X* (Nueva York: Random House, 2015), 190–94.

168. «por el bien de nuestra unidad como pueblo y la fuerza de nuestra democracia»: «Gore: "It Is Time for Me to Go"», *The Guardian*, 14 de diciembre de 2000, disponible en www.theguardian.com/world/2000/dec/14/uselections2000.usa14.

168. «El hombre blanco es el diablo»: Malcolm X y Haley: *The Autobiography of Malcolm X*, 184–85.

169. The Hate That Hate Produced: Ver «The Hate That Hate Produced (1959): Malcom X First TV Appearance», disponible en www.youtube.com/watch?v=BsYWD2EqavQ.

169. «Nunca he sido testigo de semejante»: Malcolm X: «Letters from Abroad», en *Malcolm X Speaks: Selected Speeches and Statements*, ed. George Breitman (Nueva York: Grove Press, 1990), 59.

169. «Puede que te sorprendan estas palabras»: Ibid., 61.

169. «Rechazo totalmente la filosofía racista de Elijah Muhammad»: Handler, M. S.: «Malcolm Rejects Racist Doctrine», *The New York Times*, 4 de octubre de 1964.

170. como muestra la resistencia dentro de las naciones blancas: Ver, por ejemplo, Jaffee, Sarah: *Necessary Trouble: Americans in Revolt* (Nueva York: Nation Books, 2016).

172. identificaban la discriminación anti-blanca como un problema grave: «Majority of White Americans Say They Believe Whites Face Discrimination», *NPR*, 24 de octubre de 2017, disponible en www.npr.org/2017/10/24/559604836/majority-of-white-americans-think-theyre-discriminated-against.

172. El presidente Andrew Johnson reenmarcó este proyecto de ley antirracista: Johnson, Andrew: «Veto of the Civil Rights Bill», 27 de marzo de 1866, en *Teaching American History*, disponible en teachingamericanhistory.org/library/document/veto-of-the-civil-rights-bill/.

172. «racistas duros de la discriminación inversa»: Bork, Robert: «The Unpersuasive Bakke Decision», *The Wall Street Journal*, 21 de julio de 1978.

172. Alicia Garza escribió «Black Lives Matter» en Facebook: «Meet the Woman Who Coined #BlackLivesMatter», *USA Today*, 4 de marzo de 2015, disponible en www.usatoday.com/story/tech/2015/03/04/alicia-garza-black-lives-matter/24341593/.

173. Giuliani calificó el movimiento de «inherentemente racista»: «Rudy Giuliani: Black Lives Matter "Inherently Racist"», *CNN*, 11 de julio de 2016, disponible en edition.cnn.com/2016/07/11/politics/rudy-giuliani-black-lives-matter-inherently-racist/index.html.

173. estas tropas terrestres bombardeando abusos racistas: «Living While Black», *CNN*, 28 de diciembre de 2018, disponible en www

.cnn.com/2018/12/20/us/living-while-black-police-calls-trnd
/index.html.

174. **letras negras sobre un fondo amarillo:** «Where Does That Billboard
Phrase, "Anti-Racist Is a Code Word for Anti-White", Come From?
It's Not New», *The Birmingham News*, 30 de junio de 2014, disponible
en   www.al.com/news/birmingham/index.ssf/2014/06/where_does
_that_billboard_phra.html.

174. **Robert Whitaker, que se postulaba para vicepresidente:** «Following
the White Rabbit: Tim Murdock Sits Atop an Online Cult, Spreading
Fears of "White Genocide" That Have Fueled Violence and Terro-
rism», Southern Poverty Law Center, 21 de agosto de 2013, disponible en www.splcenter.org/fighting-hate/intelligence-report/2013
/following-white-rabbit.

174. **43% de las personas que obtuvieron un seguro de salud que les salvó
la vida:** «Who Gained Health Insurance Coverage Under the ACA, and
Where Do They Live», Urban Institute, diciembre de 2016, disponible en www.urban.org/sites/default/files/publication/86761/2001041
-who-gained-health-insurance-coverage-under-the-aca-and-where
-do-they-live.pdf.

175. **destruyó la vida de más de cuarenta millones de personas blancas:** «Research Starters: Worldwide Deaths in World War II», The
National WWII Museum, disponible en www.nationalww2museum
.org/students-teachers/student-resources/research-starters/research
-starters-worldwide-deaths-world-war.

175. **quinientas mil vidas estadounidenses blancas perdidas:** «The Cost
of War: Killer, Wounded, Captured, and Missing», American Battlefield Trust, disponible en www.battlefields.org/learn/articles/civil-war
-casualties.

175. **una ideología nuclear que plantea una amenaza existencial para
la existencia humana:** Kendi, Ibram X.: «A House Still Divided», *The
Atlantic*, octubre de 2018.

175. **teoría de las dos cunas de Diop:** Diop, Cheikh Anta: *The Cultural
Unity of Negro Africa: The Domains of Patriarchy and of Matriarchy in Clas-
sical Antiquity* (Chicago: Third World Press, 1978).

176. **versión que ofrecía de él Michael Bradley:** Bradley, Michael: *The
Iceman Inheritance: Prehistoric Sources of Western Man's Racism, Sexism and
Aggression* (Nueva York: Warner Books, 1978).

176. **The Isis Papers:** Cress Welsing, Frances: *The Isis Papers: The Keys to the
Colors* (Chicago: Third World Press, 1991).

176. **The Rising Tide of Color Against White World-Supremacy:** Stoddard, Lothrop: *The Rising Tide of Color Against White World-Supremacy*
(Nueva York: Charles Scribner's Sons, 1921).

Capítulo 11: Negro

181. **Chris Rock en su especial de 1996 de HBO:** Ver «Chris Rock—Bring the Pain», HBO, 1 de junio de 1996, disponible en www.you tube.com/watch?v=coC4t7nCGPs.

182. **«la gran verdad de que el negro es diferente del hombre blanco»:** Stephens, Alexander H.: «Cornerstone Address, March 21, 1861», en *The Rebellion Record: A Diary of American Events with Documents, Narratives, Illustrative Incidents, Poetry, etc.*, volumen 1, ed. Frank Moore (Nueva York: G. P. Putnam, 1862), 44–46.

183. **el 53% de las personas negras encuestadas:** «Fewer Blacks in U.S. See Bias in Jobs, Income, and Housing», *Gallup*, 19 de julio de 2013, disponible en news.gallup.com/poll/163580/fewer-blacks-bias-jobs-income-housing.aspx.

184. **el 59% de las personas negras expresaban:** «The Partisan Divide on Political Values Grows Even Wider: 4. Race, Immigration and Discrimination», Pew Research Center, 5 de octubre de 2017, disponible en www.people-press.org/2017/10/05/4-race-immigration-and-discrimination/.

185. **los blancos racistas desestimaran las políticas e ideas antirracistas:** Es muy obvio en los ataques a los activistas del Poder negro. Ver «Humphrey Backs N.A.A.C.P. in Fight on Black Racism», *The New York Times*, 7 de julio de 1966.

185. **«Las personas negras no pueden ser racistas»:** Este suele ser un argumento típico: «Black People Cannot Be Racist, and Here's Why», *The University Star*, 15 de febrero de 2016, disponible en star.txstate .edu/2016/02/black-people-cannot-be-racist-and-heres-why/.

186. **154 afroamericanos:** Brudnick, Ida A., y Manning, Jennifer E.: «African American Members of the United States Congress: 1870–2018», Congressional Research Service, actualizado el 28 de diciembre de 2018, disponible en www.senate.gov/CRSpubs/617f17bb-61e9-40bb -b301-50f48fd239fc.pdf.

186. **más de setecientos jueces negros en los tribunales estatales:** «National Database on Judicial Diversity in State Courts», American Bar Association, disponible en apps.americanbar.org/abanet/jd/dis play/national.cfm.

186. **más de doscientos jueces negros en tribunales federales:** «African American Judges on the Federal Courts», Federal Judicial Center, disponible en www.fjc.gov/history/judges/search/african-american.

186. **más de cincuenta y siete mil policías negros:** «The New Racial Makeup of U.S. Police Departments», *Newsweek*, 14 de mayo de

2015, disponible en www.newsweek.com/racial-makeup-police-de
partments-331130.

186. **tres mil jefes de policía negros, subjefes y comandantes:** «Blacks in
Blue: African-American Cops React to Violence Towards and from
Police», *NBC News*, 11 de julio de 2016, disponible en www.nbcnews
.com/news/nbcblk/blacks-blue-african-american-cops-react-violence
-towards-police-n607141.

186. **más de cuarenta mil profesores negros a tiempo completo en las
universidades:** «Table 315.20. Full-time Faculty in Degree-Granting
Postsecondary Institutions, by Race/Ethnics, Sex, and Academic
Rank: Fall 2013, Fall 2015, and Fall 2016», Digest of Education Statistics, National Center for Education Statistics, disponible en nces
.ed.gov/programs/digest/d17/tables/dt17_315.20.asp.

187. **once multimillonarios negros del mundo y las 380 000 familias
millonarias negras:** «The Black Billionaires 2018», *Forbes*, 7 de marzo
de 2018, disponible en www.forbes.com/sites/mfonobongnsehe
/2018/03/07/the-black-billionaires-2018/#19dd12935234; y «Black
Millionaires Hardly Exist in America», *Newsmax*, 4 de octubre de 2017,
disponible en www.newsmax.com/antoniomoore/black-millionaires
-wealth-wealth-disparity/2017/10/04/id/817622/.

187. **dieciséis CEOs negros:** «The Number of Black CEOs at Fortune
500 Companies Is at Its Lowest Since 2002», *Fortune*, 28 de febrero de
2018, disponible en fortune.com/2018/02/28/black-history-month
-black-ceos-fortune-500/.

187. **«Cuando controlas el pensamiento de un hombre»:** Woodson, Carter G.: *The Miseducation of the Negro* (Mineola, NY: Dover, 2005), 55.

188. **Blackwell dirigió comisiones del condado:** «GOPer Behind Ohio's
Botched 2004 Election Eyes Senate Run», *Mother Jones*, 21 de abril
de 2011, disponible en www.motherjones.com/politics/2011/04/ken
-blackwell-ohio-brown-senate/.

188. **174 000 votos potenciales se perdieron:** «Was the 2004 Election
Stolen?», *Common Dreams*, 1 de junio de 2006, disponible en www
.commondreams.org/views06/0601-34.htm.

188. **«Blackwell hizo que Katherine Harris pareciera un bollito»:** Ibid.

189. **los funcionarios de Trump no habían olvidado el trabajo racista
de vanguardia de Blackwell:** Blackwell, Ken: «Time to Clean Up
Our Elections», *CNS News*, 17 de julio de 2017, disponible en www
.cnsnews.com/commentary/ken-blackwell-time-clean-our-elections.

190. **«Las personas negras [...] llevan una vida bestial»:** El Africano, León:
trad. de John Pory, y ed. Robert Brown, *The History and Description of
Africa*, 3 volúmenes (Londres: Hakluyt Society, 1896), 130, 187–90.

Existe una versión en castellano: *Descripción general del África*, Granada, Fundación El Legado Andalusí, 2004, con traducción de Serafín Fanjul.

191. **«sino un acto de justicia», dice Sambo:** Ligon, Richard: *A True and Exact History of the Island of Barbadoes* (Indianapolis, IN: Hackett, 2011), 105–6.

191. **autor de la primera narrativa de esclavos conocida:** Albert, James: *A Narrative of the Most Remarkable Particulars in the Life of James Albert Ukawsaw Gronniosaw, an African Prince* (Leeds: Stanhope Press, 1811), 11, 12, 16, 25.

192. **«a aquellos hombres que reciben abrigos viejos como presentes de sus amos»:** Para esta frase y otros detalles sobre la rebelión, ver Robertson, David M.: *Denmark Vesey: The Buried Story of America's Largest Slave Rebellion and the Man Who Led It* (Nueva York: Alfred A. Knopf, 2009), 70.

192. **En 1840, había adquirido siete esclavos propios:** Ibid., 123.

193. **«junto al señor Booker T. Washington, la mejor autoridad estadounidense»:** «The Negro Arraigned», *The New York Times*, 23 de febrero de 1901. Además, para un excelente análisis de cómo William Hannibal Thomas se adaptaba a los debates sobre la negritud en su época, ver Muhammad, Khalil Gibran: *The Condemnation of Blackness: Race, Crime, and the Making of Modern Urban America* (Cambridge, MA: Harvard University Press, 2010).

193. **«tipo intrínsecamente inferior de humanidad»:** Thomas, William Hannibal: *The American Negro: What He Was, What He Is, and What He May Become* (Nueva York: Negro Universities Press, 1901), 129, 134, 195.

193. **«lista [de Thomas] de cualidades negativas de las personas negras parecía ilimitada»:** Smith, John David: *Black Judas: William Hannibal Thomas and the American Negro* (Athens, GA: University of Georgia Press, 2000), 161–64, 177–78, 185–89.

193. **«vestigio salvador» era «ignorado por sus prójimos blancos»:** Thomas: *The American Negro*, xxiii, 69, 410.

193. **«asimilación nacional»:** Ibid., 397–432.

193. **bautizaron a William Hannibal Thomas como el «Judas negro»:** Ver Smith: *Black Judas*.

194. **los agentes negros eran tan abusivos:** Forman Jr., James: *Locking Up Our Own: Crime and Punishment in Black America* (Nueva York: Farrar, Straus & Giroux, 2017), 107–8.

194. **encuesta a casi ocho mil agentes jurados:** «Black and White Officers See Many Key Aspects of Policing Differently», Pew Research Center, 12 de enero de 2017, disponible en www.pewresearch.org

/fact-tank/2017/01/12/black-and-white-officers-see-many-key
-aspects-of-policing-differently/.

195. **La nueva cosecha de políticos, jueces, jefes de policía y agentes
negros:** Forman Jr.: *Locking Up Our Own*, 147.

195. **personas negras contra su propia gente, había alcanzado un nivel
crítico:** Johnson, John H.: «Publisher's Statement», *Ebony*, agosto de
1979.

196. **duplicó el número de casos de discriminación:** Ver Marable, Manning: *Race, Reform, and Rebellion: The Second Reconstruction and Black
America, 1945–2006* (Jackson, MS: University Press of Mississippi,
2007), 196.

196. **reorientó miles de millones de dólares en fondos federales:** Ibid.,
206–7.

Capítulo 12: Clase

198. **dos de los vecindarios más peligrosos de Filadelfia:** Y se sigue
diciendo. Ver «These Are the 10 Worst Philadelphia Neighborhoods
for 2019», *Road Snacks*, 28 de diciembre de 2018, disponible en www
.roadsnacks.net/worst-philadelphia-neighborhoods/.

199. **millones de personas negras que emigraron del sur:** Para más sobre
la migración y lo que ocurrió con ellos cuando llegaron, ver Wilker-
son, Isabel: *The Warmth of Other Suns: The Epic Story of America's Great
Migration* (Nueva York: Vintage Books, 2011); y Sugrue, Thomas J.:
The Origins of the Urban Crisis: Race and Inequality in Postwar Detroit
(Princeton, NJ: Princeton University Press, 1996).

199. **«El gueto oscuro es una patología institucionalizada»:** Clark, Kenneth B.: *Dark Ghetto: Dilemmas of Social Power* (2ª edición) (Middletown, CT: Wesleyan University Press, 1989), 81.

200. **«el comportamiento de la clase baja afroamericana»:** D'Souza,
Dinesh: *The End of Racism: Principles for a Multicultural Society* (Nueva
York: Free Press, 1996), 527.

200. **personas blancas pobres «como basura blanca»:** Ver Isenberg, Nancy:
White Trash: The 400-Year Untold History of Class in America (Nueva
York: Penguin Books, 2017).

202. **«Tenemos una espiral de cultura»:** «Paul Ryan's Racist Comments
Are a Slap in the Face to 10.5 Million Americans», *Mic*, 13 de marzo
de 2014, disponible en mic.com/articles/85223/paul-ryan-s-racist
-comments-are-a-slap-in-the-face-to-10-5-million-americans.

202. **«La evidencia de este fracaso está a nuestro alrededor»:** Coles James,
Kay: «Why We Must Be Bold on Welfare Reform», The Heritage
Foundation, 12 de marzo de 2018, disponible en www.heritage.org
/welfare/commentary/why-we-must-be-bold-welfare-reform.

203. **Posicionaba a las personas negras pobres como inferiores:** Clark: *Dark Ghetto*, xxix, xxxvi.

203. **Obama expresó algo similar:** «Barack Obama's Speech on Race», *The New York Times*, 18 de marzo de 2008, disponible en www.nytimes .com/2008/03/18/us/politics/18text-obama.html.

203. **personas negras pobres son más optimistas:** Ver Graham, Carol: *Happiness for All? Unequal Hopes and Lives in Pursuit of the American Dream* (Princeton, NJ: Princeton University Press, 2017).

203. **el «salario» de la blancura:** Du Bois, W. E. B.: *Black Reconstruction in America, 1860–1880* (Nueva York: Simon & Schuster, 1999), 700. Y ver también Roediger, David R.: *The Wages of Whiteness: Race and the Making of the American Working Class* (Nueva York: Verso, 1991).

204. **como los «Talented Tenth»:** Ver Du Bois, W. E. B.: «The Talented Tenth», en *The Negro Problem: A Series of Articles by Representative American Negroes of Today* (Nueva York: James Pott & Company, 1903).

205. **Como dijo Martin Luther King en su crítica al capitalismo en 1967:** King Jr., Martin Luther: «"Where Do We Go from Here?", Address Delivered at the Eleventh Annual SCLC Convention», 16 de abril de 1967, The Martin Luther King, Jr. Research and Education Institute, Universidad de Stanford, disponible en kinginstitute .stanford.edu/king-papers/documents/where-do-we-go-here-address -delivered-eleventh-annual-sclc-convention.

205. **que los teóricos de los sistemas mundiales denominaron el «largo siglo XVI»:** Wallerstein, Immanuel: *The Modern World-System: Capitalist Agriculture and the Origins of the European World-Economy in the Sixteenth Century* (Nueva York: Academic Press, 1974).

205. **el príncipe Enrique dio a luz gemelos unidos:** Para historias sobre los orígenes conjuntos del racismo y el capitalism, ver Kendi, Ibram X.: *Stamped from the Beginning: The Definitive History of Racist Ideas in America* (Nueva York: Nation Books, 2016); Williams, Eric: *Capitalism & Slavery* (Chapel Hill, NC: University of North Carolina Press, 1994); y Baptist, Edward E.: *The Half Has Never Been Told: Slavery and the Making of American Capitalism* (Nueva York: Basic Books, 2014).

206. **La tasa de pobreza negra en 2017 alcanzaba el 20%:** «Poverty Rate by Race/Ethnicity», base de datos de la Kaiser Family Foundation, disponible en www.kff.org/other/state-indicator/poverty-rate -by-raceethnicity/.

206. **La tasa de desempleo de las personas negras ha sido al menos el doble:** «Black Unemployment Rate Is Consistently Twice That of Whites», Pew Research Center, 21 de agosto de 2013, disponible en www.pewresearch.org/fact-tank/2013/08/21/through-good-times

-and-bad-black-unemployment-is-consistently-double-that-of
-whites/.

206. **La brecha salarial:** «Wage Gap Between Blacks and Whites Worst in Nearly 40 Years», *CNN*, 20 de septiembre de 2016, disponible en money.cnn.com/2016/09/20/news/economy/black-white-wage -gap/.

206. **La media del patrimonio neto de las familias blancas es unas diez veces mayor que la de las familias negras:** «White Families Have Nearly 10 Times the Net Worth of Black Families. And the Gap Is Growing», *The Washington Post*, 28 de septiembre de 2017, disponible en www.washingtonpost.com/news/wonk/wp/2017/09/28/black -and-hispanic-families-are-making-more-money-but-they-still-lag-far -behind-whites/.

206. **los hogares blancos posean ochenta y seis veces más riqueza que los hogares negros para 2020:** Asante-Muhammad, Dedrick, Collins, Chuck, Hoxie, Josh, y Nieves, Emanuel: «The Road to Zero Wealth: How the Racial Wealth Divide Is Hollowing Out America's Middle Class», Institute for Policy Studies, septiembre de 2017, disponible en ips-dc.org/wp-content/uploads/2017/09/The-Road-to-Zero -Wealth_FINAL.pdf.

206. **El crecimiento capitalista sin precedentes de África en las últimas dos décadas:** «Africa's Capitalist Revolution: Preserving Growth in a Time of Crisis», *Foreign Affairs*, julio/agosto de 2009, disponible en www.foreignaffairs.com/articles/africa/2009-07-01/africas-capitalist -revolution.

206. **casi nueve de cada diez personas extremadamente pobres vivirán en el África subsahariana para 2030:** «The Number of Extremely Poor People Continues to Rise in Sub-Saharan Africa», The World Bank, 19 de septiembre de 2018, disponible en blogs.worldbank .org/opendata/number-extremely-poor-people-continues-rise-sub -saharan-africa.

206. **En América Latina, las personas de ascendencia africana:** «Behind the Numbers: Race and Ethnicity in Latin America», *Americas Quarterly*, verano de 2015, disponible en www.americasquarterly.org/con tent/behind-numbers-race-and-ethnicity-latin-america.

207. **La brecha global entre las regiones más ricas (y más blancas) del mundo y las regiones más pobres (y más negras) del mundo se ha triplicado:** «Global Inequality May Be Much Worse Than We Think», *The Guardian*, 8 de abril de 2016, disponible en www.theguar dian.com/global-development-professionals-network/2016/apr/08 /global-inequality-may-be-much-worse-than-we-think.

207. **La movilidad hacia arriba es mayor para las personas blancas:** Akee, Randall, Jones, Maggie R., y Porter, Sonya R.: National Bureau of Economic Research Working Paper No. 23733, agosto de 2017, disponible en www.nber.org/papers/w23733.

207. **En el quintil de ingresos más altos:** «The Racial Wealth Divide Holds Back Black Earners at All Levels», *AlterNet*, 3 de abril de 2018, disponible en www.alternet.org/2018/04/racial-wealth-divide-holds -back-black-earners/.

207. **Los hogares negros de ingresos medios tienen menos riqueza:** Ver «1 in 7 White Families Are Now Millionaires. For Black Families, It's 1 in 50», *The Washington Post*, 3 de octubre de 2017.

207. **La pobreza blanca no es tan angustiosa como la pobreza negra:** «Black Poverty Differs from White Poverty», *The Washington Post*, 12 de agosto de 2015, disponible en www.washingtonpost.com/news /wonk/wp/2015/08/12/black-poverty-differs-from-white-poverty /?utm_term=.6069bf66fb16.

207. **Las políticas antirracistas en las décadas de 1960 y 1970 redujeron estas desigualdades:** «Equality Still Elusive 50 Years After Civil Rights Act», *USA Today*, 19 de enero de 2014, disponible en www.usatoday.com/story/news/nation/2014/01/19/civil-rights-act -progress/4641967/.

208. **como lo relató el historiador Devyn Spence Benson:** Benson, Devyn Spence: *Antiracism in Cuba: The Unfinished Revolution* (Chapel Hill, NC: University of North Carolina Press, 2016), 30–71.

208. **Partido Socialista de América (SPA) en 1901 se negaron a adoptar una petición contra el linchamiento:** «Race and the U.S. Socialist Tradition», *Socialist Worker*, 18 de noviembre de 2010, disponible en socialistworker.org/2010/11/18/race-and-us-socialist-tradition.

208. **«El descubrimiento de oro y plata en Estados Unidos»:** Marx, Karl: *Capital: A Critique of Political Economy*, volumen 1, parte 2 (Nueva York: Cosimo Classics, 2007), 823. Existen distintas traducciones al castellano, como la siguiente: *El capital*, Madrid, Akal, 2000, con traducción de Vicente Romano García.

208. **suplicó a Du Bois que reconsiderara:** Levering Lewis, David: *W. E. B. Du Bois, 1919–1963: The Fight for Equality and the American Century* (Nueva York: Macmillan, 2000), 309–10.

208. **los expertos ahora llaman capitalismo racial:** Ver Kelley, Robin D. G.: «What Did Cedric Robinson Mean by Racial Capitalism», *Boston Review*, 12 de enero de 2017, disponible en bostonreview.net/race /robin-d-g-kelley-what-did-cedric-robinson-mean-racial-capitalism.

208. **«El grado más bajo y mortal»:** Lewis: *W. E. B. Du Bois, 1919–1963*, 308–9.

209. «aristocracia de clase trabajadora»: Lewis: *W. E. B. Du Bois, 1919–1963*, 308–9.

209. «En lugar de una división horizontal de clases»: Du Bois, W. E. B.: *Dusk of Dawn: An Essay Toward an Autobiography of a Race Concept* (Piscataway, NJ: Transaction Publishers, 1984), 205.

210. alentó un «Guiding One Hundredth»: Ver Du Bois, W. E. B.: «The Talented Tenth: Memorial Address», en ed. Levering Lewis, David: *W. E. B. Du Bois: A Reader* (Nueva York: Henry Holt, 1995), 347–53.

210. «hay un vínculo inextricable entre el racismo y el capitalismo»: Taylor, Keeanga-Yamahtta: «Race, Class and Marxism», *Socialist Worker*, 4 de enero de 2011, disponible en socialistworker.org/2011/01/04/race-class-and-marxism.

211. La historia del capitalismo: Para una historia honesta del capitalism y Estados Unidos, ver Zinn, Howard: *A People's History of the United States, 1492–Present* (Nueva York: HarperCollins, 1982).

211. «capitalistas hasta la médula»: «Elizabeth Warren's Theory of Capitalism», *The Atlantic*, 28 de agosto de 2018, disponible en www.theatlantic.com/politics/archive/2018/08/elizabeth-warrens-theory-of-capitalism/568573/.

212. El 1% superior posee actualmente alrededor de la mitad: «Richest 1% Own Half the World's Wealth, Study Finds», *The Guardian*, 14 de noviembre de 2017, disponible en www.theguardian.com/inequality/2017/nov/14/worlds-richest-wealth-credit-suisse.

214. «Hice esta película por la estética negra»: Bennet Jr., Lerone: «The Emancipation Orgasm: Sweetback in Wonderland», *Ebony*, septiembre de 1971.

214. Bennett criticó a Van Peebles: Ibid.

215. Black Bourgeoisie de E. Franklin Frazier: Frazier, E. Franklin: *Black Bourgeoisie: The Rise of a New Middle Class* (Nueva York: Free Press, 1957).

216. «la clase media negra aporta muy poco»: Glazer, Nathan, y Moynihan, Daniel Patrick: *Beyond the Melting Pot*, 51–52.

216. Martin Luther King Jr. y una generación de jóvenes negros de élite de la burguesía negra: Lewis: *W. E. B. Du Bois, 1919–1963*, 558.

Capítulo 13: Espacio

217. influyente obra Afrocentricity: Asante, Molefi Kete: *Afrocentricity: The Theory of Social Change* (Buffalo, NY: Amulefi, 1980).

218. «El rechazo del particularismo europeo»: Ver Asante, Molefi Kete: *Afrocentricity* (Trenton, NJ: African World Press, 1988), 104.

218. disfrutó de su escapada a los Estados para hablar sobre su inves-

tigación: Mazama, Ama, y Musumunu, Garvey: *African Americans and Homeschooling: Motivations, Opportunities, and Challenges* (Nueva York: Routledge, 2015); Asante, Molefi Kete, y Mazama, Ama: eds., *Encyclopedia of African Religion* (Thousand Oaks, CA: SAGE, 2009); y Mazama, Ama: ed., *The Afrocentric Paradigm* (Trenton, NJ: Africa World Press, 2003).

220. «insidiosa maldición»: Clark, Kenneth B.: *Dark Ghetto: Dilemmas of Social Power* (2ª edición) (Middletown, CT: Wesleyan University Press, 1989), 25, 87, 109.

220. «banksters» («banqueros-gánsteres»), como Thom Hartmann los llama: Hartmann, Thom: «How to Take on the Banksters», *The Hartmann Report*, 21 de septiembre de 2016, disponible en www.thomhart mann.com/blog/2016/09/how-take-banksters.

220. Los estadounidenses perdieron billones durante la Gran Recesión: «America Lost $10.2 Trillion in 2008», *Business Insider*, 3 de febrero de 2009, disponible en www.businessinsider.com/2009/2/america-lost -102-trillion-of-wealth-in-2008.

220. las pérdidas estimadas por crímenes de cuello blanco: «White-Collar Crimes—Motivations and Triggers», *Forbes*, 22 de febrero de 2018, disponible en www.forbes.com/sites/roomykhan/2018/02/22 /white-collar-crimes-motivations-and-triggers/#258d26351219.

220. costes combinados de los robos con allanamiento y los robos: Hogan, Patrick Colm: *The Culture of Conformism: Understanding Social Consent* (Durham, NC: Duke University Press, 2001), 15.

221. 3 380 estadounidenses más murieron por accidentes de tráfico relacionados con el alcohol: Kendi, Ibram X.: *Stamped from the Beginning: The Definitive History of Racist Ideas in America* (Nueva York: Nation Books, 2016), 437.

221. «viven en un infierno»: «Trump at Debate: Minorities in Cities "Are Living in Hell"», *Politico*, 26 de septiembre de 2016, disponible en www.politico.com/story/2016/09/trump-minorities-living-in-hell -228726.

221. «de países de mierda»: «Trump Derides Protections for Immigrants from "Shithole" Countries», *The Washington Post*, 12 de enero de 2018.

223. HBCU no representan «el mundo real»: «Hold Up: Aisha Tyler Thinks HBCUs Are Bad for Black Students?», *BET*, 28 de abril de 2016, disponible en www.bet.com/celebrities/news/2016/04/28 /aisha-tyler-slams-hbcus.html.

224. «Incluso los mejores colegios y universidades negros no»: Sowell, Thomas: «The Plight of Black Students in America», *Daedalus* 103 (primavera de 1974), 189.

224. «descripción de Sowell sigue siendo correcta»: Riley, Jason L.:

«Black Colleges Need a New Mission», *The Wall Street Journal*, 28 de septiembre de 2010, disponible en www.wsj.com/articles/SB1000142 4052748704654004575517822124077834.

224. **La dotación de la HBCU más rica, Howard:** Ver «HBCUs Struggle to Close the Endowment Gap», *Philanthropy News Digest*, 19 de julio de 2017, disponible en philanthropynewsdigest.org/news/hbcus-struggle -to-close-the-endowment-gap.

224. **produce una brecha en la dotación:** Ibid.

224. **como los modelos estatales actuales «basados en el rendimiento»:** «Black Colleges Are the Biggest Victims of States' Invasive New Funding Rules», *The Washington Post*, 16 de diciembre de 2014, disponible en www.washingtonpost.com/posteverything/wp/2014/12/16 /black-colleges-are-the-biggest-victims-of-states-invasive-new -funding-rules/.

225. **las HBCU suelen tener unas tasas más altas de graduación de personas negras:** «How Are Black Colleges Doing? Better Than You Think, Study Finds», *The Chronicle of Higher Education*, 13 de abril de 2018, disponible en www.chronicle.com/article/How-Are-Black -Colleges-Doing-/243119.

225. **las HBCU tienen, de media, más probabilidad:** «Grades of Historically Black Colleges Have Well-Being Edge», *Gallup*, 27 de octubre de 2015, disponible en news.gallup.com/poll/186362/grads-historically -black-colleges-edge.aspx.

225. **Los bancos siguen teniendo el doble de probabilidad de ofrecer préstamos a empresarios blancos:** «Study Documents Discrimination Against Black Entrepreneurs», *NCRC*, 17 de noviembre de 2017, disponible en ncrc.org/study-documents-discrimination-blac k-entrepreneurs/; Bone, Sterling A., et al.: «Shaping Small Business Lending Policy Through Matched-Paired Mystery Shopping», 12 de septiembre de 2017, disponible en SSRN en papers.ssrn.com/sol3 /papers.cfm?abstract_id=3035972.

225. **Los clientes evitan los negocios negros:** Por ejemplo, ver Doleac, Jennifer L., y Stein, Luke C. D.: «The Visible Hand: Race and Online Market Outcomes», 1 de mayo de 2010, disponible en SSRN en papers.ssrn.com/sol3/papers.cfm?abstract_id=1615149.

226. **«¿ese trato desigual excusa un mal servicio?»** «Should Black Owned Businesses Get a Hall Pass for Bad Service?», *Blavity*, 2017, disponible en blavity.com/black-owned-businesses-get-pass-for-bad-service.

226. **«llevar de vuelta al país de origen las semillas de la civilización»:** Jefferson, Thomas: «To Lynch, Monticello, January 21, 1811», en *The Writings of Thomas Jefferson*, volumen 9, 1807–1815, ed. Paul Leicester Ford (Nueva York: G. P. Putnam's Sons, 1898), 303.

226. «tierras salvajes de África»: Clegg III, Claude Andrew: *The Price of Liberty: African Americans and the Making of Liberia* (Chapel Hill, NC: University of North Carolina Press, 2009), 35.

226. Un escritor de la sureña De Bow's Review buscó: «Free Negro Rule», *DeBow's Review* 3:4 (abril de 1860), 440.

226. Sherman y el secretario de guerra de los Estados Unidos Edwin M. Stanton: Ver *The War of the Rebellion: A Compilation of the Official Records of the Union and Confederate Armies* (Washington, DC: U.S. Government Printing Office, 1895), 37–41.

227. «quedará en poder del propio pueblo liberado»: «Sherman's Special Field Orders, No. 15», en *The Empire State of the South: Georgia History in Documents and Essays*, ed. Christopher C. Meyers (Macon, GA: Mercer University Press, 2008), 174.

227. la orden de Sherman privaba a las personas negras: Greeley, Horace: «Gen. Sherman and the Negroes», *New York Daily Tribune*, 30 de enero de 1865.

228. «respaldaban instalaciones iguales»: Grady, Henry W.: «In Plain Black and White: A Reply to Mr. Cable», *Century Magazine* 29 (1885), 911.

228. desviaban los recursos hacia espacios exclusivamente blancos: «Jim Crow's Schools», *American Educator*, verano de 2004, disponible en www.aft.org/periodical/american-educator/summer-2004/jim-crows-schools.

229. «suposición de que la separación forzada de las dos razas»: «Plessy v. Ferguson 163 U.S. 537 (1896)», en L. Davis, Abraham, y Luck Graham, Barbara: *The Supreme Court, Race, and Civil Rights* (Thousand Oaks, CA: SAGE, 1995), 51.

229. la mayoría de los niños negros preferían muñecas blancas: Para los ensayos sobre sus experimentos con muñecas, ver Clark, Kenneth B., y Clark, Mamie P.: «The Development of Consciousness of Self and the Emergence of Racial Identification in Negro Preschool Children», *Journal of Social Psychology* 10:4 (1939), 591–99; y Clark, Kenneth B., y Clark, Mamie P.: «Racial Identification and Preference among Negro Children», en *Readings in Social Psychology*, ed. E. L. Hartley (Nueva York: Holt, Rinehart & Winston, 1947); Clark, Kenneth B.: *Prejudice and Your Child* (Middletown, CT: Wesleyan University Press, 1988).

229. «Separar [a los niños no blancos] de otras personas»: «Brown v. Board of Education», LII Collection: U.S. Supreme Court Decisions, Cornell University Law School, disponible en www.law.cornell.edu/supremecourt/text/347/483.

230. San Antonio Independent School District v. Rodriguez: Ver Sracic, Paul A.: *San Antonio v. Rodriguez and the Pursuit of Equal Education: The*

Debate Over Discrimination and School Funding (Lawrence, KS: University Press of Kansas, 2006).

230. «hay escuelas negras adecuadas e instructores e instrucciones preparadas»: Neale Hurston, Zora: «Court Order Can't Make Races Mix», *Orlando Sentinel*, 11 de agosto de 1955.

230. «Creo que la integración en nuestras escuelas públicas es diferente»: «Deacon Robert Williams», en *Reflections on Our Pastor: Dr. Martin Luther King, Jr. at Dexter Avenue Baptist Church, 1954–1960*, eds. Wally G. Vaughn y Richard W. Wills (Dover, MA: The Majority Press, 1999), 129.

231. fuerza docente del 80% blanca: «The Nation's Teaching Force Is Still Mostly White and Female», *Education Week*, 15 de agosto de 2017, disponible en www.edweek.org/ew/articles/2017/08/15/the-nations -teaching-force-is-still-mostly.html.

231. 40% menos de probabilidad de creer que el estudiante terminará la escuela secundaria: Gershenson, Seth, Holt, Stephen B., y Papageorge, Nicholas W.: «Who Believes in Me? The Effect of Student-Teacher Demographic Match on Teacher Expectations», *Economics of Education Review* 52 (junio de 2016), 209–24.

231. Los estudiantes negros de bajos ingresos que tienen al menos un maestro negro: «IZA DP No. 10630: The Long-Run Impacts of Same-Race Teachers», *Institute of Labor Economics*, marzo de 2017, disponible en www.iza.org/publications/dp/10630.

232. La integración se había convertido en «una calle de un solo sentido»: Obama, Barack: *Dreams from My Father: A Story of Race and Inheritance* (Nueva York: Crown, 2007), 99–100.

232. «La experiencia de una educación integrada»: Kirp, David L.: «Making Schools Work», *The New York Times*, 19 de mayo de 2012, disponible en www.nytimes.com/2012/05/20/opinion/sunday/inte gration-worked-why-have-we-rejected-it.html.

232. El porcentaje de estudiantes negros del sur que asistían a escuelas blancas integradas: «The Data Proves That School Segregation Is Getting Worse», *Vox*, 5 de marzo de 2018, disponible en www.vox .com/2018/3/5/17080218/school-segregation-getting-worse-data.

232. «siempre había pensado que el objetivo final de unas mejores relaciones raciales era la integración»: Jacoby, Tamar: «What Became of Integration», *The Washington Post*, 28 de junio de 1998.

233. «recurriendo a obreros negros, arquitectos negros, abogados negros e instituciones financieras negras en todo»: King, Martin Luther: «"Where Do We Go from Here?", Address Delivered at the Eleventh Annual SCLC Convention», 16 de abril de 1967, The Mar-

tin Luther King, Jr. Research and Education Institute, Universidad de Stanford, disponible en kinginstitute.stanford.edu/king-papers/docu ments/where-do-we-go-here-address-delivered-eleventh-annual-sclc -convention.

234. **«solo hombres blancos» con diferentes «pieles»:** Stampp, Kenneth M.: *The Peculiar Institution: Slavery in the Ante-bellum South* (Nueva York: Alfred A. Knopf, 1967), vii.

Capítulo 14: Género

239. **El color púrpura de Alice Walker:** Walker, Alice: *The Color Purple* (Boston: Harcourt, 1982). Existe una versión en castellano: *El color púrpura*, Barcelona, Debolsillo, 2018, con traducción de Ana Mª de la Fuente.

239. **«The Negro Family: The Case for National Action»:** Moynihan, Daniel P.: *The Negro Family: The Case for National Action* (Washington, D.C.: U.S. Government Printing Office, 1965).

239. **«Las reverberaciones» del informe Moynihan «fueron desastrosas»:** Gray White, Deborah: *Too Heavy a Load: Black Women in Defense of Themselves, 1894–1994* (Nueva York: W. W. Norton, 1999), 200.

239. **«objetivo inmediato de la mujer negra hoy en día»:** «For a Better Future», *Ebony*, agosto de 1996.

240. **«Sin duda», el racismo se había «centrado en gran medida» en el hombre negro:** Stember, Charles Herbert: *Sexual Racism: The Emotional Barrier to an Integrated Society* (Nueva York: Elsevier, 1976), ix, 66.

240. **Para demasiados hombres negros, el movimiento Poder negro:** Ver Cleaver, Eldridge: *Soul on Ice* (Nueva York: Dell, 1991).

241. **«ha alcanzado el 68%»:** Murray, Charles: «The Coming White Underclass», *The Wall Street Journal*, 29 de octubre de 1993.

241. **las mujeres negras casadas tenían menos hijos:** Davis, Angela Y.: *Women, Culture & Politics* (Nueva York: Vintage Books, 1990), 75– 85; y «The Math on Black Out of Wedlock Births», *The Atlantic*, 17 de febrero de 2009, disponible en www.theatlantic.com/entertainment /archive/2009/02/the-math-on-black-out-of-wedlock-births/6738/.

241. **Solo las feministas negras como Dorothy Roberts:** Roberts, Dorothy: *Killing the Black Body: Race, Reproduction, and the Meaning of Liberty* (Nueva York: Pantheon, 1997).

243. **que Kimberly Springer llama el «movimiento feminista negro»:** Springer, Kimberly: *Living for the Revolution: Black Feminist Organizations, 1968–1980* (Durham, NC: Duke University Press, 2005).

243. **Colectivo del Río Combahee (CRC):** Ver Taylor, Keeanga-Yamahtta: ed., *How We Get Free: Black Feminism and the Combahee River Collective* (Chicago: Haymarket, 2017).

244. «doble peligro» del racismo y el sexismo: Beal, Frances: «Double Jeopardy: To Be Black and Female», en *The Black Woman: An Anthology*, ed. Toni Cade Bambara (Nueva York: New American Library, 1970), 92.

244. «las preocupaciones de la mujer negra contemporánea en este país»: Morrison, Toni: «Preface», en *The Black Woman*, 11.

244. «malvada perra negra»: Morrison, Toni: «Preface», en *The Black Woman*, 11.

245. «linchamiento de alta tecnología»: Ver «How Racism and Sexism Shaped the Clarence Thomas/Anita Hill Hearing», *Vox*, 16 de abril de 2016, disponible en www.vox.com/2016/4/16/11408576/anita-hill -clarence-thomas-confirmation.

245. «Cuando se discuten las experiencias de las mujeres negras»: Essed, Philomena: *Understanding Everyday Racism: An Interdisciplinary Theory* (Newbury Park, CA: SAGE, 1991), 31.

245. «Mapping the Margins»: Crenshaw, Kimberlé: «Mapping the Margins: Intersectionality, Identity Politics, and Violence Against Women of Color», *Stanford Law Review* 43:6 (julio de 1991), 1242.

246. esterilizaciones involuntarias de mujeres negras: Roberts: *Killing the Black Body*, 90–96.

246. las mujeres negras con algo de formación universitaria ganan menos: Ver «Usual Weekly Earnings of Wage and Salary Workers, Fourth Quarter 2018», Oficina de Estadísticas Laborales, Departamento de Trabajo de Estados Unidos, 17 de enero de 2019, disponible en www.bls.gov/news.release/pdf/wkyeng.pdf.

246. las mujeres negras tienen que conseguir posgrados para poder ganar más: Ver «Usual Weekly Earnings of Wage and Salary Workers, Fourth Quarter 2018».

246. la riqueza media de las mujeres blancas solteras siendo de 42 000 dólares: «Lifting as We Climb: Women of Color, Wealth, and America's Future», Insight Center for Community Economic Development, primavera de 2010, disponible en insightcced.org/old-site/uploads /CRWG/LiftingAsWeClimb-WomenWealth-Report-InsightCenter -Spring2010.pdf.

246. Las mujeres nativas americanas y las mujeres negras experimentan la pobreza con una mayor intensidad: Ver «Black Women: Supporting Their Families—With Few Resources», *The Atlantic*, 12 de junio de 2017, disponible en www.theatlantic.com/business/archive/2017/06 /black-women-economy/530022/.

246. Las mujeres negras y las latinoamericanas siguen siendo las que menos ganan: «The Gender Wage Gap: 2017 Earnings Differences by Race and Ethnicity», Institute for Women's Policy Research, 7 de

marzo de 2018, disponible en iwpr.org/publications/gender-wage
-gap-2017-race-ethnicity/.

246. **Las mujeres negras tienen entre tres y cuatro veces más probabilidad de morir:** «Why America's Black Mothers and Babies Are in a Life-or-Death Crisis», *The New York Times*, 11 de abril de 2018, disponible en www.nytimes.com/2018/04/11/magazine/black-mothers -babies-death-maternal-mortality.html.

246. **Una mujer negra con un posgrado es más propensa a perder a su bebé:** «6 Charts Showing Race Gaps Within the American Middle Class», *Brookings*, 21 de octubre de 2016, disponible en www.brook ings.edu/blog/social-mobility-memos/2016/10/21/6-charts-showing -race-gaps-within-the-american-middle-class/.

246. **Las mujeres negras siguen teniendo el doble de probabilidad de ser encarceladas:** «A Mass Incarceration Mystery», *The Marshall Project*, 15 de diciembre de 2017, disponible en www.themarshallproject .org/2017/12/15/a-mass-incarceration-mystery.

247. **blancas tenía tanto que ver con controlar la sexualidad de las mujeres blancas:** Para un estudio completo sobre las políticas respecto a las mujeres durante la época de los linchamientos, ver Feimster, Crystal Nicole; *Southern Horrors: Women and the Politics of Rape and Lynching* (Cambridge, MA: Harvard University Press, 2009).

247. **estaban recreando la época de los esclavos:** Feinstein, Rachel A.: *When Rape Was Legal: The Untold History of Sexual Violence During Slavery* (Nueva York: Routledge, 2018); y Berry, Daina Ramey, y Harris, Leslie M.: eds., *Sexuality and Slavery: Reclaiming Intimate Histories in the Americas* (Athens, GA: University of Georgia Press, 2018).

248. **Casey Anthony, la mujer blanca exonerada en 2011 por un jurado de Florida:** «"What Really Happened?": The Casey Anthony Case 10 Years Later», *CNN*, 30 de junio de 2018, disponible en www.cnn .com/2018/06/29/us/casey-anthony-10-years-later/index.html.

248. **el encarcelamiento de hombres negros cayera un 24%:** La tasa de encarcelamiento de hombres negros por cada 100 000 es de 2 613, la de los hombres blancos es de 457, la de las mujeres negras de 103 y la de las mujeres blancas de 52, según la Oficina de Estadísticas Judiciales, como se ve en «A Mass Incarceration Mystery», *The Marshall Project*, 15 de diciembre de 2017, disponible en www.themarshallproject .org/2017/12/15/a-mass-incarceration-mystery.

248. **Los hombres negros que pertenecen al 1% de millonarios:** «Extensive Data Shows Punishing Reach of Racism for Black Boys», *The New York Times*, 19 de marzo de 2018, disponible en www.nytimes.com /interactive/2018/03/19/upshot/race-class-white-and-black-men .html.

249. «Los discursos feministas y antirracistas contemporáneos no han considerado las identidades interseccionales como las mujeres no blancas»: Crenshaw: «Mapping the Margins», 1242–43.

Capítulo 15: Sexualidad

250. 32% de los niños criados por parejas masculinas negras del mismo sexo viven en la pobreza: «LGBT Families of Color: Facts at a Glance», Movement Advancement Project, Family Equality Council, and Center for American Progress, enero de 2012, disponible en www .nbjc.org/sites/default/files/lgbt-families-of-color-facts-at-a-glance .pdf.

251. sus padres son más propensos a ser pobres que las parejas hetero-rosexuales negras y las blancas queer: Ver «Beyond Stereotypes: Poverty in the LGBT Community», *TIDES*, junio de 2012, disponible en williamsinstitute.law.ucla.edu/williams-in-the-news/beyond -stereotypes-poverty-in-the-lgbt-community/.

251. «la cuestión del sexo»: Ellis, Havelock: *Studies in the Psychology of Sex*, volumen 1 (Londres: Wilson and Macmillan, 1897), x.

251. un popular resumen de los escritos de Lombroso: Ellis, Havelock: *The Criminal* (Londres: Walter Scott, 1890).

251. «En cuanto a los órganos sexuales, parece posible»: Ellis, Havelock: *Studies in the Psychology of Sex*, volumen 2 (Filadelfia: F. A. Davis, 1933), 256.

251. los médicos racistas estaban contrastando: Morris: «Is Evolution Trying to Do Away with the Clitoris?», artículo presentado en el congreso de la American Association of Obstetricians and Gyne-cologists, St. Louis, 21 de septiembre de 1892, disponible en archive .org/stream/39002086458651.med.yale.edu/39002086458651_djvu .txt.

251. «revelarán en casi todos los casos»: Lichtenstein, Perry M.: «The "Fairy" and the Lady Lover», *Medical Review of Reviews* 27 (1921), 372.

252. «es así sobre todo en las mujeres no blancas»: Ibid.

253. Los hombres negros gais son menos propensos a tener sexo sin condón... Son menos propensos a usar drogas: «What's at the Roots of the Disproportionate HIV Rates for Black Men?», *Plus*, 6 de marzo de 2017, disponible en www.hivplusmag.com/stigma/2017/3/06 /whats-root-disproportionate-hiv-rates-their-queer-brothers.

255. «afirmando que todas las vidas negras importan»: «Black Lives Mat-ter Movement Awarded Sydney Peace Prize for Activism», *NBC News*, 2 de noviembre de 2017, disponible en www.nbcnews.com/news /nbcblk/black-lives-matter-movement-awarded-sydney-peace-prize -activism-n816846.

255. **La esperanza de vida promedio en Estados Unidos de una mujer trans no blanca:** «It's Time for Trans Lives to Truly Matter to Us All», *Advocate*, 18 de febrero de 2015, disponible en www.advocate.com /commentary/2015/02/18/op-ed-its-time-trans-lives-truly-matter -us-all.

255. **historias personales de la activista trans Janet Mock:** Ver Mock, Janet: *Redefining Realness: My Path to Womanhood, Identity, Love & So Much More* (Nueva York: Simon & Schuster, 2015); Mock, Janet: *Surpassing Certainty: What My Twenties Taught Me* (Nueva York: Atria, 2017).

258. **cuando vieron a Kayla Moore defender a su marido:** «Kayla Moore Emerges as Her Husband's Fiercest and Most Vocal Defender», *The Washington Post*, 15 de noviembre de 2017, disponible en www.washingtonpost.com/politics/kayla-moore-emerges-as-her -husbands-fiercest-and-most-vocal-defender/2017/11/15/5c8b7d82 -ca19-11e7-8321-481fd63f174d_story.html.

258. **«a pesar de que teníamos la esclavitud»:** «In Alabama, the Heart of Trump Country, Many Think He's Backing the Wrong Candidate in Senate Race», *Los Angeles Times*, 21 de septiembre de 2017, disponible en www.latimes.com/politics/la-na-pol-alabama-senate-runoff -20170921-story.html.

Capítulo 16: Fracaso

262. **«nuestro cuidado paternal»:** Ver Scholfield, David, y Haviland, Edmund: «The Appeal of the American Convention of Abolition Societies to Anti-Slavery Groups», *The Journal of Negro History* 6:2 (abril de 1921), 221, 225.

262. **buen negro «la conducta debe, en cierta medida»:** Ver Scholfield, David, y Haviland, Edmund: «The Appeal of the American Convention of Abolition Societies to Anti-Slavery Groups», *The Journal of Negro History* 6:2 (abril de 1921), 221, 225.

262. **«La mayor disminución de los prejuicios»:** «Raising Us in the Scale of Being», *Freedom's Journal*, 16 de marzo de 1827.

262. **los jueces de la «persuasión edificante»:** Ver Kendi, Ibram X.: *Stamped from the Beginning: The Definitive History of Racist Ideas in America* (Nueva York: Nation Books, 2016), 124–25.

265. **«¿No habéis adquirido la estima»:** Garrison, William Lloyd: *An Address, Delivered before the Free People of Color, in Philadelphia* (Boston: S. Foster, 1831), 5–6.

265. **«lograr la gran obra de redención nacional»:** «"What we have long predicted [...] has commenced its fulfillment"», en *The Boisterous Sea of Liberty: A Documentary History of American from Discovery Through*

the Civil War, eds. David Brion Davis y Steven Mintz (Nueva York: Oxford University Press, 1998), 390.

265. **encajan con su educación personal:** Para una buena biografía sobre Garrison, ver Mayer, Henry: *All on Fire: William Lloyd Garrison and the Abolition of Slavery* (Nueva York: W. W. Norton, 2008).

266. **el asombroso crecimiento de la esclavitud:** Baptist, Edward E.: *The Half Has Never Been Told: Slavery and the Making of American Capitalism* (Nueva York: Basic Books, 2016).

266. **«Si pudiera salvar la Unión sin liberar a ningún esclavo»:** Lincoln, Abraham: «To Horace Greeley», en *The Collected Works of Abraham Lincoln*, volumen 5, ed. Roy P. Basler (New Brunswick, NJ: Rutgers University Press, 1953), 388.

266. **«medida de guerra necesaria»:** *Proclamación de Emancipación de Abraham Lincoln*, 1 de enero de 1863, American Battlefield Trust, disponible en www.battlefields.org/learn/primary-sources/abraham-lincolns-eman cipation-proclamation.

267. **«no quieren tener nada que ver con las personas negras»:** Ver Curry, Leonard P.: *Blueprint for Modern America: Nonmilitary Legislation of the First Civil War Congress* (Nashville: Vanderbilt University Press, 1968), 79.

267. **El «partido del hombre blanco»:** Ver Blair Jr., Francis P.: *The Destiny of the Races of this Continent* (Washington, DC, 1859), 30.

267. **defendiendo militarmente a las personas negras de los terroristas racistas:** Para un estudio excelente sobre el declive de la Reconstrucción, ver Foner, Eric: *Reconstruction: America's Unfinished Revolution, 1863–1877* (Nueva York: HarperCollins, 2011).

267. **«La conveniencia por motivos egoístas»:** Mayer: *All on Fire*, 617.

267. **«Durante muchos años fue la teoría de la mayoría de los líderes negros»:** Du Bois, W. E. B.: «A Negro Nation Within a Nation», en Du Bois, W. E. B.: *A Reader*, ed. David Levering Lewis (Nueva York: Henry Holt, 1995), 565.

268. **«sorprendente ignorancia»:** Myrdal, Gunnar: *An American Dilemma: The Negro Problem and Modern Democracy* (Nueva York: Harper, 1944), 48.

268. **«No hay duda, en opinión del escritor»:** Ibid., 339.

268. **«Gunnar Myrdal había sido asombrosamente profético»:** Roberts, Gene, y Klibanoff, Hank: *The Race Beat: The Press, the Civil Rights Struggle, and the Awakening of the Nation* (Nueva York: Vintage Books, 2007), 406. Aparte de esta valoración, es un trabajo impresionante sobre la historia del periodismo.

268. **«discriminación contra grupos minoritarios en este país tiene un efecto adverso»:** Dudziak, Mary L.: *Cold War Civil Rights: Race and*

the Image of American Democracy (Princeton, NJ: Princeton University Press, 2011), 100.

268. **«al librar esta lucha mundial»:** Ibid., 185–87.

268. **El 78% de las personas blancas estaban de acuerdo:** Ibid., 185–87.

269. **En 1967, Martin Luther King Jr. admitió:** King, Martin Luther: «"Where Do We Go from Here?", Address Delivered at the Eleventh Annual SCLC Convention», 16 de abril de 1967, The Martin Luther King, Jr. Research and Education Institute, Universidad de Stanford, disponible en kinginstitute.stanford.edu/king-papers/documents/where-do-we-go-here-address-delivered-eleventh-annual-sclc-convention.

269. **Miren el altísimo apoyo de las personas blancas:** Bobo, Lawrence D., et al.: «The Real Record on Racial Attitudes», en *Social Trends in American Life: Findings from the General Social Survey Since 1971*, ed. Peter V. Marsden (Princeton, NJ: Princeton University Press, 2012), 38–83.

269. **Miren el altísimo apoyo al Obamacare:** «Support for 2010 Health Care Law Reaches New High», Pew Research Center, 23 de febrero de 2017, disponible en www.pewresearch.org/fact-tank/2017/02/23/support-for-2010-health-care-law-reaches-new-high/.

270. **Quería liberar a los 6 de Jena:** Para una buena entrevista que detalla el caso, ver «The Case of the Jena Six: Black High School Students Charged with Attempted Murder for Schoolyard Fight After Nooses Are Hung from Tree», *Democracy Now*, 10 de julio de 2007, disponible en www.democracynow.org/2007/7/10/the_case_of_the_jena_six.

273. **Usé la frase de Malcolm X fuera de contexto:** La cita completa es: «Cuando estaba en la cárcel, leí un artículo. No se asusten cuando digo que estaba en la cárcel. Ustedes siguen estando en la cárcel. Eso es lo que significa Estados Unidos: una cárcel». Ver Malcolm X: «Message to the Grassroots» 10 de diciembre de 1963, disponible en blackpast .org/1963-malcolm-x-message-grassroots.

274. **«La acción del presidente Roosevelt para entretener a ese negro»:** Kantrowitz, Stephen: *Ben Tillman & the Reconstruction of White Supremacy* (Chapel Hill, NC: University of North Carolina Press, 2000), 259.

274. **Masacre de Hamburg:** Ibid., 64–71.

275. **«El propósito de nuestra visita a Hamburg fue infundir el terror»:** Tillman, Benjamin R.: *The Struggles of 1876: How South Carolina Was Delivered from Carpet-bag and Negro Rule* (Anderson, SC, 1909), 24. Discurso en la Red-Shirt Re-Union en Anderson, disponible en babel .hathitrust.org/cgi/pt?id=mdp.39015079003128.

277. **Ese día, miles de nosotros pensamos que estábamos protestando:** Ver «Thousands Protest Arrests of 6 Blacks in Jena, La.», *The New*

York Times, 21 de septiembre de 2007, disponible en www.nytimes .com/2007/09/21/us/21cnd-jena.html.

278. **consiguieron que los cargos se redujeran a simples lesiones:** «Plea Bargain Wraps Up "Jena 6" Case», *CBS News*, 26 de junio de 2009, disponible en www.cbsnews.com/news/plea-bargain-wraps-up-jena -6-case/.

278. **sostuvieron a esas valientes mujeres negras:** Para un fascinante testimonio de primera mano sobre el boicot, ver Gibson Robinson, Jo Ann: *The Montgomery Bus Boycott and the Women Who Started It: The Memoir of Jo Ann Gibson Robinson* (Knoxville, TN: University of Tennessee Press, 1987).

Capítulo 17: Éxito

283. **Cuando tanto Hillary Clinton como Bernie Sanders hablaban de «racismo institucional»:** «Hillary: "America's Long Struggle with Race Is Far from Finished"», *The Hill*, 23 de septiembre de 2015, disponible en thehill.com/blogs/ballot-box/presidential-races/245881-hillary-am ericas-long-struggle-with-race-is-far-from; y «The Transcript of Bernie Sanders's Victory Speech», *The Washington Post*, 10 de febrero de 2016, disponible en www.washingtonpost.com/news/post-politics/wp /2016/02/10/the-transcript-of-bernie-sanderss-victory-speech/.

283. **«El racismo es a la vez explícito y encubierto»:** Ture, Kwame, y Hamilton, Charles V.: *Black Power: The Politics of Liberation* (Nueva York: Alfred A. Knopf, 2011), 4–5.

286. **«Los individuos "respetables" pueden absolverse de la culpa individual»:** Ibid., 5.

287. **La lluvia caía sobre su sudadera gris con capucha:** Para tal vez el mejor resumen sobre la historia de Travyon Martin, ver *Rest in Power: The Trayvon Martin Story*, Paramount Network, disponible en www .paramountnetwork.com/shows/rest-in-power-the-trayvon-martin -story.

289. **sobre el Movimiento Campus Negro:** Kendi, Ibram X.: *The Black Campus Movement: Black Studies and the Racial Reconstitution of Higher Education, 1965–1972* (Nueva York: Palgrave, 2012).

289. **le dijo Zimmerman al operador del 911:** «Transcript of George Zimmerman's Call to the Police», disponible en archive.org /stream/326700-full-transcript-zimmerman/326700-full-transcript -zimmerman_djvu.txt.

Capítulo 18: Supervivencia

296. **produce un académico público:** Para más sobre este concepto de conocimientos públicos, ver Blain, Keisha N., y Kendi, Ibram X.:

«How to Avoid a Post-Scholar America», *The Chronicle of Higher Education*, 18 de junio de 2017.

298. **pegó copias de banderas confederadas con bolas de algodón dentro de varios edificios:** «Confederate Flags with Cotton Found on American University Campus», *The New York Times*, 27 de septiembre de 2017, disponible en www.nytimes.com/2017/09/27/us/american-university-confederate.html.

301. **Alrededor del 88% de las personas diagnosticadas con cáncer de colon en estadio 4 mueren en cinco años:** «Survival Rates for Colorectal Cancer, by Stage», American Cancer Society, disponible en www.cancer.org/cancer/colon-rectal-cancer/detection-diagnosis-staging/survival-rates.html.

302. **pulso del racismo es la negación, el pulso del antirracismo es la confesión:** «The Heartbeat of Racism Is Denial», *The New York Times*, 14 de enero de 2018.

304. **los billones de dólares de impuestos:** «War on Terror Facts, Cost, and Timelines», *The Balance*, 11 de diciembre de 2018, disponible en www.thebalance.com/war-on-terror-facts-costs-timeline-3306300.

ÍNDICE